Klaus Berger

Wozu ist der Teufel da?

SACRAE THEOLOGIAE HEIDELBERGENSI FACVLTATI
OCCASIONE DATA

Der Autor
Dr. Klaus Berger, geboren 1940 in Hildesheim,
ist Professor für Neues Testament
an der Universität Heidelberg.

Klaus Berger

Wozu ist der Teufel da?

Quell

ISBN 3-7918-1956-9

Lektorat: Hans-Joachim Pagel
Umschlaggestaltung: R. O. S. Werbeagentur, Filderstadt
Umschlagfoto: Manfred E. Neumann
Schrift: Times New Roman
Gesamtherstellung: Maisch & Queck, Gerlingen

Inhalt

I
Einführung
Gibt es den Teufel?

Für die meisten von uns ist der Teufel die mit Abstand interessanteste Figur des Christentums. Für andere ist er eine bösartige Erfindung der Kirche, die Angst machen oder andere verteufeln will. Für manche ist der Teufel auch der Inbegriff entsetzlicher Erfahrung. Die ganze Bandbreite dessen, was man gegenwärtig für Christentum hält, spiegelt sich exemplarisch in dieser Gestalt.

Theologisch ist der Teufel immer etwas blaß geblieben; um so farbiger hat man sich an der Basis der Kirche diese Macht ausgemalt, und so gibt es zwar keine theologische Monographie über den Teufel im Frühjudentum und im Neuen Testament, wohl aber eine Reihe von Sachbüchern, die dann aber gleich die ganze Geschichte des Teufels oder der Hölle behandeln möchten.

Im Verhältnis zu den Themen des Glaubensbekenntnisses ist der Teufel der »ewige Zweite« geblieben, doch für viele drängt sich die konkrete Realität des Erzbösen so auf, daß man gar nicht daran »glauben« muß, sondern mit dem Teufel als einer verzwickten, heimtückischen Selbstverständlichkeit umgeht, die oft »im Detail steckt« oder – harmloser – als Ursache von Druckfehlern ausgemacht wird.

Aufklärung unter Christen trifft zwar fast immer zuerst den Teufel, dessen Existenz dann als nichtig gilt. Andererseits soll es ein besonders raffinierter Schachzug des Teufels sein, daß er seine Nichtexistenz glaubhaft zu machen versteht. Was ist hier Wahrheit, was Aberglaube?

Eines kann man wohl mit Sicherheit sagen: Die herkömmlichen Teufelsvorstellungen sind gegenüber der Ungeheuerlichkeit und dem Zynismus des Bösen viel zu harmlos. Weil sie schon technisch einfach rückständig sind, erreichen die

entsprechenden Bilder längst nicht mehr das Niveau raffinierter Bosheit von heute. Denn das traditionelle Teufelsbild lebt von den Bestiarien des ausgehenden Mittelalters, der Teufel ist so eine Komposition aus Fabelwesen, die heute eher unter Artenschutz fallen. Und die Hölle sieht aus wie ein altertümliches Heizwerk. Es ist, wie wenn die Polizei mit der Postkutsche auf die Jagd nach Mafiosi ginge.
Für die Suche nach angemessenen Bildern erweisen sich indes wiederum die Bibel und die alten Liturgien als unausgeschöpftes Reservoir. Was es dort zu entdecken gibt, wird uns im folgenden beschäftigen.

Was hatte Jesus mit dem Teufel zu tun?

Was könnte Jesus in den vierzig Tagen erlebt haben, da er »vom Teufel versucht wurde«? Angesichts der kurzen Lebenszeit, die Jesus nach dem Geistempfang im Zusammenhang mit der Taufe des Johannes vergönnt war, sind vierzig Tage eine lange Zeit. Was waren das für merkwürdige Exerzitien? Offenbar wurde Jesus mit dem Gegner nicht im Handstreich fertig. Offenbar mußte er immer und immer wieder mit dem Feind ringen, hing Satan ihm an den Fersen. Ein zäher, doch ein alles entscheidender Kampf. Erst als dieser Ringkampf – das Bild des Ringkampfs verwenden zeitgenössische Schriften zum Beispiel für Hiobs Versuchungen nach seiner Bekehrung – in Klarheit beendet war, konnte Jesus aufatmen und das Evangelium verkünden. Die Botschaft Jesu »Das Reich ist nahe« ist die Antwort auf diesen Sieg über den Satan. Das ganze Evangelium, die Botschaft vom Reich, ist keineswegs etwa ein besonderer Einfall Jesu, sondern der Kern dieser Botschaft wurde erkämpft. Die Abfolge dieser drei ersten Stationen im Leben Jesu nach Markus, nämlich Geistempfang, Versuchung und Verkündigung in Vollmacht, ist unumkehrbar.

Daß das Lukasevangelium nach 22,28 *(Ihr habt ausgeharrt mit mir in meinen Versuchungen)* und das Johannesevangelium nach 12,31 *(der Herrscher der Welt ist hinausgeworfen)* davon ausgehen, die Versuchungen Jesu währten sein ganzes Leben (Lukas) oder Jesus habe erst mit dem Ende seines Auftretens den entscheidenden Sieg errungen (Johannes), ist kein Einwand gegen diese Sichtweise, weil in der Optik dieser Evangelisten die Grunderfahrung Jesu gewissermaßen zeitlich gekippt und im Querschnitt gesehen wird.

Es lohnt sich, und wir werden das in diesem Buch immer wieder tun, die frohe Botschaft von den Erfahrungen mit der Gegenseite her zu lesen. Oft wirkt doch deshalb die christliche Botschaft so zufällig und freischwebend, weil ihr Widerlager auf der Gegenseite nicht mitbedacht wird. So verkommt das Evangelium leicht zur Erklärung irgend eines »guten Willens«. Dabei ist es ein abgründiger dramatischer Kampf. Wir machen daraus oft einen lässigen Sieg, der ganz und gar von vornherein feststand. Und gerade dadurch scheint dann die Botschaft so realitäts- und menschenfern zu sein.

An einem Vergleich läßt sich das gut illustrieren. Denn Ähnliches gilt für die zentrale Einsicht in die Rechtfertigung bei Martin Luther. Weitergegeben wird nur das Ergebnis eines »gnädigen Gottes«. Seine Seelenkämpfe, das Ringen um diese Gewißheit, alle die Fragen, auf die Luthers Einsicht eine befreiende Antwort war, werden nicht mit- oder nachvollzogen. Mit E. Peterson kann man sagen: Die Anfechtung, von der Luther spricht, ist »heute real nicht mehr im Protestantismus vorhanden, da ja der Protestantismus ... sich gar nicht mehr bemüht, einen gnädigen Gott zu finden, weil er von vornherein überzeugt ist, daß Gott ein gnädiger Gott ist«.

Das heißt: Man sollte die Antworten nicht ohne die Fragen überliefern. Daß Jesus eine lange Zeit über sehr dramatisch, sehr tiefgehend angefochten war und daß ihm kein Kampf erspart blieb, ist ein sehr wichtiges Element zum Verständnis des Bekenntnisses »wahrer Mensch – wahrer Gott«.

Haben auch andere den Teufel erfahren?

Wer auch immer versucht hat, sich der Gegenwart Gottes über längere Zeit hindurch auszusetzen, wird bemerkt haben, daß der Raum der Stille nicht einfach nur gut ist. Wer über längere Zeit nachdenklich wird, wer den Schlüssel zum Gebet sucht und sich dazu in die Einsamkeit zurückzieht, wird erstaunt oder entsetzt feststellen: Hier herrscht gerade nicht reiner Friede, helle Stille oder die Klarheit eines Sees in einem erkalteten Vulkankrater. Sondern hier ist der Vulkan selbst noch lebendig. Es geht um Klüfte und Abgründe, nicht nur um Gipfelruhe, sondern auch um jede denkbare Scheußlichkeit, um das Grauen, die Kälte und die wahre Perversion. Der Mangel an geistlicher Erfahrung in diesem Jahrhundert, der Traditionsabbruch gegenüber der spirituellen Welt des Mönchtums hat diese Doppeldeutigkeit des Raums der Stille vergessen lassen. Die Folgen sind teilweise verheerend.

Daß man auf dem Feld des Betens beiden begegnet, und zwar mit allen Folgen, Gott und Teufel, Engeln und Dämonen, der Seligkeit und dem Grauen, der Heiligkeit und der Verlorenheit, hätte man nie vergessen sollen. Wenn man sich das klar macht, kann man plötzlich viel besser begreifen, daß klösterliche Personen noch nicht per se heilig sind, sondern sich auch als Scheusale entpuppen können. Solche Entdeckungen hätten dann nicht zur größten Krise der Kirche in Österreich seit Menschengedenken führen müssen. Und umgekehrt: Esoterik ist nicht harmlos. Auch wenn man nichts von unsichtbarer Realität hält, ist doch unübersehbar, daß okkulte Meditationen und Manipulationen an der tiefen Zweideutigkeit des gesamten unsichtbaren Bereichs teilhaben, daß sie die Menschen leicht verwirren und krank machen können.

Diese Erfahrungen sind jedenfalls so alt wie das Mönchtum selbst. Wer einmal die alphabetisch nach den Namen der Wüstenväter gesammelten »Aussprüche der Väter« (»Weisung der Väter«, deutsch von B. Miller, Freiburg 1965) auch nur durchblättert, wird praktisch auf jeder Seite die Rede von Teufel und Dämonen finden. Die Erfahrung des abgründig Bösen ist dabei nicht die von niedlichen Teufelchen, sondern eine große Last. Niemand hat dies besser darstellen können als Hieronymus Bosch in den »Versuchungen des Heiligen Antonius«. Die Stille ist nicht friedlich, sondern voll von Streit und Kampf, von Heiterkeit, aber auch von Ekligem und Absurdem. So finden wir in den genannten »Aussprüchen der Väter« etwa diesen Satz: »Das Erkennungszeichen des Mönches offenbart sich an den Versuchungen« (Nr. 587) oder folgende Geschichte: Ein Mönch wurde heftig zur Unkeuschheit versucht und wollte nicht in seine Zelle zurückkehren. Da nahm ihn der Abt mit auf das Hausdach hinauf: »Schau nach Westen!« Er blickte hin und sah eine Menge von Dämonen – unzählbar, die aufgeregt waren und Kriegslärm machten. Und er forderte ihn weiterhin auf: »Schau nach Osten!« Er blickte hin und sah unzählbare Scharen heiliger Engel in Herrlichkeit. Der Abt erklärte: »Sieh, diese sind den Heiligen vom Herrn zur Hilfe gesandt. Die im Westen, das sind die, die gegen sie Krieg führen. Mehr sind die auf unserer Seite.« Daraufhin kehrte der Bruder in seine Zelle zurück (Nr. 495).
Man darf fragen: Wenn dieser Bereich so ambivalent, so zweideutig und gefährlich ist, warum setzt man sich ihm überhaupt aus? Vielleicht auf der Suche nach der Wahrheit und der ganzen Wirklichkeit. Vielleicht auf der Suche nach wahrem und letztem Frieden, der nur auf dem Umweg über dieses Feld zu erreichen ist. – Wem das alles trotzdem als unnütz, fragwürdig und als Zeitverschwendung erscheint, der möge auf eine Jesusüberlieferung blicken, die die ersten drei Evangelien alle vertreten, eben auf die genannte Versuchung Jesu.

Man kann sich über diese Geschichte nicht genug wundern: Statt sich der physischen und psychischen Not seiner Mitmenschen zuzuwenden, geht Jesus eine lange Zeit in die Wüste, offenbar um zu beten, wie er das auch sonst in der Einsamkeit der Berge oder eben der Wüste tun wird. Seine Erfahrungen dabei waren offenbar nicht rosig. Er begegnet dem Hunger, vor allem aber: dem Teufel. Warum bleibt er so lange? Warum läuft er nicht weg? Wie auch immer man antwortet: Die Evangelien berichten hier von einer extremen Krise Jesu, und zwar im Rahmen »negativer« spiritueller Erfahrung. Wir werden noch häufiger auf diese Erfahrung zurückkommen. Für jetzt sind zwei Dinge wichtig. Einmal: Jesus erfährt den Bereich der Begegnung mit Gott als zweigeteilt. Wer Gott sucht, trifft auch auf den Teufel. Erstaunlicherweise gilt das selbst für Gottes Sohn. Und zum anderen: Es ist geradezu ein Erkennungsmerkmal jüdisch-christlicher Religion, daß der unsichtbare Raum so zweigeteilt ist. In keiner anderen mir bekannten Religion ist das auch nur vergleichsweise ausgeprägt.

Die Gründe für diese Zweiteilung sind leicht erkennbar. Sie sind mit dem Ersten Gebot gegeben. Wo der Gott der Erzväter Abraham, Isaak und Jakob allein und in radikaler Ausschließlichkeit angebetet werden will, muß jede andere spirituelle Macht sich entweder diesem Gott unterwerfen oder sie wird in ihrem Anspruch als Bedrohung wahrgenommen, und zwar als Bedrohung des eigenen Gottesverhältnisses. Aus der Perspektive des Glaubens an Gott gesehen, handelt es sich dann um Dämonen oder Teufel.

Modern gesprochen: Hier ist immer jeweils die Machtfrage gestellt. Wer der Macht des einen und einzigen Gottes mit eigenen Ansprüchen zu nahe kommt, verbrennt oder wird gestürzt. Alle anderen Götter werden so dämonisiert. Doch es geht nicht zuerst um die Beurteilung fremder Religionen. Die Versuchungserfahrung Jesu betraf offenkundig nicht andere Religionen. Wesentlich wichtiger ist hier, daß auch die eigene religiöse Erfahrung sich angesichts des Ersten

Gebotes zweiteilt, daß sie als zweigeteilte wahrgenommen wird.
Das Judentum kleidet diese Grunderfahrung in die Gestalt eines Mythos, der vielen Lesern im Prinzip vertraut sein wird. Gott sagt dort: »Einer aber vom Rang der Erzengel wandte sich ab zusammen mit den Engeln des Ranges unter ihm und faßte den unmöglichen Gedanken, seinen Thron höher zu stellen, als die Wolken über der Erde sind, auf daß er meiner Macht gleich werde. Doch ich warf ihn aus der Höhe hinab mit seinen Engeln. Und er flog fortwährend in der Luft, oberhalb des Abgrundes« (slawisches Henochbuch 29,4f [Böttrich]). Der jüdische Text aus dem 1. Jahrhundert n. Chr. schildert die Entstehung des Teufels. In der Bibel hat er keine Entsprechung, er wirkt aber fort in Erklärungen der Alten Kirche, wie es zur Existenz des Teufels gekommen sei, nämlich durch Hochmut und Sturz. Dieser »gefallene Engel« wird oft Luzifer genannt. Zur Untermauerung verschmilzt man dann Jesaja 14,12 (an den König von Babel [!] gerichtet: *Wie bist du vom Himmel gefallen, du Glanzgestirn, des Morgenrots Sohn!)* mit Lukas 10,18 *(Ich sah Satan wie einen Blitz aus dem Himmel fallen).*
So hat man diesen »Mythos« dann begriffen: Auf dem Weg zu Gott begegnet der Mensch in der faszinierenden Macht des gestürzten Luzifer dem »Resultat« einer fehlgeschlagenen Weise, Gott ähnlich zu werden. Denn wer immer sich Gottes Gegenwart aussetzt, tut es, um irgendwie teilzuhaben an Gott, um sein Kind oder ihm ähnlich zu werden. Das wollte Luzifer. Auch wenn wir hier der Alten Kirche und dem jüdischen Mythos nicht folgen müssen, so gilt doch im Blick auf die Versuchungsgeschichten jedenfalls: Ähnliches verspricht der Teufel auch Jesus in den überlieferten Sätzen aus den Versuchungsberichten der Evangelien. Denn Steine in Brot verwandeln zu können und über die Reiche der Welt zu gebieten, das ist göttliche Vollmacht und Freiheit. Wird Jesus auf diese Weise Gott ähnlich sein wollen? Wird das der Inhalt des Titels »Gottes Sohn« sein,

den er trägt? Wird er Gott ähnlich sein wollen als Machtkonkurrent – oder indem er sein Gebot hält und seinen Auftrag wahrnimmt? Nur wo das erste, wichtigste und umfassende Gebot einer Religion heißt: Du sollst keinen anderen Gott neben mir haben, stellt sich die Alternative, ob der religiöse, fragende Mensch Gottes Rivale oder sein gehorsames Kind sein will.

Ist es nicht eine kontinuierliche Erfahrung unseres Geschichtskreises: Wer Gott ähnlich sein will, wird zum Teufel und scheitert? Es ist sehr eindrücklich, daß diese Erfahrung der Weltgeschichte zum Thema gottgleicher Allmacht zugleich eine der Mystik und offensichtlich bereits eine Erfahrung Jesu ist.

Wir sind von der für viele sicherlich überraschenden Erfahrung ausgegangen, daß die Welt des Unsichtbaren nicht Frieden bedeutet, sondern Kampf zwischen Licht und Finsternis, Heimat und Unheimlichem, Gott und Grauen. Diese grundlegende Erfahrung fanden wir im Mönchtum und bei Jesus selbst wieder. Wie ärmlich mutet angesichts dieses Horizontes der Geschichte die Auskunft des großen Kommentars zu Matthäus von Ulrich Luz an, bei der Versuchung gehe es lediglich um »Jesu Gehorsam gegenüber Gottes Wort«. Und es komme darauf an, sich durch die mythologische Darstellungsart nicht von diesem Zentrum und Anliegen der Geschichte abbringen zu lassen (Das Evangelium nach Matthäus, I, 1985, 167). Der geistliche Erfahrungshintergrund ist hier völlig verblaßt, übrig blieb lediglich Moral. Der Tiefgang der Erfahrung, ihre menschliche und göttliche Weisheit, ist verlorengegangen.

Wer quälte den Pfarrer von Ars?

Der »Pfarrer von Ars«, Johannes-Maria Vianney, gehört zu den eindrücklichsten Heiligengestalten des 19. Jahrhunderts. Friedrich Heyer hat ihn kürzlich wie folgt charakterisiert: »»Wenn du, Gott, willst Sünden zurechnen, Herr, wer wird bestehen?‹ Wer in den 30 Jahren zwischen 1828 und 1859 im katholischen Frankreich von dieser Frage beunruhigt war, wußte, wohin er gehen konnte – in ein kleines, armes Dörfchen auf den linken Uferhöhen der Rhône, zwei Stunden Kutschenfahrt nördlich von Lyon, nach Ars … Es ging Vianney um eine reale Ausschaltung der Wirkmacht des Bösen, dem er sich in einer geradezu archaischen Weise konfrontiert sah, und – im selben Akt – um ein reales Hineinheben des Menschen in das Christusleben … die eigentlich hilfreiche Kraft war der sakramentalen Wirkung des ›Ich spreche dich los‹ und dem ›Leib unseres Herrn Jesus Christus‹ zugetraut« (A.-M. Ritter [Hg.]: Die Wolke der Zeugen, Heidelberg 1998, 5.10).

»Man kommt um die Wahrnehmung nicht herum, daß im Leben des Pfarrers von Ars der Teufel eine nicht nebensächliche Rolle spielte. Mit dem Satan, dem er den Spitznamen ›Grappin‹ gab, kam er in reale Berührung … Der Pfarrer von Ars hat mit dem Satan, der ihn sogar an den Füßen packte und im Zimmer herumzerrte, jahrelang wilde Kämpfe von unheimlichster Art ausgefochten. Diese Teufelskämpfe lassen in einen Abgrund blicken, von dem wenige Menschen auch nur eine Ahnung haben … Selbstverständlich sind diese dämonischen Anfechtungen das Unmodernste, das sich denken läßt. Sie wurden denn auch als eine ärgerliche Störung des neuzeitlichen Lebensgefühls empfunden … War es nicht bezeichnend, daß der Vikar von Vianney trotz angestrengtem Lauschen von diesen seltsamen Geräuschen nicht das geringste vernahm? … Wie hat auch Luther mit dem ›alt bösen Feind‹ auf eine dramatische Art gerungen, um dessen Machtausübung er wie wenige Bescheid wußte. Zur gleichen Zeit, da Vianney im Pfarrhaus zu Ars vom Teufel um seinen Schlaf gebracht wurde, hat auch der protestantische Pfarrer Christoph Blumhardt der Ältere im schwäbischen Möttlingen Dämonenkämpfe von unheimlicher Potenzierung bestanden, die zu den abgründigsten Vorkommnissen der Kirchengeschichte des

neunzehnten Jahrhunderts gehören« (Walter Nigg, Große Heilige, Zürich 1946, 384f).
In diesem Jahrhundert hat George Bernanos die Erfahrungen des Pfarrers von Ars nachgezeichnet. Er läßt einen älteren Geistlichen zu einem jüngeren sagen: »Es gibt keinen Frieden hier, es gibt keinen ... Die Welt ist keine gut zusammengebaute Maschine. Wir sind Gottes letzter Wall gegen den Satan. In uns versucht der Teufel mit seinem Haß Gott zu erreichen. Wir haben ihn immer an unseren Fersen kleben, den greulichen, vor Gelächter berstenden Begleiter. Man muß die Gesichter sehen. Ich meine nicht die Sterbenden, sondern die Elenden, die lügen. Es gibt etwas zwischen Gott und dem Menschen, und zwar keine Nebenperson, es gibt dies düstere, unvergleichlich verschlagene, hartnäckige Wesen, für das kein Bild ausreicht, es sei denn der gräßliche Hohn und ein grausames Frohlocken. Dem hat sich Gott für eine Weile ausgeliefert – in uns wird er gepackt und verschlungen. Aus uns wird er herausgerissen, ... damit das winzigste Teilchen des göttlichen Leibes dem Henker zum Gelächter diene ... Sie nehmen ja nur noch ihren Küstern die Beichte ab! Sie hören ihn nicht, den Schrei des allgemeinen Elends! Den Geizigen, angefressen von seinem Krebs, den Lüstling wie eine Leiche, den Ehrgeizigen, erfüllt von einem einzigen Wahn ...« (G. Bernanos, Die Sonne Satans).
Und ich möchte hinzufügen: Das kleine Gemach unseres Verstandes hat dünne Wände; werden sie brüchig, werden plötzlich gequälte Menschen sichtbar. Angesichts des Grauens zerstörter Menschen ist es ziemlich gleichgültig, *wie* man sich die Personalität des Teufels denkt. Es ist auch ein jüdisch-rabbinischer Gedanke, daß wir Menschen die Funken göttlicher Gegenwart in uns verteidigen müssen gegen die und den, die sie uns entreißen wollen.

»Die These: das Böse ist doch da! Der Befund: Dadurch, daß man gegen das Dämonische als Entität, besser als Wesenheit, als Essenz, überhaupt nicht gekämpft hat, steht man fassungslos vor dem Hintergrund, in dem solches geschieht, und zwar nicht nur bei uns Menschen, sondern auch in der Welt geschieht; in einer Welt, die Krebs kennt, nicht nur Auschwitz, Krebs und die grauenhafte Beziehungslosigkeit des Kosmos zu uns.« (A. Holl, Tod und Teufel, 1973, 195, über eine Rede Ernst Blochs in Salzburg 1970).

Gewiß nimmt Ernst Bloch das Böse nicht in mystischer Weise wahr wie Martin Luther und Johannes Vianney. Er sieht die mystische oder mythische oder religiöse Überkleidung des Bösen eher als ein Hindernis für dessen Bekämpfung an. In seiner Kritik der scholastischen (das Böse ist Abwesenheit des Guten) und aufklärerischen Position sind ihm aber Passagen gelungen, die den Äußerungen von G. Bernanos über den Pfarrer von Ars sogar sehr ähnlich sind. Hören wir Ernst Bloch selbst:

»Was uns hier in seiner stümperhaften und dann rachsüchtigen Hand hat: hemmend, verfolgend, verblendend, die Spinne, das Fressen und Gefressenwerden, der Giftskorpion, der Würgeengel, der Zufalls-, Unfalls-, Todesdämon, der Mordgestank der Menschheit, die Heimatlosigkeit alles Sinnvollen, das dicke, banale, kaum zu durchschlagende Trennungsgebirge vor aller Vorsehung, der Zauber des ›frommen‹ Panlogismus – das alles kann nicht dasselbe Prinzip sein, das einst Gericht halten will ..., uns behütet ... uns im Herzen getragen zu haben« (Geist der Utopie, 1918, 441). So stellt Bloch die verschiedenen Ebenen der bildlichen Sprache nebeneinander: Dämonisches, Tierisches, die Utopie der Logik. Ganz unmißverständlich wendet er sich gegen jede Verharmlosung: »Man sieht das Stockende, Hemmende, noch Mächtig-Nichtige in tausend Erschei-

nungen scheußlich ausgedrückt« (Aufklärung und Teufelsglaube, Gesamtausgabe [GA] 15, 237).
Der Teufel ist nach Ernst Bloch nicht bloß dumm, nicht nur eine Hilfsfigur des Sieges. Und jeder Optimismus ist ein Schutzpark für alles, was der Optimist übersehen hat (Aufklärung und Atheismus, GA 14, 321).
Leidenschaftlich kritisiert Bloch die nur subjektive oder vorgeblich soziologisch-objektive Weise, das Böse zu bestimmen. Auf der subjektiven Seite werden Wahn und Aggressionstrieb genannt, auf der objektiv-soziologischen Seite Unterdrückung und Krieg. Dazu Bloch: »Sie ... reichen gerade zentral noch nicht aus, um ein Phänomen wie Auschwitz kausal zu erklären, ja auch nur in nachfahrende Sprache zu bringen.« Auch Schopenhauers Ansatz bei der Vernichtung des Bösen durch die individuelle Verneinung des Willens zum Leben reicht nicht aus. Die Aufklärung hat das Böse nur herabgesetzt und so getan, als sei es nicht nur *toto coelo*, sondern auch *toto inferno* bereits besiegt. Die Aufklärung hat es immer nur verdeckt: »Solange das Böse auf dem Weg ist, gibt es sich selbst als so harmlos, wie die Aufklärung es ansah« (ebd., 322). Leider werde die »riesige Gebietskategorie des Bösen« fast nur adjektivisch und dann matt beschrieben.
In der menschlichen Wahrnehmung ist das »Satanische empirisch stets viel härter als Theistisches«, denn »Englein« seien »besonders selten und der Obergott nicht merkbar« (ebd., 320), und im Unterschied zu Gott, der auf Glauben angewiesen ist, hat das Böse »ohne Glauben keinerlei Verluste« (323). So sei denn der Teufelsglaube so fest gewesen »wie nie der Gottesglaube«. Einen Atheismus hätten Menschen wohl ersonnen, nie aber einen Asatanismus. Auch Martin Luther sei nach eigenen Aussagen nur dreimal imstande gewesen, an Gott zu glauben, habe sich dagegen mit Satan und Gefolge ständig umgeben. Das Böse jedoch will gar nicht, daß man an es glaubt, denn es reüssiert kaschiert am besten (322).

Bloch beklagt einen »noch so unzureichend gefaßte(n) Begriff vom Widersacherischen in der Welt« (Aufklärung und Teufelsglaube, GA 15, 231).
Mit Bloch teile ich die harte und entschiedene Kritik an jeder Verharmlosung des Bösen, sei es durch die Aufklärung, sei es durch andere Versuche, es soziologisch oder psychologisch zu reduzieren. Denn das Teuflische oder Satanische ist nur zum geringeren Teil eine Frage der Anthropologie. Vor jedem Versuch, das Böse oder Teuflische in bestimmte wissenschaftliche (auch: theologische) Systeme einzufangen, müßte vor allem der Versuch stehen, es ohne jede Beschönigung und Verbrämung in seiner ganzen Härte wahrzunehmen. Diese Sicht auszuhalten, dies und allein dies ist schon der halbe Sieg. Daher versteht sich dieses Buch als Plädoyer *gegen* alle sanft aufklärerischen Versuche und *für* eine neue Sensibilität dem radikal Bösen gegenüber. Der großzügige Optimismus ist selbst und als er selbst immer schon in die Hauptfalle des Teuflischen geraten.
Eine neue Sensibilität für das radikal Böse bedeutet nicht, daß allerorten Mißtrauen und Hoffnungslosigkeit gesät werden sollten, sondern eine größere Offenheit auch für das Leiden von Menschen. Diese Sensibilität bedeutet auch nicht, daß man am Teuflischen irgend etwas verstehen oder erklären könnte oder im Sinne der Erforschung des Bösen dazu käme, seine Binnenstrukturen zu erschließen. Das Böse hat immer nur eine Außenseite, es ist immer nur von totaler Effizienz (nach außen hin), die Innenseite sehen wir nicht – wie vordem die Rückseite des Mondes. Und dabei ist dann ganz sicher: Der Kampf gegen das Teuflische richtet sich nach dessen Wirkweisen.
Dieser Grundansatz des vorliegenden Buches hat direkte Konsequenzen für die Teufelsvorstellungen: Sie sind nur dann und insofern absurd, als man sich dieses Wesen zu harmlos vorstellt. Ärgerlich und für den neuzeitlichen Menschen untragbar sind diese Vorstellungen immer nur dann, wenn das Teuflische reduziert wird auf irgendeinen »Kerl«.

– Oder umgekehrt – und etwas barmherziger geurteilt –: Die vielen volkstümlichen Teufelsvorstellungen sind Versuche, neben dem ungeheuren mörderischen Abgrund doch noch ein halbwegs fröhliches Leben führen zu können.

Hatte Ernst Bloch recht?

Sicher wurde mit dem Mythos des Hexentums das Böse an der falschen Stelle bekämpft und in Wahrheit entscheidend vermehrt. Doch keineswegs ist mit diesem Mißbrauch die religiöse Dimension überhaupt aus dem Kampf gegen das Böse zu verbannen. Denn bei Bloch fehlt die Kategorie des Martyriums.

Das Neue Testament und die Frühe Kirche führen einen vielfältigen Kampf gegen das Böse: den magisch-exorzistischen, den asketischen, den moralischen. Alle diese Szenarien kann man abtun, da man sie – von außen her betrachtet – entweder als Aberglauben ansehen kann oder als ideologische Motivation von Askese und Moral, die auch anders begründbar wären.

Beim Martyrium ist das anders. Die Alte Kirche sieht den Märtyrer als Krieger gegen den Satan, der in den jeweiligen Machthabern Gestalt angenommen hat. Das bedeutet:

Beim Martyrium enthüllt sich die Macht des Bösen vollständig. Denn hier geht es einmal nicht um zweideutig bleibende fromme Aktionen, sondern das Blut der Opfer schreit eindeutig zum Himmel. Es ist das absolute Recht und die absolute Wahrheit, die auf der Seite des Opfers der Gewalt sind.

Der Märtyrer leistet Widerstand nicht mit frommen Formeln oder lobenswerten Tugenden, sondern mit dem nackten, unzweideutigen Leben selbst. Weil es mehr nicht geben kann als die Gabe des Lebens, ist das Martyrium die Stunde der Wahrheit. Wenn es überhaupt eine Wahrheit gibt, dann liegt sie hier. Wenn es überhaupt ein Recht gibt, dann das des Opfers der Gewalt.

Das Martyrium ist der Augenblick der Selbstentlarvung des Bösen. Hier zeigt der Tyrann sein wahres Gesicht. Diese Selbstentlarvung ist in ihrem Wahrheitsgehalt gar nicht zu überschätzen. Alles übrige Gerede über das Böse fällt angesichts dessen wie ein luftiges Gebilde in sich zusammen.

Das gilt zum Beispiel für alle mythischen Konstruktionen um Hexen und Hexerei – nebenbei ein Zeugnis dafür, daß einige Kreise der Kirche »auf das falsche Gebot setzten«, in der Meinung, das sechste sei das wichtigste (Verkehr der Hexen mit dem Teufel). Entlarvt werden solche Pseudo-Mythen ebenfalls spätestens durch die Märtyrer, die sie produzieren.

So werden einerseits durch die Selbstentlarvung des Bösen (Pseudo-)Mythen zerstört, wie bei der Hexerei, und andererseits ist der Mord des Tyrannen am Märtyrer so heimtückisch und gravierend, daß er nicht mehr nur moralisch zu bewerten ist (mit E. Bloch). Weil es schlimmer nicht sein kann, bedeutet das Töten des Märtyrers eine Grenzüberschreitung.

Die neutestamentlichen Autoren haben das klar gesehen. Beim Töten Unschuldiger verwandelt sich der Politiker zum Monster (Offenbarung 13,7–17: Das Erste und das Zweite Tier), ja zum Repräsentanten des »Teufels«, des Erzbösen. Die Rede von den »Herrschern dieser Welt(zeit)« ist nicht nur oft mit Martyrien verbunden, sondern diese Herrscher sind immer auch mehr als nur Politiker, sie stehen für finstere, übermächtige Gewalten, für den Teufel selbst (s. dazu unten). – In demselben Sinne sagt das Johannesevangelium, der Teufel sei der Menschenmörder von Anfang an (Johannes 8,44), was eben auch umgekehrt gilt: Jeder Mörder ist Kind des Teufels.

So werden bei der Gelegenheit des Martyriums einerseits Mythen zerstört, die die Bosheit des Täters verheimlichen sollten, andererseits öffnet der Mord an unschuldigen Menschen ein Fenster in die wahre Welt der spirituellen (»mythischen«) Wirklichkeit. Denn was der Mörder des

Märtyrers tut, reicht weit in den Bereich des Erzbösen hinein.

Der Ansatz Anselms von Canterbury († 1109), einen Gottesbeweis zu führen aus dem, was größer nicht denkbar ist, erschien immer vielen als fragwürdig. Aber hier beim Martyrium gibt es ganz bestimmt etwas, das an negativer Größe durch nichts zu übertreffen ist. Wenn das zutrifft, geht es hier um Böses, »größer als welches keines gedacht werden kann«. So kann man zwar mit diesem Ansatz vielleicht nicht Gott beweisen, wohl aber ein Fenster öffnen auf das Erzböse. Das Teuflische des Mörders tangiert das Maximum. Der Mord am Unschuldigen findet, bildlich gesprochen, auf einem Grenzstreifen statt, der deutlich in Wirklichkeitsbereiche jenseits des Moralischen und Psychologischen weist.

Ich möchte daher Ernst Bloch antworten: Das Teuflische in Perfektion ist das Mörderische, der blanke Haß ist der, dem der Märtyrer zum Opfer fällt. Geleistet wird damit die Selbstentlarvung des Bösen. Das ist schon sehr viel im Kampf gegen das Böse.

Daher faßt die frühe Christenheit den Märtyrer als Sieger im Kampf gegen das Böse auf. Der Vorteil dieses Ansatzes liegt darin, daß man leicht zustimmen kann, auch wenn man nichts von der Auferstehung von Märtyrern halten sollte. (Wie Ernst Bloch richtig bemerkt hat, kommt das Böse ja ohne den Glauben aus.)

Bei der Selbstentlarvung eines Systems denke ich zum Beispiel an die Märtyrer auf dem »Platz des Himmlischen Friedens« in Peking. Es ist auch von unserem Ansatz her gut verständlich, warum tyrannische Systeme es tunlichst vermeiden, »Märtyrer zu schaffen«.

Gibt es nur das moralisch Böse?

Das jüngste deutschsprachige Buch zum Thema des Bösen beginnt mit dem Satz: »Man muß nicht den Teufel bemühen, um das Böse zu verstehen« und fährt dann fort: »Das Böse gehört zum Drama der menschlichen Freiheit. Es ist der Preis der Freiheit ... Das Bewußtsein des Menschen ... reißt sich los, wird frei für einen Horizont von Möglichkeiten« (R. Safranski, Das Böse oder Das Drama der Freiheit, 1997, 13). Doch im Laufe der Lektüre des Buches kann es dem Leser geschehen, daß er Zweifel an der Abstinenz des Autors gewinnt. So etwa, wenn Safranski bei der Diskussion über Immanuel Kant selbst bemerkt: »Und doch bleibt Kants Bild des Bösen seltsam harmlos. Er kennt zwar das ›Gute‹, das man um seiner selbst willen tut; nicht aber das Böse, das man um des Bösen willen tut ... Das absolut Böse, das man um seiner selbst willen tut, gehört für Kant nicht mehr in den Bereich des Menschenmöglichen. Er nennt es ›teuflisch‹ und behauptet, daß es unter Menschen nicht vorkommt. Ist Kant, der über das ›radikal Böse‹ nachgedacht hat, hier zu wenig radikal gewesen?« (ebd., 194). Und über den Marquis de Sade schreibt Safranski wenig später: »Das absolut Böse, von dem Sade träumt: die ganze Schöpfung rückgängig machen. In diesen Verwünschungen hört man dann doch wieder den religiösen Unterton. Sade wütet gegen die Natur, wie er in einer früheren Phase gegen Gott gewütet hat. ›Dein System‹, so läßt er eine seiner Figuren das eigene Gedankengebäude kommentieren, ›hat seinen Ursprung allein in dem tiefen Abscheu, den du Gott gegenüber empfindest.‹« (209). Denn die »abscheulichste Neigung« sei »der Wunsch nach totaler Vernichtung, eine infernalische Explosion, daß davon ein ganzer Weltraum erzittert und die Lichter ausgehen« (208). Ähnlich dann über Hitler: »Gegen den gewöhnlichen Nihilismus setzte Hitler die mörderischen Machtspiele, den vollendeten Nihilismus. ... Hitler will die ganze moralische Welt vernichten. Der oberste Zweck ist die Macht und die Gewalt. Nichts anderes. Er ist davon überzeugt, daß die mörderischen Spiele der Macht Einblick gewähren ins Betriebsgeheimnis der Geschichte. Nur starke Naturen halten

das aus. Kurz vor seinem Selbstmord erklärt Hitler in vollem Ernst, das deutsche Volk habe sich nicht als würdig erwiesen, die ihm zugedachte Aufgabe zu erfüllen« (293).
Nein, man *muß* den Teufel nicht bemühen, um das Böse zu beschreiben. Aber: Der Teufel des Christentums ist bei Safranski doch recht harmlos dargestellt, vor allem als skeptischer Gehilfe Gottes (295). Doch in den Passagen, die vom absoluten Bösen und der Gewalt um ihrer selbst willen reden, kommt der Teufel des Neuen Testaments weitaus besser zur Geltung. Das Böse ist mit dem Reiz der Grenzübertretung nur sehr unzureichend erfaßt. Und das *experimentum suae medietatis* (der Versuch, selbst die Mitte aller Dinge zu sein) bei Augustinus hat Tiefendimensionen, die bei Safranski zu schnell ausgeblendet werden.
Denn das, was die Kirchenväter »Geheimnis der Bosheit« nannten, weist nicht auf einen simplen Reiz oder Defekt, sondern eben auf den abgründigen Haß gegen Menschen, Schöpfung und Gott selbst. Als Theologe begegnet man immer wieder Menschen, die von sich sagen (können), sie liebten Gott über alles. Oft staunt man und bemüht sich, ein wenig davon auch sonst oder gar bei sich selbst zu entdecken. Beim Geheimnis des Bösen geht es um das Gegenteil. Und es wäre ganz verkehrt, die Faszination durch die reine Macht nur beim Marquis de Sade und bei Hitler zu suchen. Subtiler, aber um so feiner findet sie sich bei jedem, der keine Macht mehr über sich wahrnimmt und das Spiel mit der Macht als Selbstzweck betreibt.
Porzellantassen älterer Modelle zeigen an ihrem Boden oft die Gestalt einer Blume. Ist das Getränk dünn, kann man durch das Getränk hindurch nach ein paar Schlucken die Blume am Boden wahrnehmen. Die Gestalt des Teufels ist die Blume auf dem Grund der Wahrnehmung des Bösen.

Wozu ist der Teufel da? Eine erste Annäherung

Die Fragestellung dieses Buches lautet genauer: Gibt es einen Teufel? Und wenn ja, wozu? – Die beiden voranstehenden Texte sollten zumindest in Erinnerung gerufen haben: Es gibt entsprechende Erfahrungen des Grauens, der Ohnmacht und des Hasses. Die Frage nach dem Wozu möchte ich zunächst mit Johannes 11,4 beantworten. Die Erfahrung des Grauens hat nicht ihr Ziel in sich selbst. Die Erfahrungen des Teuflischen werden gemacht, damit an ihrer Überwindung Gottes Herrlichkeit sichtbar wird.

Nach Johannes 11 hatte Jesus Lazarus trotz Aufforderung nicht beizeiten geheilt, so daß er starb. Lazarus machte erst die Erfahrung des Todes, bevor die Herrlichkeit Gottes durch Jesus an ihm sichtbar werden konnte. Dabei gilt: Weder kommt die tödliche Krankheit des Lazarus von Gott noch wird später die Absicht, Jesus umzubringen, seinen Mördern von Gott eingegeben. Aber Jesus greift bei Lazarus nicht ein, und so auch Gott nicht am Kreuz. Wartet Jesus nach Johannes 11, um an Lazarus dann um so größere Herrlichkeit sichtbar werden zu lassen? Wartet Gott angesichts des gekreuzigten Jesus, um auf dessen Schrei in Verlassenheit auf seine um so herrlichere Weise zu antworten?

Läßt Gott uns die Erfahrung des Teufels machen (ohne doch deren Urheber zu sein), um den Sieg über den Teufel desto herrlicher werden zu lassen?

In diese Richtung weist folgende Beobachtung: Zur Grundausstattung des Neuen Testaments gehört die Anschauung von zwei Zeitabschnitten oder Phasen, die unumkehrbar aufeinander folgen und die völlig gegensätzlich im Charakter sind. Das eine ist die unheilvolle oder böse Zeit, das andere die bessere oder gute, heilvolle Zeit danach. Das gilt für den einzelnen genauso wie für die Welt. Denn die Zeit vor der Begegnung mit Jesus und die Zeit vor dem Ende der bestehenden Welt sind ähnlich strukturiert als Herrschaft des Satans oder der Dämonen. Der Ort der Rede vom Teufel ist daher immer die Wende vom Bösen zum Guten. Denn die Zeit vor der rettenden Begegnung mit Jesus (Merkmale: Sünde, Zerfall der Identität, Krankheit) wird kraß und unvermittelt abgelöst durch das Neue, gerade so wie die bestehende Welt, deren Gott der Teufel ist, abgelöst wird durch die kommende. Die Gegensätze sind total und unvermittelbar.

Wenn der Teufel in dieses grundlegende Wende-Schema gehört, dann ist er nicht für sich genommen wichtig, sondern nur als Teil dieses Geschehens. Da die Ablösung der schlechten Zeit durch die gute zwangsläufig ist, wenn es denn Gott als den Herrn der Geschichte gibt, steht der Teufel grundsätzlich als der zu Überwindende im Blick. – Dieses Schema gilt auch für die »Versuchungen«, die den Christen nach der »Bekehrung« treffen. Sie sind immer als Nachhutgefechte des Alten aufgefaßt worden.

Die gegenwärtige Bedeutung dieses Ansatzes ist erheblich: Der Teufel ist gerade nicht als der oder das Böse im zeitlosen Sinne zu verstehen, sondern streng eingebunden in die Dramatik des Gegensatzes von alt und neu. Er ist in der Tat der je und je zur Überwindung Bestimmte, nur so wird er »greifbar«. Gerade auch Martin Luthers sehr plastisches Verhältnis zum Teufel läßt sich nur von da aus verstehen.

Von dieser Grundlage her erklären sich auch unsere Probleme bei der Wahrnehmung des »Teufels«:

Das Böse ist wohl jederzeit erfahrbar, *der* Böse aber – jedenfalls heute – nicht. Die Figuration des Bösen als Dämon oder Teufel ist an bestimmte, nicht mehr flächendeckend vorhandene Voraussetzungen gebunden. Um zwei Bilder zu gebrauchen: Es ist, wie wenn ein am Strand einer Insel liegendes Wrack nur bei extremer Ebbe sichtbar wird oder wie wenn die Grundrisse längst verfallener Häuser bei Schneeschmelze auf den Äckern und Wiesen erkennbar werden, weil dort, wo Mauern sind, der Schnee weniger schnell

schmilzt. Im Fall des Dämons oder Teufels sind diese extremen Bedingungen, unter denen er »sichtbar« wird, die besonders ausgeprägte Rolle Gottes oder eines »Heiligen« (Charismatikers), die entsprechend ihrer Intensität *das* Böse zur Gestalt *des* Bösen gerinnen lassen.
Denn wo die Wirklichkeit Gottes oder seines Bevollmächtigten extrem intensiv wahrgenommen wird, kann der Mensch, der sich mit dem Bösen eingelassen hat, kaum bestehen. Er kann sich überhaupt nur retten, indem er sich vom Bösen trennt, den Pakt mit diesem förmlich aufkündigt. Wie wenn eine Schiffsbesatzung im Seesturm die Ladung über Bord wirft, um wenigstens das Schiff und die Menschen zu retten. Das, was über Bord geht, ist der »Dämon« oder »Satan«. Der Mensch trennt sich unter Druck, um vor Gott bestehen zu können und nicht mit dem Bösen zusammen unterzugehen.
Von dieser grundsätzlichen Dramatik her wird auch die Rhetorik der Exorzismen verständlich. Die Hervorhebung der Größe und Herrlichkeit Gottes (oft mit Bildern des Alten Testaments) macht es für den Menschen dringender und leichter, die Verbindungskabel zum Bösen zu kappen.
Und noch etwas ist wichtig: Nie haftet das Interesse der Bibel oder der exorzistischen Tradition der Kirche an den Dämonen oder dem Teufel an sich; immer geht es um die Verbindung mit dem Menschen, und zwar – das ist das Entscheidende – angesichts der extrem positiven Erfahrung mit Gott oder dem von ihm Bevollmächtigten. Diese positive Erfahrung und Begegnung mit Macht, Kraft und Herrlichkeit ist Grundlage und Schlüssel für die Befreiung von der Macht des Bösen. Regelmäßig ist es so, daß das Dämonische sich überhaupt erst angesichts des Positiven, des Heilsträgers als solches äußert (indem zum Beispiel ein Dämon sich zu erkennen gibt, wenn Jesus ihn anspricht). Die Begegnung des beschädigten Menschen mit Gott ist daher Entfaltungs-, Erkenntnis- und zugleich Überwindungsgrund des Dämonischen. Insofern bestätigt sich auch hier

die Grundthese: Der Teufel ist dazu da, überwunden zu werden. (Ähnlich verhält es sich auch in 2. Thessalonicher 2,8: Der Widersacher wird offenbar und eben dann überwunden.)

Wie läßt sich der Teufel fassen?

Unsere Frage danach, ob es den Teufel gibt und wozu er da ist, wird aufgrund der in diesen Abschnitten zu nennenden Beobachtungen leichter zu beantworten sein. Der Teufel hat viele Namen – doch ihnen allen ist gemeinsam, daß er für die Menschen gefährlich ist. Und der Teufel wird an verschiedenen Stellen mit Jesus in Zusammenhang gebracht – doch immer überwunden.

Einmal trägt »der Teufel« unterschiedliche Namen: Teufel von *diabolos,* Satan (hebräisch: der Widersacher, Verfolger, Feind), der Versucher, Belial/Beliar, Beel Zebul, Samael, Azazel, Drache, [alte] Schlange, Mastema, Malkiresha, der [böse] Feind, Gott dieser Welt, Fürst dieser Welt. Gerade die Umschreibungen und Metaphern zeigen, daß eine gewisse Scheu besteht, den Teufel überhaupt auf einen Namen festzulegen. Diese Scheu ist ansatzweise auch heute noch geläufig.

Zum anderen übt er offenbar recht verschiedenartige Rollen aus. Diese Unterschiedlichkeit legte schon immer den Verdacht nahe, in der einen Gestalt des Teufels seien verschiedene Figuren zusammengesehen worden, die sich im Laufe der Zeit »überlagert« hätten. Dagegen ist nichts zu sagen, weil es im Lauf der Geschichte unterschiedliche Menschen mit verschiedenen Wahrnehmungen gibt, die sich gegenseitig bereichern.

Hat der Teufel seine Gestalt verändert?

Zur grundsätzlichen Orientierung: Es stehen sich gegenüber:

– *Gott und der Teufel oder Gottes Herrschaft und Satans Herrschaft:* Das gilt für den Makrokosmos, also jeweils für das Ganze, so zum Beispiel für den Teufel als den »Gott dieser Welt«, wobei dann Gott eben der Gott der anderen, der unsichtbaren oder himmlischen und auch der kommenden Welt ist.
– *Christus oder Michael und der Teufel:* Hier hat Gott für die Fälle eines wirklichen Kampfgeschehens (zum Beispiel der Besiegung Satans durch den Tod des Märtyrers oder durch Michael im Himmel) die Aufgabe der Auseinandersetzung seinem Repräsentanten anvertraut.
– *Exorzist und Dämon:* Hier geht es um den Mikrokosmos. Der Exorzist befreit jeweils einen anderen (wenn er sich für sich selbst wehren muß, geht es dagegen um den Teufel; vgl. die Versuchung Jesu).
– *Erhöhter Christus und die Mächte und Gewalten:* Wie etwa Epheser 6,11f zeigt, steht auch hier der Satan parallel zu den Mächten und Gewalten. Es geht um ein grundsätzliches Kampf- und Überwindungsgeschehen. Epheser 6 zeigt auch, daß dieses nicht auf den Erhöhten beschränkt ist.
Weiter kann man sagen: Der Tod Jesu ist ein wichtiger Punkt im Sieg über den Teufel.

Nach Hebräer 2,14 hat Jesus durch den Tod den Teufel, »der die Macht über den Tod hat«, vernichtet, ähnlich hat er nach Johannes 12,31, wie gezeigt, durch die Erhöhung am Kreuz den Herrscher über die Welt entmachtet, der hier freilich nicht »die Macht über den Tod hat«. Anders nach Kolosser 2,14f. Hier hat Jesus durch seinen Tod die Mächte und Gewalten »abgewimmelt« und den Schuldschein der Menschen vernichtet. – An der Stelle des Teufels stehen daher im Kolosserbrief auch bei der Kreuzigung die »Mächte und Gewalten«. Eine Sonderstellung nimmt Offenbarung 12,10f ein: Durch den Tod Jesu (das Blut des Lammes) wird der Teufel *auf Erden* besiegt, und zwar als der Ankläger der Christen, aber zu diesem Sieg gehört das Zeugnis der standhaften Märtyrer hinzu. Außerdem wurde der Teufel *im Himmel* durch jemand anderen besiegt, durch Michael.

Nach dem Kolosserbrief und der Offenbarung ist beim Tod

Jesu noch etwas anderes wichtig: Er beseitigt die Möglichkeit, Christen anzuklagen. Aber dann muß es nicht der Teufel sein, der so »widerlegt« wird, es können auch Mächte und Gewalten an seiner Statt oder neben ihm die Adressaten sein. – Ganz anders gesehen – und hier nicht behandelt – wird der Tod Jesu, wo er als Stellvertretung für die Sünden gedacht ist. Da ist keine menschenfeindliche Geistermacht im Blick.

Kurz gesagt: Dämonen, Mächte und Gewalten, der Teufel (selbst wieder in unterschiedlicher Funktion) sind gewiß nicht identisch, doch ganz offenbar »verwandt«. Und weiter: Daß als die entscheidenden Punkte der Entmachtung dieser Wesen unterschiedliche Stationen angegeben werden (Wirken Jesu oder der mit Vollmacht beauftragten Jünger, Tod Jesu, Auferstehung, Erhöhung, Zeugnis der Märtyrer) *ändert nichts an der grundsätzlichen Bindung des Vorgangs der Entmachtung der Geistermächte an Jesus* – auch wenn nach Offenbarung 12 Michael im Himmel und dann Märtyrer auf Erden mitbeteiligt sind.

Man darf fragen: Wie kommt es überhaupt dazu, daß man von einer Entmachtung der Geistermächte durch Jesus spricht? – Antwort: Offensichtlich äußert sich so insbesondere Jesu messianisches Wirken. Denn traditionell ist der Messias im Judentum derjenige, der die Feinde besiegt. Diese Rolle ist in den unterschiedlichen jüdischen Aussagen und Vorstellungen vom Messias die am meisten verbreitete. Wenn aber – im Frühjudentum ist das ganz geläufig – die entscheidenden Feinde Geistermächte sind, dann hat Jesus sich schon in seinem Erdenwirken im Kampf gegen sie durchaus als Messias erwiesen und wird zum Beispiel deshalb auch mit dem messianischen Titel »Sohn Davids« bezeichnet (Matthäus 12,22–24: Jesus heilt einen Besessenen, der blind und stumm ist. Daraufhin fragen die Leute: *Ist er nicht der Sohn Davids?*).

Nach den Versuchungsberichten der Evangelien kämpft Jesus (mit Worten) gegen den Satan. Ähnlich ist es nach dem 1. Thessalonicherbrief des Paulus (3,5): *Deshalb habe ich Timotheus zu euch geschickt. Ich konnte es kaum noch aushalten, nichts darüber zu wissen, wie es mit eurem Glauben steht. Sollte wirklich der Versucher (Satan) eine so große Prüfung über euch gebracht haben, daß all meine Mühe um euch vergeblich war?* Der Brief läßt hier wie auch sonst erkennen, daß Paulus die Thessalonicher als Neubekehrte betrachtet. Ähnlich wie Jesus nach seiner Berufung (Taufe) vom Teufel versucht wird, so ergeht es auch den Thessalonichern aus der Sicht des Paulus und wohl auch nach ihrer eigenen Wahrnehmung.

Anders jedoch im Galaterbrief. Auch hier beschreibt Paulus einen Kampf, den die Galater zu bestehen haben, dem sie ausgesetzt sind. Aber es ist nicht der Kampf gegen die Geistermacht Satan, sondern es ist der Kampf des Heiligen Geistes gegen das »Fleisch«, nämlich gegen Schwäche, Anfälligkeit und moralische Instabilität, ja gegen die Sucht der Sünde. Man beachte: Mit »Fleisch« meint Paulus hier wie auch sonst nie den Leib oder seine Bedürfnisse, sondern nur eine maßlos gewordene Gier, eine egoistische und sich selbst vernichtende, außer Kontrolle geratene Vitalität. Jedoch ist das eben nicht »der Teufel«. – Gewiß kann man nicht sagen, es gehe Paulus nurmehr um »rein innermenschliche« Größen. Denn der Heilige Geist ist Gottes Geist und nicht der des Menschen, und »Fleisch« ist nicht der Trieb des einzelnen, sondern die gemeinschaftliche Gottferne aller unerlösten Welt, auch ihr Bestimmtsein für den Tod.

Paulus denkt sowohl Geist als auch Fleisch in gewisser Hinsicht personhaft, sonst könnte er nicht von einem Widerstreit sprechen. – Man kann nun sagen, daß die Rede vom »Versucher« (Satan) im 1. Thessalonicherbrief sicherlich bedingt ist durch die Gemeindesituation (Neubekehrte), die Paulus sehr ernst nimmt. Im Galaterbrief redet er auch deshalb anders, weil er das dort anstehende Problem (Unter-

werfung unter Beschneidung oder Gesetz) beantworten will, indem er auf den Heiligen Geist verweist, den die Gemeinde empfangen hat. So lebt hier das zusammengehörige Joch »Geist gegen Fleisch« auf. Der Teufel gerät nicht in den Blick. Denn weder geht es in Galatien um eine für Neubekehrte typische Situation, noch möchte Paulus darauf verzichten, den empfangenen Heiligen Geist zu nennen. Denn so kann er das anstehende Problem der Beschneidung leichter lösen.
Man kann also die verschiedene Redeweise (1. Thessalonicherbrief / Galaterbrief) erklären und muß auch sagen, daß es zwischen Fleisch und Teufel Unterschiede gibt.

So bleibt am Ende dieses Abschnitts die Einsicht: Der Teufel hat verschiedene Namen, seine Überwindung wird zu unterschiedlichen Zeitpunkten angenommen (und damit auch durch »Unterschiedliches«), steht aber immer mit Jesus in Zusammenhang. Die Funktion und Rolle des Teufels als des Hauptgegners ist auch durch andere Größen ersetzbar.
Doch da wir gerade bei der Ersetzung des Teufels durch andere Größen sind, ist auch der Jakobusbrief hier zu nennen, der einen ganz anderen Vorschlag macht. Dadurch verschärft sich unsere Frage: War es eigentlich beliebig, ob man vom Teufel sprach oder von etwas anderem Gefährlichem?

Wird der Mensch nur durch sich selbst versucht?

Als besonders kraß erscheint der Unterschied zwischen der Ansicht des Jakobusbriefes und der Auffassung der ersten drei Evangelien. Denn im 1. Kapitel dieses Briefes heißt es: *Wird einer versucht, soll er nie sagen: Gott versucht mich. Gott ist in jeder Hinsicht ganz fern vom Bösen: Weder wird er versucht noch versucht er jemanden. Wenn einer versucht wird, dann von der eigenen Gier, die zerrt und lockt* (Jakobus 1,13f). Der Versucher steht jedenfalls hier nicht außerhalb

des Menschen, sondern jegliche Versuchung liegt nur in ihm selbst. Weder Gott noch Teufel sind in dieser Hinsicht eine Gefahr für ihn – allein jeder Mensch selbst ist für sich selbst gefährlich.
In den Evangelien klingt das ganz anders. Hier gibt es einen Teufel außerhalb des Menschen, der versucht, und der Beter des Vaterunsers bittet Gott »Führe uns nicht in Versuchung« (Matthäus 6,13). Wenn man indes genauer liest, versucht Gott nach dem Vaterunser nicht selbst, sondern wird nur gebeten, als Hirte seine Schafe nicht in schwierige Gegenden zu führen. Gott selbst ist auch hier nicht Ursache der Versuchung. Man bittet nur, er möge an dem vorbeiführen, dem man aus Schwäche kaum gewachsen ist. Aber die Aussage des Jakobusbriefes: *Wenn einer versucht wird, dann von der eigenen Gier, die zerrt und lockt*, steht zumindest einer Versuchung durch den Teufel entgegen. Nun geht es aber bei diesen »Widersprüchen« nicht um »dogmatische« Probleme der christlichen Lehre, sondern um jeweils andere Sichtweisen des Außen und Innen des Menschen.
Für uns sieht die Alternative so aus: Entweder wird der Mensch durch den Teufel versucht – oder er wird durch seine eigene Gier versucht. Diese Alternative ist jedoch im Blick auf das Neue Testament nur eine scheinbare. Das zeigt schon Paulus, der sowohl vom Teufel (1. Thessalonicherbrief) reden kann als auch vom »Fleisch«. Und gerade Paulus kann uns hier noch weiter helfen. Denn *einerseits* ist das »Fleisch« eine Qualität des Menschen, die ihn ganz durchdringt und bestimmt. Und diese Qualität geht auch bei Paulus mit Begierden »Hand in Hand«, zum Beispiel nach Römer 13,14: *Laßt aus dem Sorgen um eure Bedürftigkeit [Fleisch] keine Begierde werden.* Paulus steht daher hier dem Jakobusbrief recht nahe. – *Andererseits* kennt auch Paulus eine nun wirklich von außen einwirkende Kraft, die er allerdings nicht Teufel nennen muß, sondern »Sünde« nennen kann: *Die Sünde bewirkte … in mir alle Begierde* (Römer 7,8). Von dieser Sünde sagt Paulus, daß sie dem

Menschen von außen her gegenübersteht und sich dann in ihm einnisten kann (Römer 7,17 *die Sünde, die in mir haust*). Ganz ähnlich wird anderswo auch über den Teufel gesprochen, wenn es etwa heißt, er sei dem Judas ins Herz gefahren (Lukas 22,3 *der Teufel fuhr in Judas hinein*). Das führt uns zur Frage nach dem Verhältnis von Sünde und Teufel. Schon 1. Mose 4,7 verbindet typische Teufels-Themen miteinander: Sünde, Begierde und Brudermord. Denn über Kain heißt es: *Die Sünde lauert vor der Tür.* Sie ist hier schon fast personifiziert – der Teufel ist es ganz.

Sind Sünde und Teufel Geschwister?

Liest man einmal – was sonst offenbar nie geschieht –, während man sich mit der Frage der Besessenheit beschäftigt, das berühmte 7. Kapitel des Römerbriefes, so fällt einem die durchgehende Entsprechung von Sünde und Dämonen/Teufel geradezu auf die Füße. Paulus schildert den Menschen unter der Herrschaft der Sünde, die sich bei ihm eingenistet hat, und sagt: *Was ich tue, ist mir selbst ganz fremd. Denn das, was ich tatsächlich tue, ist nicht das, was mir entspricht, sondern was ich verabscheue* (V. 15) … *Nun handle aber nicht ich, sondern die Sünde, die in mir haust, die mich besetzt hält* (V. 17) … *Wenn das so ist, bin nicht eigentlich ich derjenige, der handelt, sondern die eigentlich Aktive ist die Sünde, die sich bei mir eingenistet hat* (V. 20). Parallel zur Besessenheit ist offenbar die weitgehende Entrechtung des Ich. Nicht zufällig ist bei Paulus dann der Heilige Geist die Macht, die diesem Kampf oder dieser Besatzung ein Ende setzt. Sünde wie Dämon werden *individuell* durch den Heiligen Geist besiegt, in *kollektiver* Hinsicht aber durch Jesu Blut (deshalb geht es da um den Teufel, nicht um den je individuellen Dämon; vgl. S. 00). Und wenn die häufig vertretene Meinung richtig ist, daß Paulus in Römer 7,8–11 auf Adams Sündenfall anspielt, dann ist hier der Teufel oder die Schlange wiederum durch die Sünde ersetzt, und

zwar als Betrügerin. – Allgemein bekannt ist auch, daß die Sünde bei Paulus geradezu personhaften Rang bekommt.
Angesichts dieser durchgehenden Entsprechung von Sünde und Dämon/Teufel fällt auf, wie unterschiedlich beides in der Forschung behandelt wird. Über die weitgehende Entmachtung des Subjekts in Römer 7 beschwert sich niemand, denn hier geht es um reformatorische Grunderfahrungen mit der Sünde. Genau dasselbe Phänomen wird jedoch beim Dämonismus als unverantwortlicher Aberglaube bezeichnet, der endlich abgestellt werden müsse, da er die Flucht aus der Verantwortung begünstige. – Dabei gibt es bei Dämonen wie bei der Sünde (insofern sie Sucht ist) immer jemanden, der sich – wenigstens zu Anfang – freiwillig mit der negativen Macht einläßt.
Immer wieder hat man in Römer 7 ein Spiegelbild des modernen Menschen gesehen. Ja, das ist richtig, aber dann gilt dies auch von der Besessenheit.
So leistet Paulus den vielleicht wichtigsten Beitrag des Neuen Testaments selbst, den Dämonismus für moderne Menschen zu erklären. Seine Aussagen über »Sünde« und die Exorzismen der Evangelien ergänzen sich gegenseitig und stehen in unterirdischer Verbindung miteinander.
Paulus konnte also statt »Sünde« wohl auch »Teufel« sagen. Nur hätte ihn in Rom dann von den Heidenchristen wohl niemand verstanden. Denn die Gestalt des Teufels gibt es in der griechischen Philosophie oder in der griechisch-römischen Religion nicht. Der eigentliche Grund mag tiefer liegen: Der Sünde setzt Paulus die Gerechtigkeit gegenüber. Beide haben übrigens versklavenden und damit personhaften Charakter (Römer 6,18 *ihr seid zu Sklaven der Gerechtigkeit geworden*), und die Wahl der Ausdrücke macht deutlich, daß es immer und zum größeren Teil um ein menschliches Wirken und Handeln geht. Denn die Werke des Menschen sind sündig oder gerecht, je nachdem, welche der beiden Herrinnen (Sünde oder Gerechtigkeit) über ihn herrscht. Ganz anders als bei der Figur des Teufels

kann man hier sagen, *wie die Qualität der Herrin abfärbt* auf das menschliche Handeln. Beim Teufel könnte man nur von Kooperation reden; Sünde oder Gerechtigkeit gehen viel tiefer ein in das Tun des Menschen, der sich ihnen ausliefert, färben sein Handeln »in der Wolle«.

Von der Kooperation mit Jesus Christus im Kontrast zu der mit dem Teufel kann Paulus auch reden (2. Korinther 5,20–6,15: *An Christi Statt bin ich Gesandter … arbeite mit … welche Gemeinschaft hat Licht mit Finsternis, welche Übereinstimmung hat Christus zu Beliar, welchen Anteil der Glaubende am Nichtgläubigen?).* Deutlich stehen sich in diesem Text gegenüber (und diese Opposition selbst ist ein Argument für die öfter bezweifelte Einheit dieses Textes): Mitarbeit mit Christus und Wirkgemeinschaft mit dem Teufel (Beliar). Hier, wo es um das Grundsätzliche geht und Paulus kraß reden muß, nennt er die grundlegende Verbindung, deren eine die andere ausschließt.

Wichtig ist für uns vorerst dies: Sünde und Teufel sind für Paulus nicht scharf zu unterscheiden. Beide tragen Züge von Personhaftigkeit. In der Sünde wird der Teufel sichtbar und umgekehrt. Beide sind, modern gesprochen, alles andere als gute Mächte, bei denen der Mensch gut aufgehoben sein könnte. Nein, sie stehen beide für das Zentrum, den geheimen Kernpunkt des Bösen, das den Menschen bedroht und das ihn verschlingen kann.

Warum bleibt der Teufel ein Rätsel?

Unser bisheriger Gang durch das Zeugnis des Neuen Testaments hat folgendes ergeben. Der Teufel hat nicht nur viele Namen. Und wo die einen biblischen Autoren vom Teufel sprechen, reden andere anders, und man kann auch annähernd begründen, warum. Wann genau der Teufel vorläufig und doch grundlegend besiegt wurde, ist nicht klar, nur daß dieses untrennbar mit Jesus verbunden ist, steht überall fest.

Damit ist die Größe »Teufel« auf besondere Weise schillernd, unfaßbar, ungreifbar und jeder Fixierung entzogen. Das ist nun nicht zu beklagen, sondern das ist ein getreues Abbild der Wirklichkeit des Bösen und Teuflischen selbst. Entstünde der Eindruck, diese wäre faßbar oder genau beschreibbar, hätte man sich selbst betrogen. Auf seine Weise ist der Teufel daher dem Geheimnis Gottes vergleichbar. Beide sind nicht definierbar. Aber auch der Unterschied ist unübersehbar. Gottes Geheimnis ist die immer wieder über alles andere triumphierende Liebe, es liegt daher, bildlich gesprochen, in der räumlich zu denkenden *Tiefe* Gottes. Das Geheimnis des Bösen liegt in der schillernden, verführerischen *Breite*.

II
Wie sieht der Steckbrief des Teufels aus?

Hat der Teufel eine Biographie?

Ist das Bild der »Karriere« angemessen?

Häufig wird der Eindruck erweckt, es ließe sich eine Entstehungsgeschichte des Teufelsglaubens der Art erstellen, daß er sich vom »kleinen« Mitarbeiter Gottes zu dessen gefährlichem Rivalen und überhaupt zum Gegen-Gott und Monster entwickelt habe. Man pflegt dafür auf das Buch Hiob zu verweisen, in dem der Satan noch ein »skeptischer Gehilfe Gottes« (R. Safranski) zu sein scheint, während er dann in der Folgezeit immer mächtiger geworden sei und sich zusehends von Gott entfernt habe. Dieses Schema halte ich für allzu einfach, als daß es wahr sein könnte. Das Hauptargument: Die älteren Texte aus Qumran, die schon ein reich entfaltetes Bild des Satans liefern, liegen zeitlich zu nahe am vermutlichen Zeitpunkt der Entstehung des Buches Hiob. Eine längere isolierte Entwicklungsgeschichte des Teufels vom Angestellten und Kontrolleur zum Gegner Gottes als Weltherrscher in so kurzer Zeit ist nur unter großen Mühen vorstellbar.

Ein gemeinsamer Nenner des Grauens?

Ein anderes Modell legt sich nahe. Verschiedene selbständige Erfahrungen, Wahrnehmungen und Begegnungen hat man im Lauf der Zeit immer konsequenter auf eine einzige Figur übertragen und auf sie konzentriert. Solches anzunehmen ist nichts Arges, sondern bedeutet lediglich, daß

Offenbarung sich nicht auf einen Klick hin vollzieht, sondern in einer längeren Geschichte. Da der Teufel unsichtbar ist, wird sein Bild im Lauf der Zeit um verschiedene Züge angereichert.

Um folgende Erfahrungen handelt es sich, die auch später immer wieder auf den Teufel zurückgeführt werden:

– die Erfahrung des Versuchers, und zwar im Sinne des Kontrolleurs *(der Versucher);*

– die durch das »schlechte Gewissen« bestätigte Ahnung, daß es jemanden geben könnte, der den Menschen vor Gott anklagt *(der Ankläger);*

– die rätselhafte Wahrnehmung, daß Menschen außerhalb von Judentum und Christentum oder – noch ärger – als Abgefallene wie von einer fremden Macht betäubt, verführt, wie verhext sind *(der Vater der Lüge);*

– die Rolle eines Wesens, das in Gottes Auftrag die Bestrafung der Schuldigen vollzieht; von daher die Hölle als Adresse des Teufels *(der Herr der Hölle);*

– die aus negativen geschichtlichen Erfahrungen entstehende Überzeugung, daß hinter den Weltherrschern und feindlichen Mächten nicht Gott, sondern ein böser Geist steht *(der Weltbeherrscher),* und die Erfahrung, daß sich zwischen Gott und Mensch etwas drängen möchte, das diese Beziehung stört;

– die rätselhafte Wahrnehmung, daß Menschen physisch oder geistig krank sind, nicht mehr dieselben, wird auf Dämonen zurückgeführt. Deren Führer ist der Teufel *(der König der Dämonen).*

Alle diese Erfahrungen sind selbständig, manchmal verwandt, und gehen ineinander über. Man kann auch an den Namen zeigen, daß es sich um unterschiedliche – gelegentlich auch als Mehrzahl erlebte – Wesen handelt (bei Dämonen und Mächten/Gewalten).

Aber sie werden – rätselhaft und bedrohlich, wie sie sind – in all ihrer Schrecklichkeit erst dann wirklich wahrgenommen, wenn man sie konsequent auf ein einziges Wesen zurückführen kann. Denn wenn das alles von einem einzigen kommt, dann kann man sich denken, daß dieser der geballte Schrecken ist.

Der gemeinsame Nenner für diese unterschiedlichen Wahrnehmungen ist: Es geht durchweg um etwas, das für den Menschen zumindest bedrohlich ist, sich zwischen Gott und ihn schieben möchte oder dort bereits steht. Störung, Irritation, Blockade, einfach das Nein zu der heilsamen Beziehung zwischen Gott und Mensch.

So steht der Teufel für etwas, das wir täglich wahrnehmen: Unsere Beziehung zu Gott ist keine ungetrübte, wie es auch die zu uns selbst nicht ist. Daß die abrahamitischen Religionen dieses zugeben können, spricht für ihre Größe und Wahrhaftigkeit.

An dieser Stelle unserer Überlegungen ist folgender Gesichtspunkt wichtig: Es wird eben nicht nur vollmundig vom Glauben gesprochen, sondern daß er gestört, auf schwierigste Proben gestellt, der Stärkung bedürftig ist, wird immer mitgesehen. Insofern ist die Rede vom Teufel geradezu sympathisch, weil sie von großer Ehrlichkeit ist.

Ist der Teufel ein Erbstück aus dem Judentum?

Den einen Teufel (zumindest als Führer der Dämonen) gibt es nur in Judentum, Christentum und Islam. Die geschilderte Konzentration auf einen einzigen ist daher eine spiegelbildliche Konsequenz des Monotheismus. Wie es nur einen einzigen Gott gibt, kann es auch nur – im Rang immer eine Etage tiefer – einen einzigen Teufel geben. *Der Teufel ist daher in dieser Hinsicht ein Stück jüdischer Identität.*

Der mit der Entstehung des jüdischen Monotheismus vergleichbare Prozeß der Konzentration der Erfahrungen auf den einen Teufel vollzog sich nur Jahrhunderte später, nachdem sich Israel bereits lange zum Glauben an den einen Gott durchgekämpft hatte. Aber es ist ein vergleichbarer Prozeß der Konzentration – wenn auch mit grundsätzlichen Unterschieden, die auf der Hand liegen: Der Teufel ist primär Gegenspieler der Menschen, nicht Gottes als wirklicher Rivale, insofern eine Etage tiefer. Und seine Personhaftigkeit ist schwächer ausgeprägt. Das wird uns noch beschäftigen.

Im folgenden werden wir die oben genannten einzelnen Erfahrungen, die auf den Teufel weisen, gesondert bedenken.

Wer ist der Versucher wirklich?

Steckt der Teufel hinter Hiobs Leiden?

Nach Hiob 2,1–6 treten eines Tages die Söhne Gottes vor Hiob, aber auch Satan ist dabei. Satan hat, wie er berichtet, gerade *die Erde hin und her durchzogen*. Der Herr fragt ihn: Hast du acht auf meinen Sklaven Hiob gehabt? und lobt Hiob. Satan erwidert: … *alles, was ein Mann hat, läßt er für sein Leben. Aber strecke deine Hand aus und taste sein Gebein an; was gilt's, er wird dir ins Angesicht absagen! Der Herr sprach zu dem Satan: Siehe da, er sei in deiner Hand, doch schone sein Leben.* Satan wettet gewissermaßen mit Gott, daß Hiob wegen der Leiden, die er ihm zufügen wird, seinen Gottesglauben aufgibt. Satan tritt hier als eine Art Angestellter Gottes auf: Er erscheint zur Audienz und muß berichten, was er gerade tut, legt also gleichsam Rechenschaft ab. Immerhin kann er seine Aufgabe selbständig planen.

Satan ist hier keine Gegenmacht zu Gott, er ist aber skeptisch, ob Gottes positives Urteil über Hiob auch negativen Erfahrungen standhalten wird. Nicht genug damit, daß Satan zweifelt; er *schlug Hiob mit bösen Geschwüren von der Fußsohle bis an den Scheitel* (Hiob 2,7).

Hier finden wir bereits ein Element, das im folgenden immer wieder begegnen wird: Satan ist dem Menschen nicht

wohl gesonnen. Er fügt ihm entsetzliche Leiden zu. Gott läßt das mehr oder weniger zu, auch wenn der Satan das alles in eigener Verantwortung ausdenkt und durchführt. Das Interesse Satans ist am Ende hier noch immer mittelbar das Interesse Gottes. Denn die Antwort auf die Frage, ob Hiobs Treue stabil ist, muß auch für Gott wichtig sein.
Wer also, wie hier der Satan, Menschen wie Hiob quält, besorgt Gottes Interesse an lauteren, »echten«, standfesten und treuen Verehrern.
Und umgekehrt: Der Hiob-Erzählung liegt die Erfahrung zugrunde, daß Leiden zu Zweifeln an Gott führen und von Gott abbringen können. Immerhin geht diese Versuchung nicht von Gott selbst aus. In den Leiden, die den Menschen treffen, wird ein Sinn gesehen, ist eine Intelligenz am Werk. Auf dem Spiel steht die »Identität« des Menschen.
Der Satan ist hier weder widergöttlich noch böse. Die Leiden, die er verursacht, entziehen sich der moralischen Bewertung. Sie sind eine Art Katalysator, an dem sich herausstellt, wie standfest (das heißt gläubig) der Mensch ist.
Die Scheu, Leiden direkt auf Gott zurückzuführen, ist unübersehbar. Andererseits haben diese in jeder Hinsicht etwas mit der unsichtbaren Welt Gottes zu tun.

Wozu werden Neubekehrte versucht?

Unabhängig von der Frage, ob und inwiefern das Frühjudentum eine missionarische Religion gewesen ist, kann gelten: In vielen erhaltenen Dokumenten spielt die Bekehrung eine sehr große Rolle. Abraham wird als der erste Proselyt betrachtet, Hiob wird zum Proselyten stilisiert, die ägyptische Priestertochter Aseneth wird Proselytin und darf erst so Joseph heiraten. Das frühe Christentum übernimmt vielfältig auch die missionstechnische Sprache aus dem griechisch sprechenden Judentum (zum Beispiel den Vergleich der Bekehrung mit dem Übergang von der Finsternis zum Licht).

Die Versuchung trifft nun den, der neu bekehrt oder neu berufen ist. Daher wird auch Jesus direkt nach seiner Taufe und Erklärung zum Gottessohn vierzig Tage lang versucht. Daher sagt Paulus Ähnliches über die Thessalonicher (1. Thessalonicher 3,5). Und schon im Judentum ist Abraham als der erste Proselyt auch derjenige, der exemplarisch durch Versuchungen erprobt und kontrolliert wird (uns bekannt zum Beispiel auch durch Jakobus 2,18–23). Ähnlich ergeht es nach der Auffassung des Frühjudentums Hiob, dessen Leiden man als die Probe auf die Festigkeit seines Glaubens an Gott nach der breit geschilderten Bekehrung versteht (Testament des Hiob, 1. Jahrhundert n. Chr.). Sowohl bei Abraham als auch bei Hiob, ähnlich aber auch in Thessaloniki bestehen die Versuchungen in Leiden. Diese sind nicht einmalig, sondern vielfältig.

Das Jubiläenbuch (außerkanonische jüdische Schrift, 2. Jahrhundert v. Chr.) behandelt die Versuchungen Abrahams nach dessen ausführlich geschilderter Bekehrung (Kapitel 12f) in 17,15–19,4. Die Grundszene ist dem kanonischen Hiobbuch nachgebildet: Der Teufel (»Fürst Mastema«) tritt vor Gott und sagt: »Siehe, Abraham liebt den Isaak, seinen Sohn, und er freut sich über ihn vor allen. Sage ihm, er solle ihn hinaufbringen als Brandopfer auf den Altar! Und du wirst sehen, ob er dies Wort tut. Und du wirst wissen, ob er glaubend ist in allem, womit du ihn versuchst.« In 17,17f wird dann eine Liste der Versuchungen genannt, mit denen Gott Abraham versucht hat: »(18) Und in allem, wodurch er ihn versuchte, wurde er als glaubend erfunden. Und seine Seele war nicht ungeduldig ...« Hier wie in der späteren rabbinischen Tradition (vgl. K. Berger, Das Buch der Jubiläen, S. 418 zu 17,17) versucht Gott Abraham. In 19,3 sagen die Engel: »Und wir versuchten ihn, ob sein Geist geduldig sei ...« Als Abraham bereit ist, Isaak zu opfern, heißt es (18,12): »Und der Fürst Mastema wurde beschämt.« Immerhin hat also der Teufel Gott bzw. die Engel dazu veranlaßt, Abraham zu versuchen.

Daher wird erkennbar: Entscheidend ist nicht, von wem die Versuchungen letztlich kommen (Teufel, Gott, Engel), sondern daß der Gerechte sie besteht.

Ist es wirklich der Teufel, der versucht?

Die Bekehrung oder Berufung wird oft in dem Bild des Übergangs vom Dunkel ins Licht, vom Schlaf in das Wachen geschildert. Das heißt: Hier geht es in jedem Fall um Polarität, um einen dramatischen Prozeß, der sich in Gegensätzen vollzieht. Die Versuchungen beziehen sich aber nun immer auf das Fortwirken der Finsternis im Bereich und in der Zeit des Lichts.

Wo der Teufel versucht, wird er als Träger dieses Fortwirkens der Finsternis verstanden. Er selbst wird dabei auch selbst als ein Kontrast zu Gott erfahren. Während Gott den, der sich zu ihm bekehrt hat, ruft, erwählt und liebt, verkörpert der Teufel geradezu das Gegenteil: Durch seine Störmanöver (»Versuchungen«) will er das neu gesetzte Pflänzchen ständigen Härtetests unterziehen. Wo sich Gott gerade als der freundliche gezeigt hat, wird der Teufel als der feindliche erfahren.

Daß man hier überhaupt so offenherzig von Versuchungen oder vom Teufel gesprochen hat, ist schon ein Zeichen bemerkenswerter Ehrlichkeit. Denn damit wird eingestanden: Die Bekehrung ist gar nicht das, was man als oberflächlicher Betrachter von ihr denkt. Gegen allen Verbalradikalismus gilt: Das Alte meldet sich doch, genau das Alte, das gar nicht mehr da sein dürfte, das der Bekehrte weit hinter sich gelassen zu haben meint. Die Finsternis wirkt noch, erhebt noch immer ihr Haupt. Die Biographie ist nicht einfach in schwarz und weiß zu teilen.

Man kann die gesamte Kirchengeschichte seit den Tagen des Urchristentums als Geschichte der fortdauernden Sünde der Christen sehen und als einen einzigen Versuch, mit diesem unerwünschten Rest des Alten fertig zu werden. Dieser in jeder Generation wiederholte Versuch hat seine institutionellen Seiten (Buße, Beichte, Ablaßwesen). Die seelsorgerliche Seite hat man lange Zeit mit der Erfahrung der teuflischen Versuchung umschrieben.

Denn weil wir schwache Menschen sind, ist unser Ja nie von himmlischer Reinheit, ist oft gar kein Ja. Der Kampf ist mit der Taufe nicht beendet. Diese war nur ein Etappensieg. – Ähnlich wie bei Hiob hat daher die Erfahrung des Teufels etwas mit der Identität des Menschen zu tun. Die Identität des Neubekehrten ist gefährdet, denn sie ist noch labil. Anders gesagt: Der Wandel, die Bekehrung, hat Unsicherheit und Instabilität begründet. Der Neuaufgenommene wird in Wahrheit hin- und hergerissen. Das, was der neuen Identität *fremd* ist (das Alte), wird als *Fremdpsychisches* erfahren und so als Teufel gedeutet.

Man kann sich diese Wahrnehmung gut vorstellen und sie denkerisch rekonstruieren: Da bemerkt einer, der den großen Schritt zum Christwerden hin vollzogen hat, daß sich Kräfte, Neigungen und Sehnsüchte breit machen, die zu dem Neuen gar nicht passen. Und er reagiert: »Das bin doch nicht ich!« Denn er selbst war ja doch ein anderer geworden. Das Fremde muß – nach den Denkvoraussetzungen dieser Zeit – daher eine andere Person sein. – Wir erinnern uns: Für die Wahrnehmung der jüdisch-christlichen Antike sind die Schwellen, die das Ich von anderen abgrenzen, nicht hoch. Ein anderes Wesen (wir würden sagen: eine andere Psyche) kann daher leicht in einen Menschen eindringen. Das gilt von Jesus Christus (auch nach Galater 2,20: *... nicht ich [Paulus] lebe, sondern Christus in mir*), vom Teufel als dem, der Judas ins Herz fährt, von den Dämonen, die jemanden besessen halten. Und weil der Teufel hier wirklich unabweisbar als psychische Realität erfahren wird, liegt die Ansicht so nahe, er sei so etwas wie eine Person.

Auch insofern das, was nachwirkt, die alten Götter sind, die Götzen, die unzweifelhaft als Personen gedacht wurden, ist der Teufel hier personal erfaßbar.

Der eigentliche Kampf ist mit der Bekehrung (Umkehr, Eintritt ins Christentum) nicht beendet, sondern wesentlich durch sie begründet. Oft gerät der Kampf erst jetzt in den

Blick. Die Zeit der Versuchung, die im Grunde das ganze Christenleben nach dem Christwerden umfaßt, ist als Zeit der Anfechtung doch nur die Kehrseite der bekannten Sache, daß Glaube wesentlich Treue ist.

Der Teufel, der dem Menschen in der Zeit nach der »Bekehrung« begegnet, steht nicht in erster Linie für ein abstraktes Böses, sondern für das bis dahin (bis zur Bekehrung) Normale. Diese Normalität war die »bürgerliche Identität«. Und im Christentum war es zu allen Zeiten die Macht bürgerlicher Normalität und zugleich Normativität, die wie ein dumpfes Gesetz fortwirkte als Versuchung im neuen Status. Weil es sich bei bürgerlicher Normativität zuerst um ein Geflecht von Machtverhältnissen handelt, ist es nicht verwunderlich, daß Machtgelüste die hauptsächliche Versuchung der Neubekehrten sind. Gerade die Versuchung Jesu nach Matthäus und Lukas läßt das deutlich werden (Verwandlung von Steinen in Brot; Weltherrschaft). Das zuvor Normale ist »Schnee von gestern« geworden, weil die Zeiten sich geändert haben. Der neue Kontrast ist durch den Wandel in der Zeit entstanden. Das Weiterwirken des Alten im Neuen heißt Versuchung. Freilich trägt auch der Kontrast zum Werden der neuen Identität bei.

Die Versuchung funktioniert nur mit sinnlichen Bildern, die die Phantasie sich vorgaukelt oder die ihr vorgegaukelt werden. Diese Bilder heißen *fantasmata* oder *fantasia.* Eine der Folgeerscheinungen dieser Auffassung von sinnlichen Bildern bedeutete über viele Jahrhunderte auch etwas für die Auffassung von Kunst. Denn nur als Abbildung und Nachahmung von Realität erschien sie als legitim, nicht aber als freie, phantasievolle Entfaltung sinnlicher Möglichkeiten. Die freie Erfindung war die »Illusion« – auch das Wort Illusion hat einen magisch-exorzistischen Hintergrund; es bezeichnet ursprünglich die Verspottung des treu-dummen Menschen durch die raffinierten betrügerischen Dämonen. Von dieser Tradition her sind Phantasie und Illusion verwandte Produkte der Verführung des Menschen durch Teu-

fel oder Dämonen, da sie beide in gleicher Weise Sinn für Realität vermissen lassen.
Daß Versuchungen als bedrohlich empfunden werden, ist ganz deutlich erkennbar. Auch die Menschen des frühen Christentums und des Mittelalters, für die Versuchungen so bedrohlich waren, wollten sicherlich im Grunde jeden Dualismus (Schwarz-weiß-Denken) abwehren, da er sich als lästige Angelegenheit aufdrängte. Denn das Bedrohliche drängt man gerne ab. Doch die »eine Welt« erwies sich als Täuschung. So gilt an dieser Stelle: Nur der Vertreter des Dualismus ist halbwegs realistisch.

Gibt es heute noch Versuchungen?

Angesichts der Bedeutung der Kindertaufe wurde die Zeit nach der Taufe schon seit vielen Jahrhunderten nicht mehr als Versuchung zum Abfall wahrgenommen. Jedenfalls ist der Zusammenhang von Taufe (Eintritt oder Übertritt zum Christentum) und Versuchung verlorengegangen. Ob damit das Phänomen Versuchung überhaupt – in dem, was das Neue Testament darunter versteht – verschwunden ist, darf bezweifelt werden. Gerade der streitbare Paulus kann freimütig eingestehen: *Wenn jemand in Versuchung ist, abzufallen – auch mir brennt der Zweifel in der Seele* (2. Korinther 11,29). Das ist dieselbe frappierende Ehrlichkeit, die sich in allen Aussagen über das Versuchtwerden äußert.
Jesus empfindet nach Lukas 22,28 sein ganzes Leben als eine einzige Versuchung. Wie aus dem Zusammenhang (Dienen und Großsein) hervorgeht, war es die Versuchung zur Macht, also: die eigene Vollmacht zu eigenen Gunsten zu gebrauchen.
Versuchungen gibt es immer dort, wo Glaube wesentlich als Treue verstanden wird. Das ist dann doch recht aktuell in einer Zeit, in der man von spektakulären Bekehrungen (»zum Glauben kommen«) oft weniger gern redet.

Gibt es vor Gott einen Chefankläger?

Wozu braucht es einen Ankläger vor Gott?

Die Voraussetzung: eine bildhafte Vorstellung, nach der Gott von seinem Thron aus die Welt regiert. Da es keine Gewaltenteilung gibt, ist Gott auch zugleich Richter. Der Raum »vor ihm« ist daher zugleich auch das Forum eines Gerichtshofes. Wer die Menschen anklagen will, muß das hier vor Gott tun. Wer die Menschen vor Gott anklagt, hat in erster Linie die Rolle eines Staatsanwaltes. Normale Sterbliche können nicht vor Gott anklagen. Der Teufel ist ein im himmlischen Forum zugelassener Ankläger. Er ist als Ankläger keineswegs »böse«, sondern hat leider oft nur allzu sehr recht.

Wie können Menschen diese Bilder entwerfen? Die Basis ist die Überzeugung, daß Gott der gerechte Richter ist. Nach allen hier zu zitierenden Textbelegen ist Gott Richter nicht erst am Ende der Zeiten, sondern jetzt schon, jeden Tag. Auch die jüdische Mystik wird diese Auffassung teilen, denn Gott verbringt einen Teil des Tages damit, Gerechtigkeit zu schaffen in der Welt. – Aber dann ist da der Ankläger. Sieht Gott nicht selbst, was die Menschen tun?

Die Figur des Anklägers hat zwei Aspekte:

– zum einen: Paulus entwirft ein Forum oder Tribunal auch im Inneren des Menschen. Nach Römer 2,15 gibt es im Gewissen eines jeden Menschen einen ständigen Rechtsstreit zwischen Anklägern und Verteidigern. Das Gewissen selbst repräsentiert dabei das Gesetz Gottes, das als Maßstab für Anklage und Verteidigung ins Herz geschrieben ist. – Es kann also sein, daß in der zeitgenössischen Auffassung vom Gewissen des Menschen als einem Mini-Forum zumindest eine Stütze für die Auffassung vom Ankläger im himmlischen Forum gesehen wurde. Denn Mikrokosmos und Makrokosmos entsprechen oft einander. Wohlgemerkt: Der Teufel tritt nicht im Gewissen auf, sondern vor Gott »im

Himmel«. Vergleichbar sind nur die Funktionen der anklagenden Gedanken hier (Gewissensbisse) und des Anklägers dort (Teufel);

– zum anderen: Der Ankläger ist in den biblischen Texten immer dazu da, überwunden zu werden. Obwohl er durchaus im Recht ist, kommt er regelmäßig nicht zum Zuge. In keinem der zu nennenden Texte setzt er sich durch. – Schon eingangs hatten wir im ersten Anlauf vermutet: Der Teufel ist dazu da, überwunden zu werden. Für den Ankläger vor Gott bestätigt sich dieser Ansatz. Entweder durch einen Engel oder durch Jesus Christus oder auch zusätzlich durch das Zeugnis der Zeugen wird der Ankläger ausgeschaltet, so daß fürderhin das Verhältnis zwischen Gott und Mensch trotz der Sünden des Menschen unbelastet ist oder sein könnte.

Hat der Ankläger immer recht?

In Sacharja 3,1–2 heißt es: *Und er (Gott) ließ mich sehen den Hohenpriester Jeschua, wie er vor dem Engel des Herrn stand, und der Satan stand zu seiner Rechten, um ihn zu verklagen. Und der Engel des Herrn sprach zu Satan: Der Herr schelte dich, Satan …*

Der Grund für die Anklage wird dann im folgenden berichtet: Der Hohepriester hat unreine Kleidung. Statt Gott – so in den späteren Texten – ist hier der Engel des Herrn als Repräsentant Gottes derjenige, der die Anklage zurückweist. Daß der Engel den Satan nicht verflucht, sondern nur tadelt, zitiert Judasbrief 9, der sich möglicherweise gegen das Verfluchen des Teufels wendet.

Aus diesen und vielen anderen Zeugnissen des Judentums und des frühen Christentums geht hervor: Eigentlich hat der Ankläger immer recht. Denn der Mensch ist schwach und nie vollkommen. Aus diesem Grund soll nach Judas 8–10 der Mensch den Teufel nicht verfluchen, da eine derartige Rede »todsicher« auf den Menschen zurückfallen würde (Bumerangprinzip). Wenn der Ankläger immer recht hat, werden die Fälle besonders wichtig, in denen sich ein wirklich gerechter Fürsprecher einfach vor die Menschen stellt. Im Neuen Testament hat Jesus diese Rolle, zum Beispiel in Römer 8:

Warum kann keiner mehr die Christen verklagen?

In Römer 8 liegt eine forensische Szene vor: *(31) Wenn Gott auf unserer Seite steht, wer kann dann gegen uns etwas ausrichten? … (33) Wer kann die Auserwählten Gottes verklagen? Denn Gott ist es, der richtet. Wer anders sollte da verurteilen? (34) Christus … tritt für uns ein …(35) Niemand wird uns trennen können von der Liebe Christi … weder Tod noch Leben noch Engel noch Mächte …*

Paulus kann erleichtert sagen, daß es keinen Ankläger mit Aussicht auf Erfolg gibt. Denn Gott ist ja der Richter, und in Jesus Christus haben die Christen einen Anwalt. Welche Macht das ist, die anklagen könnte, das macht Vers 35 deutlich: Tod, Engel und Mächte stehen dem Teufel äußerst nahe.

Die paulinischen Ausführungen zur Rechtfertigung bekommen durch diesen Text nochmals eine besondere Wendung. Denn hier in Römer 8 ist nun wirklich an ein Gerichtstribunal vor Gott gedacht. Was Rechtfertigung bedeutet, wird jetzt in einer himmlischen Szene sehr plastisch verdeutlicht. Während in den früheren Kapiteln des Römerbriefes die »Sünde« und das Sündersein der Rechtfertigung entgegengesetzt waren, ist es hier eine bunte Schar von Mächten, die den Menschen von Gott wieder trennen wollen. Auf die Verwandtschaft von Sünde und Teufel haben wir bereits hingewiesen.

Auch bei Paulus besteht kein Zweifel daran, daß ein Ankläger, wäre da nicht Jesus Christus als Fürsprecher und wäre da nicht die Liebe Gottes, dessen Herold er ist, durchaus zum Zuge kommen würde. Denn die Menschen sind ungerecht. Nach anderen Texten sind es nicht Gottes Liebe und Jesus Christus (genauer: die in, mit und durch Jesus erwiesene Liebe Gottes), sondern anderes, was zur Ausschaltung des Anklägers führt.

Wie kam es zum Sturz des Anklägers?

Ähnlich wie die bisher genannten Texte setzt auch Offenbarung 12,10f den Satan als Ankläger voraus. Denn nachdem Michael den Teufel aus dem Himmel geworfen hat, proklamiert eine Stimme vom Himmel: ... *hinausgeworfen wurde der Ankläger unserer Brüder, der sie vor Gott anklagt Tag und Nacht. Doch sie haben ihn besiegt durch das Blut des Lammes und durch ihr Zeugnis ...*

Auch hier besteht kein Zweifel, daß der Ankläger sich vor Gott durchsetzen könnte. Seine Ausschaltung erfolgt – im Bild (!) – anders als im Römerbrief. Während nach Paulus die Regeln des Verfahrens eingehalten werden (Verteidiger, Gott richtet), wird nach Offenbarung 12 der Ankläger auf eine für heutige Vorstellungen unsachgemäße Weise zum Schweigen gebracht. Denn Michael wirft ihn einfach aus dem Tribunal hinaus. Und auf der Erde kann Satan Christen dann nur noch verfolgen, aber sie nicht mehr vor Gott anklagen.

Man darf fragen: Warum wird der Satan aus dem Himmel gestürzt, wo er doch mit der Vertretung des Rechtsstandpunktes nur »recht« hat?

Satan wird mutmaßlich aus demselben Grund vom Himmel gestürzt, aus dem Gott nach Römer 8,34 Jesus Christus als Mittler und Fürsprecher für die Menschen aufgestellt hat: Gott liebt die Menschen, und er verzichtet zugunsten dieser Liebe auf die Durchsetzung seines Rechts. Diese Liebe ist grundlos und selbst durch nichts zu rechtfertigen. Aber es ist doch eigenartig: Der siegreiche Kampf Michaels gegen Satan bedeutet nicht einfach den Sieg des Guten über das Böse (wie traditionell auch bei St. Georg und dem Drachen), sondern den Sieg der Liebe über das Recht. Gott drückt für seine Auserwählten wirklich »ein Auge zu«. Michael streitet für die Liebe, nicht für das rein lichtvoll Anständige. – Das bedeutet umgekehrt für den Teufel in der Situation des Anklägers: Seine Position war eigentlich durchaus ehrenwert. Als Ankläger vor Gott war er nicht der Böse und Verruchte.

So ist gut erkennbar: Die Überwindung des Anklägers vor Gott ist ein Weg, auf dem biblische Autoren sich die Rechtfertigung des Menschen vorstellen können. Denn obwohl sie schuldig und sündig sind, findet der Mittler oder Engel (im Auftrag Gottes) Wege, den Menschen aus dieser Lage zu befreien.

Daß dieses auch in jüdischen Schriften außerhalb der Bibel so ist, soll nur nebenbei erwähnt werden, so im Henochbuch (äthiopisch, 3. Jahrhundert bis 2. Jahrhundert v. Chr.: »Und die vierte [Himmels- bzw. Engels-]Stimme hörte ich, wie sie die Widersacher *abwehrte* und ihnen nicht erlaubte, vor den Herrn der Geister [= vor Gott] zu treten und die, welche auf Erden wohnen, zu verklagen«) oder im Midrasch zum 2. Buche Mosis (Midrasch rabba zu Exodus, 117c: »Rabbi Jose hat gesagt: Michael und Samael [= der Teufel] sind wie Verteidiger und Kläger. Satan klagt an, aber Michael bringt die Verdienste Israels vor«). – Nach 4 Q 491 (einem Text aus der 4. Höhle von Qumran) heißt es von Gott: »Gelobt sei dein Name, Gott der Gnade erweist, der du immer wieder deine Gnade erweist an uns. Trotz Belials (= des Teufels) Macht und obwohl er uns heimtückisch anfeindet, wurden wir nicht verstoßen aus deinem Bund. Seine Schadensgeister hast du fortgescholten von uns. Und wenn uns Männer anklagten, die unter seiner Herrschaft stehen, hast du die bewahrt, die du erlöst hast.«

Wir fragen: Warum reden die biblischen Texte nicht einfach von Gottes Liebe und Vergebung? Warum machen sie es sich so umständlich und berichten über ein juristisches Verfahren mit Ankläger und Verteidiger? – Antwort: Weil Gott nicht irgendwie und »privat« seine Gnade irgendwelchen Günstlingen zuwendet. Denn er ist gerecht, und die Gerechtigkeit Gottes ist offen wie ein öffentliches Forum.

Denn das Verhältnis zu Gott ist nicht Privatsache, sondern ein öffentliches, und es betrifft ein ganzes Volk. – Wir fragen: Was bedeutet das für die Rolle Satans? – Antwort: Auch der Satan ist in diesem Verfahren nicht von subjektiven Gelüsten oder zufälligem Jähzorn getrieben. Der Satan ist in diesem Sinne nicht wild oder haßt ohne Grund. Er schlägt nicht blind zu. Vielmehr ist er durchaus gerecht, eben wie ein Staatsanwalt. Nur ist es, wenn man das so sagen darf, subjektiv gesehen seine »Tragik«, daß das Strafrecht nur einen Teil der Wirklichkeit ausmacht.
Das Judentum bringt die darin enthaltene Weisheit in der häufig geäußerten Anschauung zum Ausdruck, daß eine Rivalität zwischen Engeln und Menschen besteht (vgl. den gleichnamigen Buchtitel von P. Schäfer) und daß diese vor allem dadurch genährt wird, daß Gott den Menschen bevorzugt, an ihm einen Narren gefressen hat, und dies unter Umgehung der viel edleren, reineren und besseren Engel. Die sich darin äußernde Erfahrung ist: Gottes liebendes Erbarmen ist unbegreiflich und steht seiner Herrlichkeit und eher abweisenden Hoheit entgegen. Für letztere stehen oft die Engel und steht – in diesem Abschnitt – der Teufel. Für den Teufel steht Gottes Heiligkeit im Zentrum seines Anliegens – er verteidigt sie wie ein Staatsanwalt das Recht. Für Gottes Handeln steht der Mensch im Zentrum.

Spuren beim historischen Jesus?

Von der Rolle Jesu in Römer 8,34.39 führt eine Spur in die Berichte der Evangelien über Jesu Auseinandersetzungen mit den Pharisäern. Und die eben geschilderte Alternative zwischen der Sorge um Gottes Heiligkeit einerseits und der erbarmungsreichen Sorge um die Menschen andererseits hat auch eine sehr reale Entsprechung und Grundlage im Leben Jesu.
Denn die Pharisäer sind – daran besteht im Wesentlichen gar kein Zweifel – die Reinen, Heiligen und Gerechten. Sie

halten sich von den Sündern fern, und vom Sich-Fernhalten (hebräisch: *faras*) kommt vielleicht auch ihr Name. Sie sorgen dafür, daß Unreine ihnen nicht zu nahe kommen. Und daher können sie gar nicht verstehen, wenn Jesus sich gerade den Unreinen zuwendet. Ihr gesamtes Verhalten zielt nach dem Bericht der Evangelien darauf, Jesus anklagen zu können. Damit stellen sie zwei Faktoren des oben gezeichneten Rollenspiels dar: Menschen abweisende Reinheit und Anklage.

Auf der Gegenseite steht Jesus. Er wendet sich, obwohl er der Heilige, Gerechte und Reine »in Person« ist, dem Unreinen barmherzig zu. Damit haben wir hier die beiden anderen Faktoren des Dramas: überragende Gerechtigkeit und Zuwendung zu den Sündern in Barmherzigkeit.

Die Pharisäer wollen diese Zuwendung aus Barmherzigkeit für sich selbst, aber auch für Jesus absolut unterbinden. In dieser Hinsicht gleichen sie den Engeln und – wohlgemerkt: nur in dieser Rolle – dem Teufel. Denn nur bei Wahrung der Distanz zwischen Rein und Unrein ist für sie (und für ihn) die Welt in Ordnung. Die Kategorie der Liebe zu den Sündern gibt es für sie nicht.

Jesus verhält sich in dieser Hinsicht wie Gott. Er überspringt den Graben zwischen Rein und Unrein aus grundloser Barmherzigkeit. Insofern wird auf der historischen Ebene das gespielt, was sich im Himmel wiederholt. Und da die Pharisäer selbst einen ausgeprägten Engelglauben haben und sich nach allem, was wir wissen, am Leitbild der Engel orientieren, macht der Vergleich im ganzen Sinn.

Der Unterschied liegt nur darin, daß der Teufel nicht Gott, den barmherzigen, anklagt, sondern die Sünder. Dagegen klagen die Pharisäer Jesus, den barmherzigen, an. Doch in jedem Fall ist die Anklage dem Weg der Barmherzigkeit entgegengesetzt. Nur geht die Anklage das eine Mal der Barmherzigkeit voraus (Teufel gegen Menschen), während sie das andere Mal nachfolgt (Pharisäer gegen Jesus), denn erst als Jesus seine Barmherzigkeit erwiesen hat, klagen sie.

Die Anklage ist in beiden Fällen die deutliche Alternative zur Barmherzigkeit. Dabei geht es mir keineswegs darum, die Pharisäer in die Nähe des Teufels zu rücken (was absurd wäre), sondern zu zeigen, daß die Konstellationen, betreffend die Prinzipien des Verhältnisses zwischen Gott und Welt, sich wiederholen: Reinheit und Strenge hier – und Erbarmen und Menschenfreundlichkeit dort.
Für die Auffassung vom Teufel bedeutet das: Das ganze in diesem Kapitel gezeichnete Szenarium paßt in besonderem Maße (erst) in die Welt des Frühjudentums und ist bedeutsam für die Anfänge der jüdischen Mystik. Denn erst hier wird konsequent der Streit zwischen Gottes Gerechtigkeit und seiner grundlos erwählenden, den Menschen an den Engeln vorbei vorziehenden Barmherzigkeit zum Thema. Es ist eine Frage des inneren Widerstreits im Gottesbild selbst, des Widerstreits zwischen Reinheit und Erhabenheit und Liebe und Erbarmen. – Die Anklagen des Teufels spiegeln die wahre Situation des Menschen angesichts von Gottes Heiligkeit. Der Teufel ist Realist und nötigt den Menschen zu schonungslosem Realismus sich selbst gegenüber und hinsichtlich seiner normalerweise erwartbaren Chancen bei Gott und angesichts seiner Heiligkeit.

Was heißt das: Vater der Lüge?

Wieso lügt der Teufel?

Unter Lüge verstehe ich hier umfassend: alle Leugnung des Anspruchs Gottes, alles Handeln gegen die Wahrheit und Wirklichkeit Gottes, alles, was vor dieser Wirklichkeit nicht standhalten wird. Die Lüge entspricht auch dem, was die griechische Bibel »Irrtum«, »Verwirrung«, »Verirrung« (4 Q 174) und Orientierungslosigkeit (griech.: *plane*) nennt und was sie auf teuflischen Betrug (griech.: *apate*) zurückführt. Lüge ist im Frühjudentum auch jedes praktische

Negieren von Gottes Willen, also Ungehorsam. Denn Ungehorsam übersieht schlicht, daß Gott wirklich ist, und lebt damit sich täuschend an der Wirklichkeit vorbei. Lüge ist es daher, wenn Gott ignoriert wird, und zwar im umfassenden Sinn des Wortes.

Aller schlimme und tödliche Irrtum, alle wahnhafte Verblendung, alle Abweisung Gottes und die daraus folgende Mißachtung seiner Gesetze, alle Sünde und Übertretung, alle Grausamkeit und Perversion werden in einigen Schriften der Bibel, besonders des Neuen Testaments, *auch* (es geht nie um den Teufel allein) auf die Aktivität des Teufels zurückgeführt, so daß sie insgesamt als seine Wirkung und Ausstrahlung verstanden werden.

Das ist nun aber ganz offensichtlich etwas sehr anderes als ein Versucher oder Ankläger. Denn der Satan als Versucher und Ankläger nahm Interessen wahr, die man indirekt als die möglichen Interessen Gottes bezeichnen könnte. Der Verblender dagegen ist der »König der Bösen«, der »Inspirator der Gottlosen« und damit der »Vater aller Unmoral und Lüge« in der Welt. Kein Weg führt von hier aus zu Gottes vermeintlichen Interessen.

Als Beispiele wären zu nennen: Apostelgeschichte 13,10: Paulus beschimpft den intriganten Zauberer Elymas, der dem Christentum Steine in den Weg legt: ... *du Kind des Teufels, Feind aller Gerechtigkeit.* Und nach Johannes 8,44 werden die Mörder Jesu, weil sie den Teufel als Menschenmörder nachahmen, bezichtigt, der Teufel sei ihr Vater. – Nach den Texten aus Qumran fängt der Teufel (Belial) die Menschen mit den Netzen der Sexgier, des Reichtums und der Verunreinigung des Heiligen (Damaskusschrift 4,13–15) oder er bewirkt böse Gedanken, Frevel, Schuld und Sünde.

Es ist offensichtlich, daß es sich hier um den Feind Gottes und um Gottes negatives Spiegelbild handelt – wie alle Spiegelbilder natürlich in jedem Fall eine Rangstufe unterhalb angesiedelt. Es geht also nicht um einen irgendwie ebenbürtigen Partner Gottes, sondern nur um sein Abbild, und zwar um sein negatives. Daß (Spiegel-)Bilder immer eine Rangstufe tiefer stehen als das Original, geht zum Beispiel aus 1. Korinther 11,7 hervor: Die Frau ist nur Bild des Mannes, sagt Paulus dort. Aber während das positive Abbild sich unterwirft, steht das beim negativen Spiegelbild noch aus, und es geschieht nicht freiwillig.

Der ganze Kampf der Weltgeschichte wird, so könnte man an dieser Stelle sagen, um die ordnungsgemäße Unterwerfung des jeweiligen Abbildes unter das höher stehende geführt; verwendet wird immer dasselbe griechische Verb »unterwerfen« *(hypotassein)*. Das betrifft einmal den Teufel (formuliert im Bild der Mächte und Gewalten, die durch den Auferstandenen unterworfen werden, zum Beispiel Hebräer 2,8f), dann den Tod (1. Korinther 15,26f), der mit dem Teufel eng verwandt ist, das betrifft Mann und Frau (die Haustafeln mahnen zur Unterwerfung, zum Beispiel Kolosser 3,18), es betrifft auch Jesus Christus als das Abbild Gottes – auch er wird sich unterwerfen (1. Korinther 15,28). Hier zeigt sich, daß ein sehr starkes Ordnungsdenken Theologie und Ethik miteinander verknüpft. Für das Bild des Satans bedeutet das: Er ist eine zeitweilige Erscheinung.

Wichtig ist, daß es sich bei Gott und Teufel auch in diesem Modell nicht um gleichrangige Partner im Sinne konkurrierender Götter handelt. – Doch wenn Gott als so etwas wie eine Person gedacht wird, dann gilt das auch von seinem negativen Spiegelbild. Auch hier ergibt sich wieder ein Zugang zur Frage der Personalität des Teufels.
Wir fragen: Woher kommt überhaupt die Idee der Spiegelbildlichkeit? – Bei Gott und Teufel hat sie sich verselbständigt, denn nur hier ist sie rein negativ. Mustergültig durchgeführt wird das in der Offenbarung des Johannes. Ihr Ursprung ist im dualistischen Denken zu suchen (vgl. dazu unten). Damit ist freilich nur der allgemeine Rahmen angegeben. Im einzelnen sind es wohl folgende Gründe, die die Auffassung vom Teufel als dem Vater aller Bosheit begünstigten:

Die allgemeine extrem hohe Bedeutung des Gesetzes in der Welt des Hellenismus (belegbar freilich schon seit Plato und Aristoteles) provozierte auch im Judentum eine wachsende Bedeutung der *Tora* (Gesetz). Daß man das hebräische Wort überhaupt mit Gesetz (griech.: *nomos*) wiedergegeben hatte, war dann höchst folgenreich für die christliche Deutung des »Gesetzes«. Das hellenistische Interesse am Nomos (Gesetz) sorgte dafür, daß Gott bei hellenistischen Juden in ganz enge Nähe zum Gesetz gerückt wurde. Sofern das geschah, war es leicht, eine Gegeninstanz zu denken. Zum altjüdischen Gott YHWH gibt es keinen Gegensatz. Aber wenn nun der jüdische Gott stark hellenisiert dem Gesetz überaus nahe stand, war eine Gegeninstanz vorstellbar: Gesetzlosigkeit und Unmoral. Das heißt: Aufgrund des hellenistischen geistigen Klimas wird der jüdische Gott der Moral und dem Gesetz so stark angenähert wie nie zuvor. Und das bedeutet gleichzeitig: Wer diesen Gott nicht anerkannte, war gleichzeitig auch als sündig und unmoralisch gebrandmarkt.

Auf dieser Basis konnte man Götzendienst und Gesetzlosigkeit gleichsetzen, jüdisch formuliert: Die Heiden sind Sünder (Galater 2,15 *nicht Sünder aus den Heiden*) und zeichnen sich durch typische Laster aus (Sexgier und Habgier, vgl. 1. Thessalonicher 4,5–6 *nicht … wie die Heiden*).

Alles weist also darauf, daß das überwiegende Interesse am Gesetz im Judentum nicht ganz ohne die hellenistische Umgebung erklärbar ist. So wichtige Dinge wie die Kanonbildung – eben nach Art der Gesetzescorpora – liegen in der Konsequenz dieser Situation.

Für das Bild vom Teufel bedeutet das: Dualistisches Denken wird gefördert, weil Gesetz und Gesetzlosigkeit klare Gegensätze sind. Je unversöhnlicher sich in diesem Sinne Gott und Teufel gegenüberstehen, um so finsterer muß der Teufel erscheinen.

Hand in Hand mit der Thoraisierung des Gottesbildes lag gleichzeitig die Ethisierung: Gott ist der ganz Gute.

Inwiefern ist der Teufel der ganz Böse?

Ebenso folgenreich war, daß der jüdische »Gott der Väter« mit dem vollkommen Guten Platons gleichgesetzt wurde. Das »Gute« ist für Plato – jüdisch betrachtet – die Spitze der Rangordnung im Sein, und es ist naturgemäß eines. Es war außerordentlich verlockend, dieses singuläre Eine mit dem einen und einzigen Gott Israels gleichzusetzen. Wie umfangreich der Einfluß Platos auf das Judentum war, bezeugt für den Ausgang des Frühjudentums zum Beispiel Philo von Alexandrien (20 v. – 60 n. Chr.).
Diese Gleichsetzung Gottes mit der Spitze aller Werte hatte mehrere Konsequenzen:
– Alle verdächtigen Züge aus dem Gottesbild werden entfernt und auf Satan geschoben. Dieser Vorgang ist an mehreren Stellen der griechischen Bibelübersetzung (Septuaginta, entstanden um 250 v. Chr.) nachweisbar.

Wir hatten das im vorigen Abschnitt anhand des Themas Versuchung gezeigt: Erst im Neuen Testament ist es klar der Teufel, der versucht (Versuchungsberichte über Jesus), nicht Gott (Jakobus 1,13). Im Judentum war man sich da nicht so sicher (s. den Hinweis auf das Jubiläenbuch). – Das gilt auch für den bekannten Fall der Volkszählung: Die Rolle Gottes dabei (2. Samuel 24,1: Zorn Gottes) wird durch den Teufel abgelöst (1. Chronik 21,1). – Nach Offenbarung 20,7–8 steht der Teufel hinter Gog und Magog, der sie »verwirrt«, nach Ezechiel 38,4 sagt dagegen Gott über den Gog aus Magog: »Ich locke dich heran und lege in deine Kinnbacken Haken.« – Nach Targum Ps.-Jonathan testet die Memra (»Wort«) Gottes Abraham, nach Jubiläen 17,16 geht der Rat zur Opferung Isaaks vom Teufel aus, nicht von Gott selbst.

– Je konsequenter man Gott als das absolut Gute bezeichnet, um so schwieriger wird es, die Welt, wie sie ist, mit diesem Gott als ihrem Schöpfer zusammenzudenken. In der Folge erfindet man daher entweder einen niederen Dämon, eine Art Teufel, der für die Schöpfung der schlechten materiellen Welt zuständig ist (so in der Gnosis), oder man denkt gar an einen radikal bösen Gegengott (Markion, christlicher Sektenführer Anfang 2. Jahrhundert n. Chr.). Beide Erscheinungen sind Resultat der Begegnung des Judentums und des Christentums mit dem Platonismus in seinen zeitgenössischen Gestalten.

– Das Böse in der Welt ist in der Gestalt des Teufels konzentriert. Insofern kann man sagen: Gerade ein strenger und bedachter Monotheismus macht es notwendig, an die Figur eines untergeordneten Erzbösen zu denken. Denn wenn alles von dem einen Gott kommt, scheidet eine Rivalität zwischen Göttern als Möglichkeit für die Deutung des Bösen aus. Um der Einheitlichkeit des Gottesbildes willen – die Alternative wäre ein völlig gespaltener Charakter Gottes – werden die Erfahrungen des Erzbösen in einer Satansfigur zusammengesehen und dann auch so erfahren.

Die Konsequenz der Ethisierung des Gottesbildes (Gott ist der ganz Gute) macht es daher notwendig, die Ursachen des Bösen in einer anderen Figur zu sehen – wie auch immer das geschah. Im Fall des Teufels ist diese Figur minderen Ranges. Teilweise nahm man daher an – um eine Gleichrangigkeit (mit der Konsequenz eines Dualismus) zu vermeiden –, es handele sich beim Teufel um einen von Gott geschaffenen Engel, der dann abtrünnig und gestürzt worden sei. Anstelle dieser Deutung wird hier eine andere vertreten: Der Ursprung des Teufels ist Geheimnis (s. unten).

Die Spiegelbildlichkeit hat nun weitere Konsequenzen gehabt: die Auffassung, Satan habe Engel wie auch Gott, und die Annahme eines Reiches Satans, in der Folge dessen auch die Meinung, die Bekehrung zu Gott sei eine Art Herrschaftswechsel, weil Götzendienst ja bedeutete, unter der Herrschaft Satans zu stehen.

Wozu braucht der Teufel eigene Engel?

Wie Gott Engel hat, so auch der Satan: Nach 2. Korinther 12,7 wird Paulus von einem Engel Satans geschlagen; auch gute Engel schlagen: 2. Makkabäer 3,26f (der Tempelschänder wird von zwei Engeln verhauen). – Nach Matthäus 25,41 ist das ewige Feuer nicht nur für Satan bereitet, sondern ganz selbstverständlich auch seinen Engeln und denen, die als die Bösen bestraft werden. Nach Offenbarung 12,9 wird gleichfalls nicht nur der Satan auf die Erde geworfen, sondern seine Engel mit ihm.

Durch die Ausstattung mit Engeln ist der Satan nicht Gott gleichgestellt, auch der Menschensohn als Repräsentant Gottes kann Engel im Gefolge haben (Markus 8,38: der Menschensohn kommt mit den heiligen Engeln, noch deutlicher: Matthäus 16,27 *mit seinen Engeln*).

Die Nachäffung geht so weit, daß Satan selbst auch wie Gottes Engel erscheinen kann, nämlich *als Engel des Lichts* (2. Korinther 11,14) – aber er erscheint nicht wie Gott selbst, sondern nur wie ein Engel des Lichts.

Wer gehört zu Satans Reich?

Das Reich Satans ist sein Herrschaftsbereich. Immer wieder sagt das Neue Testament, er habe »Macht« und könne auch Macht vergeben (Lukas 4,6 *Ich will dir alle diese Macht geben* und Offenbarung 13,2 *Es gab ihm der Drache (= Teufel) seine Kraft, seinen Thron und große Macht*). Wenn »dualistische« Weltsicht immer für Phänomene gilt, die einander ähnlich sind, dann ist ganz klar: Auch Gott hat ein Reich, auch hier geht es um die Macht, freilich um eine menschenfreundliche. – Nach 4 Q 213 betet ein frommer Jude, *daß nicht irgendein Satan über mich herrsche*. Vor allem wird es als Herrschaft Satans angesehen, wenn man in Schuld und Sünde lebt (4 Q 286 Fragment 7,2).

Wo Satan regiert, schließt das eine Herrschaft Gottes gänzlich aus. Und für Frühjudentum und Neues Testament gilt auch: Neben dem Reich Satans und dem Reich Gottes gibt es kein drittes. Satans Reich ist gleichbedeutend mit allen Menschen, die Götzen anbeten; daher kommt dann auch die Auffassung, die Götzen seien Dämonen, also Angestellte Satans. Die Hierarchie des Bösen umfaßt daher: Satan, seine Engel, die Dämonen, die Anbeter der Götzen.

Es ist nur konsequent, wenn die Bekehrung zum Gott Israels und Jesu Christi dann als Herrschaftswechsel aufgefaßt wird. Besonders deutlich sagen das drei Texte des Neuen Testaments.

Paulus berichtet in 2. Korinther 4,4 über die Schwierigkeiten der Mission: *Verborgen und unzugänglich ist das Evangelium für die, die verloren gehen. Der Gott dieser Welt (= der Teufel) hat das Denken derer geblendet, die nicht glauben können, daher kann das Licht des herrlichen Evangeliums Jesu Christi für sie nicht leuchten* … Der Apostel redet hier von einer regelrechten Blendung und Verstockung. Der Ausdruck »Gott dieser Welt« verdient besondere Aufmerksamkeit. Denn die Voraussetzung ist: Paulus sieht diese Welt im ganzen in Satans Hand. Er ist ihr Gott und König. Die Aussage über den »Gott dieser Welt« ist so radikal, daß – soweit ich sehe – kein weiterer Theologe außer Paulus so scharf urteilt.

Diese Sicht ist der Auffassung von Offenbarung 12f sehr ähnlich. Denn dort hat Satan dem »Tier«, das alle anbeten, die Vollmacht gegeben (13,2). Doch ist für Offenbarung 13 der verehrte Kaiser Roms wie ein Repräsentant Satans; anstelle Satans wird er angebetet. Aber auch der Seher Johannes kann, wo er Juden beschuldigt, sich zu sehr auf den Kaiserkult eingelassen zu haben, einfach die jüdische Selbstbezeichnung »Synagoge Gottes«, die vielfach belegt ist, abändern in »Synagoge Satans« (Offenbarung 2,9).

Nach Apostelgeschichte 26,18 beschreibt Jesus in der Vision vor Paulus die Aufgabe des Missionars: … *die Augen der Heiden zu öffnen, sie zu bekehren von der Finsternis zum*

Licht und von der Herrschaft Satans zur Herrschaft Gottes. Hier wird besonders deutlich, wie sich beide Herrschaftsbereiche gegenseitig ausschließen und daß sie in der Regel aufeinander folgen. Denn der Zustand, den die Mission vorfindet, ist immer Herrschaft Satans.

Nach Markus 16,14 tadelt Jesus die Jünger, daß sie an seine Auferstehung nicht glauben. In einer alten Texterweiterung heißt es dann: *Und die Jünger entschuldigten sich und sagten: Diese böse und glaubenslose Welt steht unter der Herrschaft Satans. Er läßt nicht zu, und zwar mit Hilfe der unreinen Geister, daß der wahre Gott mit all seiner Macht erfaßt wird. Deswegen, mache offenbar deine Gerechtigkeit. Jesus antwortete ihnen: Die Zeit der Herrschaft Satans ist abgelaufen, doch andere böse Dinge kommen ...* Unglauben, das Böse in der Welt und Satans Herrschaft gehören zusammen. Der Gegenbegriff ist nicht das Reich Christi oder Gottes, sondern, ganz alttestamentlich gedacht, Jesu Gerechtigkeit.

Aus den Texten wird deutlich: Die Herrschaft Satans über die Menschen bedeutet auch, daß sie ihn anbeten und Gott nicht anbeten wollen. In der Mission geht es nach dem Selbstverständnis der frühen Christen um einen einschneidenden Herrschaftswechsel. Gewiß – man erkennt diesen Herrschaftswechsel immer erst im Nachhinein. Erst nach der Bekehrung wird einem richtig deutlich, daß man unter einer Herrschaft gestanden hat, und unter welcher.

Was bedeutet das theologisch? – Die Aussagen über Satans Herrschaft sind eine lehrreiche »Kehrseite« der Predigt Jesu vom Reich Gottes. Lehrreich vor allem deshalb, weil gut erkennbar ist:

– dieses Reich ist unsichtbar und besteht wesentlich in der Anerkennung eines Herrn in der Gegenwart;

– dieses Reich schließt Zugehörigkeit zu einem anderen radikal aus. Der Mensch gehört nicht zu zwei Reichen gleichzeitig;

– dieses Reich äußert sich in Anbetung (so besonders der

Beitrag der Offenbarung des Johannes), das heißt: in kultisch-religiösen Formen;
– der Herrschaftswechsel vollzieht sich in der christlichen Mission in einem Prozeß »von Mann zu Mann«;
– die Herren dieser beiden Reiche können sich aktiv und passiv durch Repräsentanten vertreten lassen (römischer Kaiser für Satan; Jesus Christus für Gott);
– indem »diese Weltzeit« oder »diese Welt« oder »dieser Äon« dem Teufel (als König oder Gott) unterstellt wird, gibt man sie im wesentlichen verloren. Auch Jesus spricht von »diesem Geschlecht« nur negativ. Das bedeutet: Das Heil ist unter gegenwärtigen Umständen nicht zu erwarten. Diese Einsicht ist eine Korrektur zu Ansichten des 19. Jahrhunderts über das Reich Gottes, nach denen dieses in der »Einheit von Thron und Altar« zu verwirklichen wäre. Vielmehr lassen diese Texte erkennen:
– Das Reich Gottes besteht jetzt schon, aber seine Sichtbarkeit ist Sache der künftigen Welt(zeit). Daher spricht Markus 16,14 vom »Offenbaren« der Gerechtigkeit. Ähnlich sprechen auch die Targumim von Gottes Herrschaft. In Zukunft muß sie nur noch offenbar werden.
– Wichtig erscheint mir: Jedenfalls nach diesen Texten ist das Reich Gottes nichts Freischwebendes, sondern besteht in Kontrast zu einem Gegenreich.

In den pseudo-clementinischen Homilien (20,2 [B. Rehm]; judenchristliche Schrift aus dem 2./3. Jahrhundert n. Chr.) wird dies zusammengefaßt in einer Predigt des Petrus: »Gott hat zwei Reiche bestimmt und zwei Äonen festgesetzt. Dem Bösen hat er die gegenwärtige Welt gegeben, denn sie ist klein und sehr vergänglich. Dem Guten hat er versprochen, die künftige Weltzeit zu geben, denn sie ist groß und ewig. Den Menschen hat er frei geschaffen, er hat die Möglichkeit, sich den Taten zuzuwenden, die er tun will ... zwei Reiche bestehen, eines ist das Himmelreich und eines gehört denen, die auf der Erde regieren. Und zwei Könige sind installiert, der eine regiert nach dem Gesetz der gegenwärtigen, vergänglichen Welt, und da geht es um Freude über den Untergang von Menschen ..., der andere ist König des kommenden Äons, und er liebt alle Menschen, doch er kann sich jetzt nicht frei entfalten ... Der eine wird auf Gottes Befehl mit Gewalt vertrieben ...«

Wir fragen: Die Annahme eines Reiches Satans in der bestehenden Welt setzt sehr negative Erfahrungen in dieser bestehenden Welt voraus. Wie konnte es dazu kommen? Das Alte Testament ist doch weitgehend frei von einer negativen Einschätzung dieser Welt. – Die Antwort: Indem Israel im Frühjudentum den Blick stärker als je zuvor auf alle Völker und die ganze Welt lenkt, wird es seiner Lage als der einer verschwindenden Minderheit stärker bewußt. Gleichzeitig ist ein Teil des Volkes durch Anpassung an die hellenistische Kultur in großer Gefahr abzufallen. Gleichzeitig wächst der Anspruch, alle Menschen sollten Proselyten werden. Doch dieser Anspruch ist in dieser so bestehenden Welt nicht durchzusetzen.

Freilich ist, seitdem die Kindertaufe die übliche Form der Taufe wurde, die Absage an die Herrschaft des Teufels (»Widersagst du dem Satan?« – »Ich widersage«) allmählich verblaßt und wurde dann oft ganz aufgegeben. Unter der Bedingung, daß man sich den Teufel nicht zu niedlich vorstellt, halte ich allerdings diese Absage an den Teufel in einer Erwachsenentaufe für sinnvoll (s. unten).

Wer sät Haß, wenn nicht der Teufel?

Je stärker Gott selbst der Liebe angenähert wird (vgl. 1. Johannes 4,8 *Gott ist Liebe*), um so intensiver wird der Haß gegen Mensch und Gott mit dem Teufel verbunden. So gilt nach 1. Johannes 3,15: *Jeder, der seinen Bruder haßt, ist ein Menschenmörder*, während nach demselben Text die »Kinder des Teufels« daran erkennbar sind, daß sie ihre Schwestern und Brüder nicht lieben (3,10). Entsprechend heißt es in Johannes 8,44 vom Teufel: *Er war von Anfang an ein Menschenmörder*, und wer Jesus töten will, gehört deshalb auf seine Seite.

»Liebe« und »Haß« bedeuten hier nicht Emotionen, sondern Verhaltensweisen. Objekt ist immer der Mensch. Das gilt konkret dann, wenn Verfolgung, die Christen zu erdulden haben, auf den Teufel zurückgeführt wird (Offenbarung 2,10; 12,13–17).

Hat der Teufel nicht auch gute Seiten?

In der Antwort auf diese Frage unterscheiden sich die verschiedenen Vorstellungen über den Teufel am deutlichsten. So ist einerseits ganz klar, daß der Teufel mit seinen Aufgaben von Gott eine Lizenz zum Wirken erhalten hat.

Nach dem jüdischen, im 2. Jahrhundert v. Chr. entstandenen Jubiläenbuch (außerhalb des Kanons, nur äthiopisch ganz erhalten, Fragmente in Qumran) bittet Mastema, der Herr der Dämonen (= Teufel), Gott: »... daß ich die Herrschaft meines Willens unter den Menschen vollziehen kann. Denn die (bösen) Geister sind mir untergeben zum Verderben und zur Verführung. Denn groß ist die Bosheit der Menschenkinder« (10,8). Nach diesem Text ist nicht etwa der Teufel böse, sondern böse sind die Menschen. Der Teufel und sein Gefolge haben lediglich die Funktion, diese Bosheit zum Vorschein zu bringen (durch Verführung) oder zu bestrafen (in unserem Text »Verderben« genannt). Die Bosheit der Menschen wird nicht auf den Teufel zurückgeführt. Seine Rolle ist, Verborgenes offenbar werden zu lassen und Ungerechtigkeit zu bestrafen. So ist er in dieser Hinsicht Vollzugsbeamter Gottes.
Die Rolle Satans im Strafvollzug wird etwa deutlich in 4 Q 390: »... des Teufels (Belials) Herrschaft über ihnen, um sie dem Schwert auszuliefern«, das heißt, der Teufel bekommt Herrschaft über Menschen, so daß sie der Bestrafung durch das Schwert ausgeliefert werden.

Andererseits ist der Teufel – nach ganz anderen Auffassungen – unbestritten der eigentliche Drahtzieher allen Hasses, auch des Mordes an Jesus. Er vollzieht nicht, sondern er durchkreuzt Gottes Absichten. Er ist deshalb einfachhin der Böse, weil er dazu verführt, Gottes Gesetz zu übertreten.
Das Matthäusevangelium spricht so von »dem Bösen« und

meint damit den, der Gottes Werk zerstört, so in der Auslegung des Gleichnisses vom Unkraut unter dem Weizen. Denn hier ist es »der Böse«, der das Unkraut sät (Matthäus 13,19). Auch das Vaterunser ist mit der Bitte »Erlöse uns von dem Bösen« an der »Person« des Teufels orientiert (Matthäus 6,13). Nicht »das Böse«, sondern »der Böse« ist nach Matthäus der Feind Gottes und der Menschen.

Jüdische Tradition und moderne Dichtung deuten den Haß des Teufels gegen den Menschen als Haß gegen Gott. Der Teufel wolle dem Menschen das Stück von Gott entreißen, das Gott in ihn hineingelegt habe. Im Menschen könne er Gott treffen, um ihn dort zu verschlingen. Um so mehr sei der Mensch aufgerufen, Gott und Gottes Gegenwart in der Welt zu hüten und in seinem Herzen zu bewahren und gegen die neidischen Angriffe des Satans mit Klauen und Zähnen zu verteidigen

Der Haß, zu dem der Teufel anstiftet, ist die negative Auskunft über das Wichtigste an Gottes Gesetz: die Liebe. So kann man auch hier wieder das Evangelium von seiner negativen Kehrseite her lesen.

Das gilt auch für zwei weitere wichtige Punkte:

Wie kann der Teufel Menschen inspirieren?

Wie der Teufel in Judas hineinfährt und ihn dazu bringt, Jesus an die Führung seines Volkes auszuliefern, das ist ein exaktes Gegenbild zu dem, was sonst der gute, der Heilige Geist in den Herzen der Menschen bewirkt. Daß Judas Jesus ausliefert (»übergibt«), ist auch das Gegenteil von dem, was Jesus tut, der sich »gibt«. Die Judasszene ist deshalb gerade immer mit dem letzten Mahl Jesu verbunden, weil dieses letzte Mahl zeigt, wie Jesus sich selbst und sein ganzes Leben für die Jünger »gegeben« hat, während Judas das Gegenteil tut.

Dabei wird die Inspiration so gedacht, daß der Satan wie ein Geist in das Herz des Judas fährt und – einer inneren

Kommandozentrale vergleichbar – ihn dazu bringt, das Gemeine zu tun. So etwa nach Lukas 22,3: *Der Teufel fuhr in Judas, der auch Iskariot hieß, …und er ging hin …*oder nach Johannes 13,2: *Dem Judas, Sohn des Simon von Iskariot, hatte es der Teufel schon uns Herz eingegeben, er solle Jesus ausliefern.* Auch von anderen Menschen kann man solches sagen. Nach Apostelgeschichte 5,3 fragt Petrus den Ananias anklagend: *Ananias, warum konnte der Satan dein Herz erfüllen mit dem Plan, den Heiligen Geist zu belügen …?* Ähnlich, nur mit umgekehrter Zielrichtung schildert Paulus das Wirken des Heiligen Geistes, den Gott als Liebe den Menschen ins Herz gibt, so in Römer 5,5: *Gott hat seine Liebe zu uns eingegeben durch den Heiligen Geist in unsere Herzen.*

Auch dieser Ansatz ist in den Texten von Qumran bekannt. So heißt es in einem Gebet: »Entferne von dir böse Gedanken und den Rat des Teufels (Belial)« (4 Q 398).

Zu sagen, etwas sei von Gott inspiriert, bedeutet nach außen hin gelesen: Man erkennt Gott und sein Handeln darin wieder. Entsprechendes gilt für die Gegenseite.

Wie kann der Teufel Mensch werden?

Eine Mittelstellung zwischen Inspiration und Inkarnation nimmt 2 Thessalonicher 2,9 ein. Vom »Sohn des Verderbens«, das heißt vom Antichrist, heißt es, sein Auftreten sei »in der Wirkkraft Satans«. Satan hat ihm seine Kraft gegeben, so wie Jesus seine Kraft seinen Jüngern weitergibt. Der Antichrist ist so der Repräsentant Satans. Ähnlich »ist« Johannes der Täufer Elia (Matthäus 17,12f), weil er in der Wirkkraft Elias auftritt (Lukas 1,17 *im Geist und in der Kraft des Elia*).

Besonders aufschlußreich ist, daß auch die Inkarnation ein Gegenbild in der Auffassung vom Teufel hat. Das kennen schon Verfasser von Texten aus Qumran: »Da ist ein verfluchter Mann, ein Teufel (Belial), der da auftritt, um ein

Fangnetz zu sein für sein Volk und ein Schrecken für alle Nachbarn … Werkzeug zur Gewalttat« (4 Q 175 und 379).
In der jüdisch-christlichen nachbiblischen Schrift »Himmelfahrt des Jesaja« wird regelrecht von einer Inkarnation des Teufels in Nero gesprochen: »Und nachdem es mit ihr (der Welt) zu Ende gekommen ist, wird der Teufel (Beliar), der große Fürst, der König dieser Welt, … herabsteigen in der Gestalt eines Menschen (griech.: en eidei), eines ungerechten Königs, eines Muttermörders, was eben dieser König ist, die Pflanzung … wird er verfolgen … Dieser Herrscher also wird in der Gestalt (griech.: en idea) jenes Königs kommen.«
Wenn Jesus zu Petrus sagt: *Geh weg! Hinter mich, an deinen Platz, du, Satan!* (Markus 8,33), dann ist Petrus hier und jetzt »der Satan«. Daß Petrus Jesus von seinem Leidensweg abhalten will, empfindet Jesus als so massive Versuchung, daß er ihn ohne Wenn und Aber mit dem Teufel gleichsetzt. Das gilt gewiß nicht für immer, Petrus »ist« gewiß nicht immer der Teufel, aber es gilt funktional, nämlich für das, was Petrus tut und sagt und solange er dies tut. Er wird also gerade nicht als Person verteufelt, sondern sein Handeln wird bewertet.
Ähnlich ist es auch mit den Teufelskindern in Johannes 8,44. Es ist ein verhängnisvolles neuzeitliches Mißverständnis, wenn man meint, »die Juden« oder gar die Juden aller Zeiten würden hier als Teufelsbrut bezeichnet. Ihre Tat wird verurteilt, und zwar als ein *Sich-Einlassen* mit dem Teufel.
Die Auffassungsweise des Neuen Testaments unterscheidet sich hier erheblich von der unseren. Während wir Person und Tat auseinanderhalten, hat das Neue Testament keinen vom Tun unabhängigen Personbegriff. Auch hier macht sich wieder bemerkbar, was wir noch sehen werden: Der Personbegriff ist heute ganz anders als zur Zeit der Entstehung des Neuen Testaments.
Allerdings sagen wir auch heute noch: Er oder sie ist ein

Teufel. Und dann meinen wir nicht ein biblisches Geistwesen, sondern die sichtbare Seite seines Wesens, seine Taten. Wenn es andererseits heißt: »Jesus (der Logos) ist Gott« (Johannes 1,1), dann geht es um dieselbe Art von Repräsentation. Er ist Gott, weil er von Gott kommt (das heißt gesandt ist) und *in seinem Wirken* Gott darstellt. Hinzuweisen ist zum Beispiel auf Johannes 5,19f: *Der Sohn kann nichts von sich aus tun, außer er sieht es den Vater tun … der Vater zeigt dem Sohn, was er selbst tut …*

Wahrscheinlich ist hier wie auch sonst unsere moderne Unterscheidung zwischen bloßer Funktion und Substanz irreführend. Denn natürlich ist »etwas von Gott« in Jesus, wenn er handelt wie Gott und daher »Gott« heißt (und zwar beim Logos seit Beginn der Schöpfung), und es ist »etwas vom Teufel« in dem, der dann »Teufel« oder »Teufelskind« – entsprechend übrigens zum »Sohn Gottes« – heißt. Auch hier lesen wir wieder das Evangelium klarer, wenn wir die Gegenseite bedenken. Das gilt besonders für das Johannesevangelium. Seine Vorstellungen von Jesus als Gott, als Gottes Sohn und als Vollstrecker der Werke Gottes hat ein Gegenbild in der landläufigen Gleichsetzung von Menschen mit Satan, ihrer Bezeichnung als Satanskinder und der Beurteilung ihrer Werke als Haß und nicht als Liebe.

Auch in der Alten Kirche denkt man noch an eine Menschwerdung des Teufels analog zur Menschwerdung Jesu. Der Repräsentant des Teufels ist hier (wie in Offenbarung 13 das Erste Tier als Repräsentant des Teufels) der Antichrist. In einem Mythos über den Antichrist wird seine Entstehung beschrieben: »Während Dan (= der Teufel) regiert, wird hervorkommen der Antichrist von den unterirdischen Räumen des Abgrunds her unter den Klüften und Tiefen der Erde hervor. Und er wird hineingehen in einen kleinen Fisch und emporsteigen im weiten Meer. Er wird groß werden, und zwölf Fischer werden ihn fangen. Die werden rasend werden gegeneinander. Einer namens Judas wird über sie herrschen. Er nimmt den Fisch in seinen Besitz und geht an einen Ort namens Guzet und wird den Fisch um dreißig Silberlinge verkaufen. Und den Fisch wird ein

Mädchen kaufen, eine Jungfrau. Ihr Name ist ›Adikia‹ (Ungerechtigkeit), weil der Sohn der Ungerechtigkeit aus ihr geboren werden wird. Ihr Beiname wird ›Apoleia‹ (Untergang) sein. Denn sie wird den Kopf des Fisches kochen und davon schwanger werden. Und aus ihr wird der Antichrist geboren werden, schon drei Monate alt.« (Griechische Daniel-Diegese, Hg. K. Berger, Kapitel 11,1–13) – Dieser Mythos ist die spiegelbildliche Verkehrung der Aussagen über Jesus in der berühmten Aberkios-Inschrift: »Und der Glaube setzte vor als Speise an jeglichem Ort den Fisch von der Quelle, überaus groß und rein, den gefangen hat eine reine Jungfrau« (zitiert ebd., 104). Dieser Text knüpft wohl sicher seinerseits an die bekannte Gleichsetzung von Jesus und Fisch (griech.: ICHTHYS) an.

Hat sich der Teufel immer mehr verfinstert?

Man kann es auch so sehen: Nach einigen Auffassungen des Alten und Neuen Testaments ist der Teufel keineswegs böse, freilich auch nicht gut, sondern er gehört zum Inventar der Welt. – Ganz anders ist das, wo die unsichtbare Wirklichkeit strikt zweigeteilt ist in gute und böse Engel. Mit guten Gründen kann man annehmen, wenn auch nicht sicher beweisen, daß der Ursprung für die Annahme eines radikal bösen Teufels nicht eine fortschreitende Verfinsterung des Teufelbildes ist, sondern eine grundsätzliche Zweiteilung der Geisterwelt. In dieser Zweiteilung gibt es dann – in spiegelbildlicher Entsprechung zum einen und einzigen Gott – den einen Teufel. Die spezielle Basis ist die Vorstellung vom Heer der bösen Geister. So ist es geradezu mustergültig in der sogenannten Sektenregel der Schriften aus Qumran belegt: »Und alle Geister seines Loses (das heißt des Engels der Finsternis) suchen die Söhne des Lichts zu Fall zu bringen … Und [Gott] hat die Geister des Lichts und der Finsternis geschaffen, und auf sie hat er jedes Werk gegründet …« (3,17–25). Dazu ist dann besonders der christliche Barnabasbrief zu lesen (18,1f:) »Zwei Wege gibt es, den des Lichts und den der Finsternis … über den einen sind lichtspendende Engel Gottes gesetzt, über den anderen

aber Engel des Satans. Und der eine ist Herr von Ewigkeit zu Ewigkeit, der andere aber Herrscher/Fürst der jetzigen Zeit der Gesetzlosigkeit.«
Und weiter: Die Einteilung in gute und böse Engel ist im Judentum offenbar eine Folge der Begegnung des Judentums mit den anderen (heidnischen) Religionen. Denn angesichts der Eifersucht des Gottes YHWH sind alle anderen Götter wie Dämonen. Nur das Judentum konnte so scharf urteilen und daher eine so scharfe Einteilung in schwarz und weiß vornehmen. Daher muß der jüdische Dualismus kein Export von außen her (Persien?) sein. Er kann auf eigenem Boden gewachsen sein. Die entfaltete Dämonenlehre des Mittelplatonismus (belegt zum Beispiel bei Plutarch, † 125 n. Chr) mag dazu beigetragen haben.

Wer ist der Herr der Hölle?

Hat der Teufel eine Adresse?

Die Adresse des Teufels ist – nach allgemeiner Überzeugung – die Hölle. Diese Auffassung ist nun freilich überraschenderweise aus der Bibel nicht zu belegen. Lediglich *als künftiger Strafort* ist das Feuer oder die Feuerhölle für den Teufel, seine Engel und seine Anhänger bestimmt. Das gilt nach Matthäus 25,41 *(geht … in das ewige Feuer, das für den Teufel und seine Engel bereitet ist).* Aus der Parallele in 25,34 *(…die euch bereitet ist)* geht eindeutig hervor, daß es sich um den künftigen gemeinsamen Strafort handelt, aber nicht um die zeitlose »Residenz« des Teufels. Ähnlich wird nach Offenbarung 20,10 der Teufel in den Feuersee geworfen werden, der mit brennendem Schwefel gefüllt ist. Dort findet er dann schon das »Erste Tier« und das »Zweite Tier« (aus Offenbarung 13) als Mitbestrafte vor.
Gerade die Offenbarung des Johannes zeigt, wo der Teufel wirklich ist: nicht mehr im Himmel, dort hat ihn Michael

hinausgeworfen, aber *in der Gegenwart auf der Erde*. Dort verfolgt er die Christen (Offenbarung 12). Aber er ist eben jetzt nicht in der Hölle.

Weder ist die Hölle gegenwärtige Residenz des Teufels, noch ist er dort als zukünftiger Richter tätig. Er wird vielmehr dort selbst nur als bestrafter Insasse vorkommen. Auch nach 4 Q 177,11 wird der Teufel (Belial) bestraft, und zwar zusammen »mit den Männern seines Loses«.

Nach Epheser 2,2 *(Früher habt ihr euch verhalten nach Art dieser Welt, so wie es der Fürst des Reiches der Luft wollte, der Geist, der in den Ungehorsamen wirksam ist)* wohnt der Teufel in dem Bereich der dicken Luft zwischen Mond und Erde. Sein Reich beziehungsweise auch seine Residenz ist also nicht der obere Himmel, sondern nur der unterste. Von daher hat er allerdings direkten Zugang zur Erde. Immerhin mußte Jesus bei seiner Erhöhung diesen Bereich passieren. Aber von einer Feuerhölle zur Bestrafung der Bösen kann hier nicht die Rede sein. Wenn Jesus nach Lukas 10,18 den Teufel vom Himmel fallen sieht, dann ist er wohl aus dieser seiner Residenz gestürzt, weil er sich – im wörtlichen Sinn des Wortes – dort nicht mehr halten konnte. Auch hier ist seine Wirksamkeit dann auf der Erde.

Nimmt man Epheser 2,2 und 1 Petrus 3,19 zusammen, so könnte man mutmaßen: Der Bereich der Toten ist nach einigen Ansichten gar nicht die Unterwelt, sondern eben der Bereich zwischen Erde und dem unteren Himmel. Nach 1 Petrus 3,18–22 müßte dann Jesus nicht in die Unterwelt hinabgestiegen (davon steht hier nichts!) sein, sondern hätte bei seinem Hinaufsteigen auch die Totenseelen getroffen. Dieser Bereich könnte dann der sein, den nach Epheser 2,2 der Satan beherrscht und aus dem er nach Lukas 10,18 gefallen ist. – Aber das muß Vermutung bleiben.

Erst in der Gleichsetzung mit heidnischen Unterweltgöttern wird der Teufel zum Herrn der Hölle. Erste Belege bieten das Nikodemus-Evangelium und das Bartholomäus-Evangelium, beide aus dem 4. Jahrhundert n. Chr.: Statt »Tod und Hades« wie in der Offenbarung des Johannes sprechen sie von »Satan und Hades«. Hier ist der Satan als Herr der Unterwelt eingedrungen. – Davon ist das Neue Testament weit entfernt.

Allenfalls eine Vorbereitung für diese Annahme ist die Meinung des Paulus, der Tod gehöre zu den Mächten und Gewalten, bei deren Unterwerfung er an letzter Stelle »fällig« sei. Aber man müßte schon Tod und Teufel gleichsetzen (was Paulus nicht tut), wenn man das Totenreich mit der Hölle verbinden wollte. In Offenbarung 6,8 und anderswo sind »Tod« und »Hades« personifiziert und erhalten eine begrenzte Wirkerlaubnis, aber sie werden immer vom Teufel unterschieden.
Wenn in Matthäus 16,19 von der Kirche gesagt ist, »die Pforten des Hades« würden sie nicht überwinden, so ist damit der Tod gemeint, nicht aber der Teufel. Mit U. Luz bin ich der Meinung: Es geht um eine *unvergängliche Dauer* der Kirche, um den siegreich zu überstehenden Kampf gegen *Tod* und Vergänglichkeit, und *nicht* – trotz des Bildes vom Kampf – um den Ansturm von dämonischen oder gottfeindlichen Mächten der Unterwelt (vgl. U. Luz, Das Evangelium nach Matthäus, II, 464).

Wo bleibt der Teufel am Ende der Welt?

Das Regiment des Teufels erstreckt sich zwar über Dämonen und gottlose, böse Menschen. Aber das ist alles vorläufig und nur auf der Erde. Eine (ewige) Macht über die Hölle besitzt er nach dem Neuen Testament nicht.
Im Gegenteil: Schon in der Heilszeit am Ende der Zeiten dieser Welt wird es keinen Teufel geben. Sofern man in der Bibel mit einer solchen Zeit rechnet, ist sie oft als »satansfrei« dargestellt, weil der Teufel schon oder vorläufig schon an seinem endgültigen Bestimmungsort ist; so in Offenbarung 20,2: Für die tausend Jahre ist der Satan weggesperrt, nach dem jüdischen Jubiläenbuch 23,29 (2. Jahrhundert v. Chr., Übers. K. Berger) gibt es dann Friede und Freude, keinen Satan und keinen Bösen, nach der Elia-Offenbarung (koptisch, Schrage S. 169) gibt es erst im neuen Himmel und auf der neuen Erde »keinen Satan«. Für das Lukasevange-

lium gilt diese Aussage aber wohl nicht (trotz Lukas 4,13 *der Satan entfernte sich für einige Zeit von ihm*).

Inwiefern steckt der Teufel hinter den Herrschern der Welt?

Wie gelangt man zur Weltherrschaft?

Eindrücklich ist diese Szene in der Versuchung Jesu nach Lukas: Und der Teufel führte Jesus auf eine Anhöhe und zeigte ihm in einem kurzen Augenblick alle Königreiche der Welt. Und der Teufel wandte sich an Jesus: Alle diese Macht und ihre Herrlichkeit will ich dir geben, denn sie gehört mir, und ich kann sie geben, wem ich will. Wenn du nur vor mir auf die Knie fällst, gehört alles dir. Doch Jesus erwiderte: Die Schrift sagt: »Du sollst anbeten Gott, deinen Herrn, und ihm allein dienen« (Lukas 4,5–8).

Der Teufel setzt ausdrücklich voraus: Hinter aller Macht der Königreiche der Welt steht er. Er vergibt sie als Oberkaiser und Oberherr der Welt. Diesem Satz widerspricht Jesus nicht. Nur den Weg, diese Macht zu erlangen, kann Jesus nicht gehen.

Diese Auffassung entspricht ganz der von Offenbarung 13,2, wonach der Teufel (der Drache) dem römischen Kaisertum (Erstes Tier) die Herrschaft überträgt. Genau dieser Akt der Machtübertragung wird in Lukas 4,5–8 theoretisch durchgespielt, aber nicht vollzogen.

Nach Offenbarung 13 wird das römische Kaisertum durch Nero repräsentiert. Denn er ist es, der eine tödliche Wunde empfing und – angeblich, wie man glaubte – wieder lebendig wurde, so daß er zurückkehren werde (13,3). Eben diesen Zusammenhang zwischen dem Teufel und Kaiser Nero nimmt auch die jüdisch-christliche Offenbarungsschrift »Himmelfahrt des Jesaja« an (entstanden in mehreren Bearbeitungen 1. Jahrhundert v. bis 2. Jahrhundert n. Chr.).

Hier heißt es über die Welt: »Und nachdem es mit ihr zu Ende gekommen ist, wird der Teufel (Beliar), der große Fürst, der König dieser Welt, der sie beherrscht hat, seit sie besteht, herabsteigen in der Gestalt eines Menschen, eines ungerechten Königs, eines Muttermörders, was eben dieser König ist, die Pflanzung ... wird er verfolgen, und einer von den Zwölfen wird in seine Hand gegeben werden ... Dieser Herrscher also wird in der Gestalt jenes Königs kommen, und es werden mit ihm alle Mächte der Welt kommen, und sie werden ihm in allem gehorchen, was er will ...« (4,2–4) ... »Und der Gott jener Welt (der Erde) wird die Hand gegen seinen (Gottes) Sohn ausstrecken, und sie werden Hand an ihn legen und ihn kreuzigen am Holz, ohne zu wissen, wer er ist« (9,14).

Der »Muttermörder« ist eindeutig Nero. Die »Himmelfahrt des Jesaja« ist ein Märtyrerbericht, der nicht nur über Jesajas Martyrium, sondern auch über das Jesu berichtet. Während es sich in Offenbarung 13 um eine Machtübertragung handelt, stellt nach der Auffassung dieser Schrift der römische Kaiser Nero den Teufel direkt dar.

Warum wurde der Teufel politisiert?

Wir fragen: Wie kommt es, daß gerade in diesen Texten, also im Lukas- und im Matthäusevangelium (Logienquelle), in der Offenbarung des Johannes und in der »Himmelfahrt des Jesaja« die Weltherrschaft direkt in den Händen Satans liegt?

Antwort: Diesen drei Texten liegt die Erfahrung grausamer Martyrien zugrunde (von Jesaja, von Jesus, von Opfern Neros, besonders laut Offenbarung 18,24, von weiteren Märtyrern wie Antipas nach Offenbarung 2,13).

Wir fragen weiter: Wie kommt es und wie war es möglich, daß hier ein Übergang von der theologischen, »metaphysischen« Ebene in die politische vollzogen wurde? Denn bisher war doch der Teufel mitsamt seinen Engeln unabhängig von großer Politik gedacht worden. Das hat sich nun nach den hier genannten Texten geändert. Denn hier steht der Teufel direkt hinter dem römischen Kaisertum (nur in der Logienquelle nicht ausdrücklich). Woher kommt diese Politisierung des Teufels?

Eine erste Beobachtung: Zwischen dem Teufel und den Mächten und Gewalten, die wir aus den Briefen des Neuen Testaments kennen, muß ein enger Zusammenhang bestehen. So stehen beide in Epheser 6,11f parallel zueinander. Der Teufel ist möglicherweise eine Art Oberhaupt der verschiedenen Mächte und Gewalten, die oft ohne ihn genannt werden.

Eine zweite Beobachtung: Auch die Mächte (dieser Welt) sind wie der Teufel Verursacher von Martyrien. Wichtig ist hier der Ausdruck »Machthaber oder Herrscher dieser Welt« (griech.: *archontes*).

Der »metaphysische« Charakter des »Herrschers der Welt« wird besonders aus dem eng verwandten »Herrscher der Jetztzeit« in Barnabasbrief 18,1f erkennbar: »Zwei Wege gibt es, den des Lichts und den der Finsternis … über den einen sind lichtspendende Engel Gottes gesetzt, über den anderen aber Engel des Satans. Und der eine ist Herr von Ewigkeit zu Ewigkeit, der andere aber *Herrscher/Fürst der jetzigen Zeit* der Gesetzlosigkeit.«

Schon Paulus redet im 1. Korintherbrief 2,6.9 davon, die *Herrscher dieser Welt* hätten Jesus gekreuzigt. Als deren konkrete Repräsentanten werden dann Pilatus und Herodes genannt. Normalerweise nennt niemand Herodes und Pilatus »Herrscher dieser Welt« – also handelt es sich um einen geprägten Ausdruck für einen bestimmten Zusammenhang. Um das Martyrium Jesu geht es auch in Johannes 12,31, wenn Jesus verkündet, durch seine Erhöhung (seinen Weg zum Kreuz) sei der *Herrscher der Welt* hinausgeworfen. Und in demselben Sinn spricht Ignatius von Antiochien zu Beginn des 2. Jahrhunderts über sein Martyrium: »An meiner Gelassenheit wird der *Herrscher dieser Welt* zuschanden« (An die Trallianer 4,2). Daß hinter dieser Benennung

System steckt, bestätigt der Kirchenlehrer Hippolyt von Rom (um 300 n. Chr.): In seinem Danielkommentar, der viel altes Gut bewahrt, heißt es: »Die *Herrscher der Welt* beseitigen die Menschen, indem sie sie schlachten wie das dumme Vieh« (2,4,2) oder: *»Die Herrscher dieses Äons* verurteilen die Gerechten auf ungerechte Weise.«
Aus diesen Textbelegen geht hervor: Der Ausdruck »Herrscher dieser Welt« wird regelmäßig, gleich ob in der Einzahl oder in der Mehrzahl, im Zusammenhang von Martyrien verwendet. Und ferner: Überall ist es dann von – wie es zunächst scheint – schillernder Doppeldeutigkeit, ob mit dem Herrscher dieser Welt der Teufel, Mächte und Gewalten oder politische Machthaber, besonders der römische Kaiser gemeint sind.
Denn die Texte bieten folgendes Bild:

Lukas 4,6; Matthäus 4,8f: Der Teufel vergibt die Macht in der Welt (Kontext: Martyrium Jesu)
Offenbarung 13,2: Der Teufel überträgt die Macht an den römischen Kaiser (Martyrium der Opfer Neros)
1. Korinther 2,6.9: »Herrscher dieser Weltzeit« haben Jesus gekreuzigt (Martyrium Jesu)
Johannes 12,31: Der »Herrscher der Welt« wird durch Jesus hinausgeworfen (Martyrium Jesu)
Ignatius, Brief an die Trallianer 4,2: Der »Herrscher dieser Welt« wird durch Ignatius vernichtet (Martyrium des Ignatius)
Himmelfahrt des Jesaja 4,2; 9,14: Der Teufel ist »Herrscher dieser Welt« und tötet – in Menschengestalt – Jesus und verfolgt Apostel (Martyrium und Verfolgung)
Hippolyt von Rom, Danielkommentar 2,4,2: Die »Herrscher der Welt« (dieser Weltzeit) schaffen Märtyrer oder richten ungerecht (Martyrium vieler)

Das bedeutet: Der Ausdruck *Herrscher dieser Welt* (mit diesem Zusatz, *Herrscher* nicht absolut gebraucht!) hat einen festen Bezugspunkt im Martyrium (oder in der ungerechten Verfolgung Gerechter). Und ferner: Ebenso und gerade darin ist mitgegeben, daß der oder die Herrscher der/dieser Welt(zeit) stets mehr sind als nur Menschen. Denn in ihnen und durch sie wirkt oder in ihnen ist sichtbar erschienen der Teufel oder »Mächte«, die dem Menschen nicht günstig sind.

Für das Bild vom Teufel bedeutet das:

– Wenn und insofern als irdische politische Gewalt Menschen mordet, erhält sie Züge des Teufels oder erscheint als dessen Repräsentant oder Inkarnation.

– Insofern gilt der johanneische Satz *Der Teufel ist der Menschenmörder von Anfang an* (Johannes 8,44) auch umgekehrt: Jeder, der Menschen mordet, wird zum Instrument des Teufels. Und insofern steht Johannes 8,44 nun auch nicht mehr allein, sondern in einem weiteren Zusammenhang, zu dem auch 1. Korinther 2,6.9 gehört.

– Der Teufel oder die Mächte und Gewalten erweisen ihr wahres Gesicht als oder durch politische Gewalten, die morden. Denn das wahre Gesicht des Teufels heißt: brutale und ungerechte Weltherrschaft.

– Die »Inkarnation«, die wir oben schon als Motiv erwähnten, bekommt hier eine eigentümlich politische Variante. Sie ist nicht ein theologisches »Wunder« für sich. Sondern: *Wenn der Teufel als Herrscher dieser Welt in der Gestalt eines Menschen erscheint, dann bedeutet das Mord. Und natürlich auch umgekehrt: Wenn Gott, der Herr des Himmels und der Erde, in der Gestalt eines Menschen erscheint, dann bedeutet das Leben, Liebe und Frieden.* Speziell die Tyrannen werden daher als Inkarnation des Teufels angesehen.

– Auch umgekehrt gilt, etwa im Blick auf den in Epheser 6,11–17 geschilderten Kampf: Wenn die Mächte und Gewalten (Epheser 6,12: *gegen Mächte und Gewalten*) *politische* Gestalt angenommen haben, dann ist der mit der geistlichen Rüstung bekleidete Kämpfer der zukünftige Märtyrer.

– Es kann sein, daß die Rede von den »Mächten, Thronen und Gewalten« in diesem Zusammenhang, der durch die Martyrien stark dualistisch gefärbt ist, auf die Gestalt des Teufels zugespitzt wurde.

Das heißt: Nicht immer lag es nahe, die Mächte und Gewalten in der Gestalt des Teufels zusammenzufassen, sondern vor allem dort, wo der absolute Kontrast zu Gott gegeben war, in erster Linie also beim Martyrium.
Der Teufel steckt hinter den Herrschern der Welt, wenn und insofern sie morden. Denn sie haben die Schwertgewalt.

Die Rolle Satans im Strafvollzug könnte auch in 4 Q 390 deutlich werden: »... des Teufels (Belials) Herrschaft über ihnen, um sie dem Schwert auszuliefern«, das heißt, der Teufel bekommt Herrschaft über Menschen, so daß sie der Bestrafung durch das Schwert ausgeliefert werden.

Wie wurde der Staatsanwalt zum Mörder?

Wenigstens an einer Stelle ist es vielleicht möglich, einen durch das Christentum selbst verursachten Wandel in der Teufelsvorstellung zu beschreiben. Es ist der in der Überschrift angedeutete Wandel vom Ankläger vor Gott zum ganz speziell aufgefaßten Verfolger und Urheber der Martyrien. Es soll keineswegs generell behauptet werden, der »böse Teufel« komme daher – viel zu zahlreich sind die Belege für die ganz negative Rolle Belials in den Qumrantexten. – Aber wenigstens an einer Stelle könnte gezeigt werden, wie das Bild vom Teufel »gekippt« ist.
Es geht um den einschneidendsten Wandel, den Vorstellungen vom Teufel je erlebt haben. Denn der zuvor Gottes Recht wahrgenommen und verteidigt hat, ist in manchen Texten des Neuen Testaments – zusammen mit anderen ehedem geschätzten Himmelswesen – zum Feind Gottes und der Menschen, ja zum Mörder geworden.
Die zu entfaltende These heißt: Maßgeblich für den angedeuteten Wandel war die Erhöhung Jesu zur Rechten Gottes. Sie hat den Himmel durcheinandergebracht und die vordem positiv eingeschätzten Mächte und Gewalten entthront und zu wütenden Mächten gemacht.
Gewissermaßen das Endstadium haben wir vor uns in Tex-

ten wie Epheser 6,11f. Denn erstaunlicherweise steht der Satan hier neben Mächten und Gewalten, und zwar als Feind der Menschen: *Zieht an Gottes Rüstung, damit ihr widerstehen könnt den Schlichen des Teufels, denn unser Kampf richtet sich nicht gegen Fleisch und Blut, sondern gegen die Mächte, gegen die Gewalten, gegen die Weltherrscher in dieser Finsternis und gegen die bösen Geister im Himmel.*
Die zu bekämpfenden Mächte werden hier geradezu mit dem Teufel gleichgesetzt. Der Epheserbrief erweckt den Eindruck, als stehe der Christ in einem Kampf gegen unterschiedlichste Himmelsmächte. Wenn er sie bekämpfen muß, sind sie insgesamt negativ gewertet.
In Römer 16,20 verheißt Paulus den Adressaten: *Der Gott des Friedens aber wird den Satan sehr bald unter euren Füßen zermalmen.* Der Ausdruck »unter euren Füßen« ist das Stichwort, um nach verwandten Stellen zu fahnden. So stoßen wir zuerst auf 1. Korinther 15,25–26. Dort heißt es gleichfalls von Gottes Handeln, nun aber gegenüber dem erhöhten Jesus Christus: ... *bis er alle seine Feinde unter seine Füße legt.* Auch hier unterwirft Gott negative Größen zugunsten eines Dritten. Dieser Dritte war in Römer 16 die Gemeinde, hier ist es Jesus Christus. Der folgende Vers wiederholt das: ... *denn alles hat er unter seine Füße unterworfen.* Aber wer sind hier die Feinde? In Römer 16 war es der Satan, hier in 1. Korinther 15 sind es nach den umgebenden Versen *alle Mächte und Gewalten und Kräfte* (Vers 24), zu denen als letzter und schlimmster Feind nach Vers 26 auch *der Tod* gehört.
Wir stellen daher fest: Was an der ersten Stelle vom Satan gesagt wurde, gilt an der zweiten Stelle genauso von Mächten und Gewalten und Kräften und auch vom Tod – insgesamt also himmlischen »Wesenheiten«, die es als »Feinde« mit dem Menschen offenbar nicht gut meinen. Forscht man weiter, so findet man den alttestamentlichen »Hintergrund« dieser Redeweise in Psalm 8,7, wo es zunächst über den »Menschen« heißt: *alles hast du unter seine Füße unterwor-*

fen. Auch hier unterwirft Gott etwas zugunsten eines Dritten, hier noch: des Menschen allgemein. In 1. Korinther 15 hält sich Paulus noch enger an die Ausdrucksweise von Psalm 8,7, in Römer 16,20 ist er etwas freier, denkt aber nicht speziell an Jesus und steht in dieser Hinsicht Psalm 8 näher. – Wichtig für uns: *Satan steht ohne weiteres parallel zu anderen gefährlichen Himmelsmächten.*

Epheserbrief und Römerbrief stehen nicht allein. Nach den (außerkanonischen) Akten des Johannes (K. 114) vom Ende des 2. Jahrhunderts n. Chr. stehen in einer Reihe: Engel, Dämonen, Machthaber, Mächte und Satan. Sie alle sollen gleichermaßen durch Jesus beschämt oder vernichtet werden.

Nun gibt es andererseits eine ganze Reihe von älteren jüdischen Texten, wonach die himmlischen Mächte durchaus *nicht negativ* gesehen werden. Vielmehr gehören sie entweder zum Inventar des 7. Himmels und verherrlichen Gott oder stehen um den himmlischen Altar herum. Sie sind Widerspiegelungen von Gottes Hoheit. Das betrifft für die Mächte, Throne und Gewalten *alle* vorchristlichen Belege.

In anderen Texten dagegen sind Satan, Mächte und Gewalten nicht Dekoration des Himmels, sondern zu überwindende, ja böse Mächte. Das betrifft gewiß nicht alle christlichen Texte, werden doch in der üblichen Abendmahlsliturgie die »Throne« und »Herrschaften« ausdrücklich als die genannt, die mit der Gemeinde zusammen das »Heilig, heilig« singen (Isangelie). Aber es betrifft einen großen Teil, und zwar alle neutestamentlichen Texte außer Judas und 2. Petrusbrief.

Erst im Neuen Testament besteht die Zeit des Königtums Jesu (als des Erhöhten) darin, daß die Herrschaften, Mächte und Gewalten »vernichtet« werden müssen (1. Korinther 15,24b). Sie sind nun offensichtlich die »Feinde«, und unter ihnen ist vor allem der »Tod« der Weltherrscher Numero 1 (1. Korinther 15,26). Denn dem Messias-Chri-

stus muß »alles unterworfen« werden. Offenbar waren bis dahin diese Mächte noch nicht unterworfen, konnten und wollten so lange ihre Feindschaft gegen den Menschen ausleben. Der »Tod« findet sich in späterer Zeit als Genosse des Teufels. – Deutlich ist: Erst vom Neuen Testament an geraten die Mächte und Gewalten in große Nähe zum Teufel, ja in Solidargemeinschaft mit ihm.
Von der Erhöhung Jesu ab sind auch in anderen Briefen im Umkreis des Paulus die Mächte und Gewalten »negativ« wichtig, merkwürdigerweise nicht vorher und erst in diesem Zusammenhang. Und an dieser Stelle zeigt sich eine große Gemeinsamkeit zwischen ansonsten recht unterschiedlichen Briefen des Neuen Testaments. Für uns wichtig ist: Zum Beispiel in Epheser 6,11f, aber auch anderswo besteht jetzt und erst jetzt eine mehr oder weniger große Nähe dieser Mächte und Gewalten zum Satan.
So ist Jesus nach Epheser 1,21, seitdem er zur Rechten Gottes im Himmel sitzt, »oberhalb« jeder Macht und auch Herrschaft, oberhalb jedes Namens. – Der Hebräerbrief betont, Jesus sei nur für eine kurze Zeit unter die Engel(mächte) erniedrigt gewesen, dann aber mit Herrlichkeit und Ehre gekrönt. Auch in diesem Zusammenhang geht es darum, ob und daß Jesus »alles unterworfen« wird (Hebräer 2,6–9). – Der 1. Petrusbrief spricht ausdrücklich davon, daß Jesus, der zur Rechten Gottes sitzt, Engel, Mächte und Gewalten unterworfen seien (3,22) – also eben seit seiner Erhöhung. Der Ausdruck »unterwerfen« fand sich in allen bisher hier genannten Texten. Seinen sichersten Anhalt hat er in dem öfter an diesen Stellen zitierten Psalm 8,7 *(alles hast du unter seine Füße unterworfen)*.
Eine relative Sonderstellung nimmt der Kolosserbrief ein. Er betont besonders scharf die Unterordnung der Mächte und Gewalten von Anfang der Welt an (1,16), und er bringt sie mit dem Kreuzesgeschehen, nicht erst mit der Erhöhung Jesu zusammen: Gott blamiert bei dieser Gelegenheit die Hoheiten und Mächte und triumphiert durch Jesus über sie.

Das geschieht, indem am Kreuz die Schuld der Menschen aufgehoben wird (2,15).
Was sind das für »Mächte und Gewalten«? Warum müssen sie unterworfen werden? Warum müssen sie gar blamiert werden? Warum werden sie im Christentum mit einem Mal negativ gewertet, geraten gar offensichtlich in die Nähe des Teufels?
Nach der berühmten Liste in Römer 8,35–39 versuchen eine Reihe dubioser Mächte, die Menschen vor Gott »anzuklagen« oder sie von Gott zu trennen. Unter diesen Mächten sind auch der Tod sowie Mächte, Engel und Gewalten. Das ist im Blick auf 1. Korinther 15 nur konsequent: Vers 24b nennt Mächte und Gewalten, die zu unterwerfen sind, Vers 26 den Tod als letzten Feind. Engel, Mächte und Gewalten sind also auch hier die Feinde des Menschen.
Nach Römer 8,33 nehmen diese Mächte die alte Aufgabe des Staatsanwaltes wahr, sie klagen an. Aber sie versuchen, da die Zeiten sich gewandelt haben, noch mehr: Sie wollen trennen zwischen Gott und Mensch (8,39). Und weil eine neue Zeit angebrochen ist, wird jetzt jede Anklage dadurch unterbunden, daß Jesus der Fürsprecher und Anwalt der Menschen ist. Daß er diese Rolle wahrnimmt, ist Folge der Liebe Gottes (8,39).

Von dem üblichen Anklagen des Teufels war auch in Offenbarung 12,10 die Rede *(der die Brüder vor Gott verklagt Tag und Nacht).* Auch nach Offenbarung 12,9 ist diese Rolle jetzt beendet, wenn auch auf andere Weise: Michael hat Satan gestürzt.

Deutlich ist jedenfalls: An dieser Stelle gab es im frühesten Christentum große theologische Bewegungen und vielleicht auch Auseinandersetzungen, von denen uns fast nichts mehr erhalten ist. Sie waren für sehr wichtige Briefe und deren Vorgeschichte weithin bestimmend (1. Korinther, Römer, Kolosser, Epheser, 1. Petrus, Offenbarung) und sind uns doch nur in Zipfeln erhalten geblieben, in Briefpassagen, die erklären, mit der Erhöhung Jesu (oder mit der Vollendung seiner Herrschaft) werde das Problem erledigt. Besonders auffällig: *Statt vom Kampf gegen die Sünde – so würden wir es erwarten – ist von der Unterwerfung der Mächte die Rede.*

Um so interessanter sind Überschneidungen zwischen beiden Themen. Während der Epheserbrief vom notwendigen Kampf (mit dem Schwert des Geistes) gegen den Teufel spricht, kann Paulus vom Kampf zwischen Geist und »Fleisch« (Schwäche) reden, womit er hier die Summe der unkontrollierten Vitalinstinkte (»Triebe«) meint. Vom Geist sprechen beide. Und entsprechend sagt der Jakobusbrief, nicht Gott oder sonst wer, sondern nur die Triebe »versuchten« den Menschen. Daher wird erkennbar: Neben der eher am Menschen – also anthropologisch – orientierten Rede von den Trieben steht die andere – dämonologisch ausgerichtete – von Satan und Mächten. Beide korrigieren sich gegenseitig – so wird man als Theologe urteilen müssen.

Aber die Sünde ist eher das Problem des einzelnen. Mächte und Gewalten bedrohen alle miteinander. Keiner der Texte mit Mächten und Gewalten ist mit Problemen des einzelnen Christen befaßt.
Und von der großen theologischen Diskussion im Hintergrund der wichtigsten Briefe gilt: Offenbar wurden die Mächte, Thronen und Gewalten, die bis dahin als Ausdruck von Gottes Herrlichkeit galten, nun zumindest teilweise die erklärten Feinde des Menschen. Was war da geschehen?
Wir begeben uns jetzt auf einen Denkweg, indem wir verschiedene Möglichkeiten gegeneinander abwägen.

Ist etwa der spätere Mythos der Alten Kirche im Recht, nach dem die Engel sich gegen die Zuwendung Gottes in Jesus Christus und gegen die Erhöhung des Menschen Jesus richteten und schlicht neidisch waren? Frühjüdische Mystik erzählt von einem ähnlichen Protest der Engel, wenn Menschen (wie Rabbi Ismael nach dem hebräischen Henochbuch [Übers. P. Schäfer]) in Gottes Bereich eindringen. Aber – gesetzt den Fall, das wäre richtig so – welche Erfahrungen liegen da vor? Warum beschäftigen sich frühe Christen offenbar sehr bald so ausgedehnt mit derartigen Spekulationen, die wir heute für »abseitig« halten würden?

Oder eine andere Möglichkeit: Wenn Jesus Herr (»Kyrios«) ist, dann gehört er selbst irgendwie zur Gruppe der »Herrschaften« (griech.: *kyriotes*), weil er nämlich wie diese Engel Träger des Gottesnamens ist (für Jesus in Philipper 2,9–11 geschildert, bei den Engeln wohl an der Endung hebr. *-el* [Gott] erkennbar). Hat Gott durch Jesus diese Engel nun beleidigt, neidisch gemacht?
Oder hat der in Lukas 10,18 *(Ich sah Satan wie einen Blitz vom Himmel fallen)* und Offenbarung 12,10 (Satan wird vom Himmel auf die Erde geworfen) geschilderte Vorgang exemplarische Bedeutung und weitere Folgen? Bedeutet dies generell das Ende der Privilegien himmlischer Hoheiten?
Oder – eine weitere Möglichkeit – sind die Hoheiten ohne Aufgabe und Funktion, weil Jesus als Fürsprecher der Menschen jetzt zur Rechten Gottes ist und ihre Anklagen zunichte macht? Sie hatten ja nicht alle Menschen angeklagt, sondern nur *die Auserwählten* (Römer 8,33; die *Brüder* nach Offenbarung 12,10), das heißt, sie wenden sich gegen Gottes »auserwählende Liebe« und Bevorzugung der Menschen. Also doch wieder Neid?

Vielleicht muß man tatsächlich Offenbarung 12,7–18 mit den anderen Texten in gewisser Hinsicht zusammen lesen; dann ergibt sich folgender Lösungsvorschlag:
– Der Teufel hat im Himmel seinen Posten als Ankläger verloren. Dafür gibt es drei mögliche Ursachen: Entweder hat Michael ihn hinausgeworfen – oder Jesus hat am Kreuz die Schuld der Menschen beglichen und ihn damit in seinem Anklagen blamiert, weil die Menschen nun frei sind von Schuld – oder Jesus sitzt zur Rechten Gottes und tritt für die Menschen ein, und damit kann er alle nur möglichen Anklagen gegen die zu ihm Gehörenden abweisen. (Was hier vom Teufel gesagt ist, gilt auch für die Mächte und Gewalten.)
– Weil er im Himmel keinen Ort und keine sinnvolle Aufgabe mehr hat, sich dort nicht mehr halten kann, ist der Satan jetzt auf Erden tätig. Jetzt aber kennt er nur noch die Wut gegen die Menschen, und er verändert aus Zorn seine Funktion zu reinem Haß. Er stellt dem Menschen nach und verführt ihm zum Bösen, zettelt Verfolgung und Mord (Martyrium an). Als Ankläger hatte er noch Gottes Recht

zu vertreten, jetzt kennt er nur noch blinde Wut. *Als himmlischer Ankläger war er immer im Recht, denn Menschen sind Sünder. Als Verfolger und Mörder auf Erden setzt er sich ständig ins Unrecht.*

– Was hier vom Teufel gesagt wurde, gilt auch von allen anderen Hoheitswesen im Himmel. Seitdem Jesus zur Rechten Gottes sitzt, ihnen »vor die Nase gesetzt worden« ist, hat sich ihre Menschenverachtung zu Menschenfeindschaft gewandelt. Weil Gott den Menschen Jesus über alle erhöht, so daß alle das Knie beugen müssen (Philipper 2,10f), wechseln sie die Front.

Worauf könnten diese Gedanken fußen, welche historische Erfahrung zwang gewissermaßen dazu, diese Theorie zu entwickeln? Theologie wird regelmäßig im Zusammenhang mit einschneidenden Erlebnissen entwickelt. Historische Erfahrungen und Begegnungen nötigen dazu, aus dem Glauben neue Konsequenzen zu ziehen. Im frühesten Christentum – und damit haben wir es »an der Basis der Entstehung der Briefliteratur« zu tun – werden viele dieser Konsequenzen zum ersten Mal gezogen.

Verarbeitet wird in diesen Aussagen vor allem eine extreme Spannung zwischen Glauben und tatsächlichem Ergehen. Auf der einen Seite steht die zentrale Glaubensüberzeugung, daß Jesus zur Rechten Gottes erhöht ist. Ein Vertreter der Menschen ist in die absolute, unüberbietbare Nähe Gottes gelangt.

Auf der anderen Seite steht die konkrete Erfahrung von Isolation und Martyrium, von Anfechtung und Feindschaft. Der Kontrast und Konflikt beider Punkte hat die frühen Christen in eine für ihre Vorstellungen unbegreifliche, ja widersinnige Spannung geführt. Einerseits sollen die Christen geliebt und Kinder Gottes sein. Andererseits sind sie nun geradezu wörtlich »von allen guten Geistern verlassen« und erfahren gerade das Gegenteil von Liebe, nämlich Haß und Verfolgung, Todfeindschaft und Quälereien. Wo waren die guten Mächte und Schutzengel geblieben?

Paulus schildert – für viele Ausleger in der Plazierung an diesen Ort im Römerbrief bisher rätselhaft – genau diese Erfahrung in Römer 8,36: *Deinetwegen werden wir den ganzen Tag zum Tod geführt, man hält uns für Schlachtschafe.* Der Satz steht mitten in Schilderungen der himmlischen Szene: Jesus tritt für uns ein, andere, dunkle Mächte versuchen zu stören. Diese Erfahrung, die auch Paulus beschreibt, bezieht sich auf einen extremen Kontrast und war als solche auch eine wirkliche Versuchung. – Im vorigen Abschnitt haben wir gesehen, wie aus den himmlischen Herrschaften die Drahtzieher der tyrannischen Mörder auf Erden werden, die jetzt nichts anderes wirken als des Teufels Werk.

Ich meine, daß es sich bei den oben genannten Zeugnissen um eine Antwort auf diese Erfahrungen »im Lichte des Glaubens« an den erhöhten Herrn handelt. Die Christen wissen sich von Gott erwählt und geliebt – und doch hatte sich alle Welt gegen sie verschworen. Wie sollte man das erklären? Die Erklärung wurde gesucht und gefunden ganz in der Nähe des zentralen Bekenntnisses selber. Eben weil Jesus erhöht war, hatte das auch negative Folgen.

So stehen im Hintergrund dieser Glaubensaussagen über die Unterwerfung der Mächte und den Kampf gegen Satan drei zentrale Elemente des christlichen Glaubens aus dem 1. Jahrhundert:

– Jesu Erhöhung zur Rechten Gottes (oder: Satans Sturz als Beginn einer neuen Phase des Reiches Gottes: Lukas 10,18; Offenbarung 12,9f). Beide Bewegungen ergänzen einander: Der Mensch Jesus steigt nach oben – der Satan nach unten.

– Der Kontrast von Erwählung einerseits und Gegnerschaft aller Mächte gegen die Christen andererseits.

– Der Sieg über Trauer und Schmerz im Blick auf Jesu Blut und im mutigen Bekennen (dazu gleich noch).

Diese drei Faktoren geraten nun in das Verhältnis wechselseitiger Abhängigkeit zueinander. Und dabei wandelt sich angesichts der Erhöhung Jesu zur Rechten Gottes (vor al-

lem deswegen) nicht das Gottesbild, aber es wandelt sich die Auffassung von Gottes Hofstaat und vom Teufel (jedenfalls nach den zitierten Zeugnissen).
Gewissermaßen unter der Hand vollzieht sich so ein entscheidender Wandel im Bild des Teufels. Vom Ankläger wird er zum Feind. Vom Staatsanwalt wird er zum Mörder. Denn die Erwählung Jesu Christ, der jetzt »unser Mann vor Gott« ist, hat Himmel und Erde durcheinandergebracht. Gott ist voller Liebe zu den Erwählten, und diese erleiden schlimmsten Haß. Der Hintergrund für diese Erfahrung: Nicht Gott hat sich geändert, sondern die Rolle des Teufels ist eine radikal andere geworden.
Weil also Jesus ein sehr erfolgreicher Fürsprecher der Menschen geworden ist (ihre Schuld am Kreuz aufgehoben hat), gibt es für die Anwälte der Hoheit und des Rechtes Gottes im Himmel keinen Raum mehr. Statt dessen verfolgen sie jetzt die Menschen, aus deren Reihen der himmlische Patron stammt, mit Wut auf Erden. Sie werden dort jetzt erneut besiegt durch das »Blut des Lammes« (Offenbarung 12,11) oder durch die Vergewisserung der Liebe Jesu (Römer 8,39) – oder, wie Epheser 6,11–17 sagt, mit der Rüstung Gottes und dem Schwert des Heiligen Geistes.
Das Bild des Teufels ist zu ohnmächtiger Wut geronnen, seitdem es dank Jesus Menschen gibt, die zu Gottes geliebten Kindern geworden sind.
Dazu noch vier Bemerkungen:
– Auch die Rolle, die sich aus alledem für den einzelnen Christen auf Erden ergibt, ist nach Römer 8,37 und Offenbarung 12,11 ganz parallel. Nach Römer 8,37 heißt es *Wir siegen* (sc. über alles, was uns trennen will von Gott) *durch den, der uns liebt,* nach Offenbarung 12,11 *siegen* die Brüder über den Satan durch das Blut Jesu Christ. Nur ihr Zeugnis kommt noch hinzu.
– Ein Zweig dieser Tradition verselbständigt sich in der Auffassung, daß die Herrscher *dieser Welt* verantwortlich sind für Martyrien allgemein und für Jesu Tod, indem sie in

politischen Herrschern ihre Repräsentanten finden (s. dazu S. 79ff).

– Daß nach Lukas 10,18 der Sturz Satans schon zu Lebzeiten Jesu angenommen wird, ist im Zusammenhang des Dargestellten nicht unsinnig. Man kann Lukas 10,18 der Menschensohntheologie zuordnen. Jesus wird als der Menschensohn zu Gott hintreten, er geht von unten nach oben. Der Teufel nimmt den umgekehrten Weg. Denn speziell aus Menschensohnworten wissen wir, daß der Menschensohn sich zu den Seinen bekennen wird (Lukas 12,8). Die Fürsprache, die nach den Brief-Texten der Erhöhte zur Rechten Gottes leistet, wird hier der im Gericht auftretende Menschensohn garantieren. Insofern ist auch in der Menschensohn-Tradition Fürsprache/Interzession grundgelegt. Und was bei den übrigen neutestamentlichen Autoren als Haß der Mächte und Gewalten dargestellt wird, ist nach Lukas die Dämonenplage (Lukas 10,17). Der Menschensohn ist schließlich – liest man Psalm 8 christlich – auch in Psalm 8,7 genannt. Ihm (*des Menschen Sohn,* Vers 5) wird alles unterworfen. So könnte hier eine Verbindung zur synoptischen Tradition bestehen. Die Jünger berichten denn auch nach Lukas, »die Dämonen« seien ihnen untertan (Lukas 10,17; hier steht im Griechischen dasselbe Verb wie dort, wo von der Unterwerfung der Mächte die Rede ist!)

– Die Offenbarung des Johannes hatte direkt vor dem Abschnitt über Michael und den Satan von der Entrückung des Messias (Jesus) zu Gottes Thron berichtet (12,5b) – den Kampf gegen Satan führt dann aber weder Gott noch der erhöhte Messias, sondern Michael. In der sachlichen Abfolge steht die Erhöhung des Messias nach 12,5b genau an der Stelle, die sonst vom Sitzen des Messias zur Rechten Gottes spricht. Der Messias scheint nach Offenbarung 12 »noch nicht so weit« zu sein wie in den anderen Texten. Aber der Zusammenhang ist offenbar vorgeprägt.

Die hier dargestellte Auffassung ist die früheste geschlossen christliche über die Überwindung der gottfeindlichen Mächte. Sie orientiert sich ganz daran, daß Jesus bis zu Gottes Thron erhöht wurde und daß dieses eine Revolution unter den himmlischen Mächten bedeutet hat. Aber diese Konzeption hat auch eine irdische Seite: Der Sieg des Erhöhten (oder nach dem Kolosserbrief: des Gekreuzigten) über die Ankläger ist noch nicht alles. Jedem einzelnen Christen ist – geradezu als Folge des himmlischen Sieges – nun ein irdisches Siegen aufgegeben und ermöglicht. Beispielhaft wird das deutlich an der Abfolge von Epheser 1,21f (dem Erhöhten sind die Mächte unterworfen) und Epheser 6,11–17 (der einzelne Christ als Kämpfer). Aber dasselbe berichten auch Römer 8 und Offenbarung 12; wo der Epheserbrief vom Kämpfen spricht, reden sie vom Siegen.

Damit ist hier – im Milieu des Mutterbodens der frühchristlichen Briefe – ein eigenständiges Modell des christlichen Heils unter jahrhundertealtem Putz wieder sichtbar gemacht worden. Es ist ein »angelologisches« Modell, orientiert an den Widersachern des Menschen vor Gottes Thron. Der Unterwerfung Satans und der Mächte durch und vor Gott soll und kann der Sieg jedes einzelnen Christen auf Erden entsprechen. Es ist ein Modell von Unterwerfung und Sieg, von »wie im Himmel, so auf Erden«. Der Messias, die Christen und die Botschaft schweben hier nicht im luftleeren Raum. Sie haben militante Gegner, und das nicht erst seit gestern.

An die Stelle des stark systematisch befrachteten Modells von Indikativ und Imperativ, das die Theologie des 20. Jahrhunderts sehr stark beschäftigt hat (aus dem Handeln Gottes folgt das Tun der Christen), tritt hier ein anderes, sehr altes: Der Entmachtung der Mächte und Gewalten sowie des Teufels in der Rolle der Ankläger und Störenfriede *vor Gottes Thron* entspricht der Kampf und notwendige Sieg der Christen auf Erden, daher die häufige Rede von der Rüstung der Christen (1. Thessalonicher 5,8; 1. Petrus 5,9; Epheser 6,14–17).

Mit Beel Zebul die Teufel austreiben?

Als Jesus sich erfolgreich als Exorzist betätigt, verbreiten seine Gegner über ihn, er sei mit Beel Zebul im Bunde, mit dem Teufel (Markus 3,22). Die Logik dieses Vorwurfs: Wer den Dämonen befehlen kann, wer über sie bindende Gewalt ausübt, muß teilhaben an der Autorität und Amtsgewalt des Herrn der Dämonen (das Wort »Satan« kommt mutmaßlich von »binden«). Denn dieser allein kann ihnen doch fraglos befehlen, so daß sie gehorchen. Die Voraussetzung des Vorwurfs an Jesus ist mithin: Das Reich der Dämonen, die man auch böse oder unreine Geister nennt, ist hierarchisch gegliedert. So wie die Engel in Gott ihren Herrn haben oder ihren Fürsten in Michael, so ist Beel Zebul (oder »Mastema«) der Anführer der Dämonen. Freilich: Keineswegs überall, wo von derlei Geistern die Rede ist, wird auch ihr Herr oder Fürst genannt oder ist er vorausgesetzt. – Jesus kann diesen Vorwurf widerlegen: Wenn der Fürst der Dämonen mit Hilfe Jesu seine eigenen Untergebenen, das heißt seine eigenen Leute aus ihren Eroberungen vertreibt, dann wäre er ein unkluger Fürst, einer, der gegen die eigenen Interessen handelte. Wer aber will Beel Zebul, der ein so mächtiges Reich hat, unterstellen, er verstünde nichts vom Regieren?

Gibt es ein festes Aufgabenfeld für Dämonen?

Wir rekonstruieren die biblische Auffassung über Dämonen: Im Unterschied zu bösen Mächten und Gewalten wohnen Dämonen nicht im »Himmelsbereich«, sondern in einzelnen Menschen (und anderen Lebewesen), auch zu mehreren. Sie sind daher deutlich am einzelnen Trägersubjekt ausgerichtet; sie sind einzelne, tragen daher je besondere Namen und können im Unterschied zum Teufel nicht an verschiedenen

Orten zugleich wirken. Jedes einzelne Subjekt muß und kann von ihnen befreit werden. Dämonismus äußert sich als Gebrechen (Fieber, Stummheit) oder als »krankhaftes«, den Träger schädigendes Verhalten, vor allem aber als eine Art psychosomatischer Zwang, unter dem er steht.
Wenn Menschen vom Teufel inspiriert oder dessen Repräsentanten sind (Petrus, Judas, der römische Kaiser), liegt der Fall grundsätzlich anders. Hier liegt jedes Krankheitsbild fern, und das Handeln schadet nicht direkt dem Träger, sondern vor allem anderen.
Dämonen haben ein übermenschliches Wissen (sie wissen, daß Jesus Sohn Gottes ist) und können in menschlicher Sprache verstehen, reden und sogar diskutieren. (Das alles kann der Teufel auch.)

Kommen alle Übel von Dämonen?

Im Frühjudentum und zur Zeit des Neuen Testaments ist die Wahrnehmung von Dämonen sehr intensiv. Wer Fieber hat, ist eben von einem Fieberdämon besessen Nach Lukas 11,14 verursacht ein Dämon Stummheit, nach Matthäus 12,22 Blindheit und Taubheit. Zahllose Krankheiten und Gebrechen sind unter der Etikette des Besessenseins soweit »entstellt« (für unsere Sicht), daß sie darunter gar nicht mehr in ihrem medizinischen Profil heutiger Sichtweise erkennbar sind.
In der Verkündigung Jesu nach Markus sind Exorzismen ganz zentral. Es hat keinen Sinn, dieses aus apologetischen Gründen zu bezweifeln. Jesus hat auch mit seinen Exorzismen nicht den Dämonenglauben beseitigen wollen – er war kein Aufklärer, sondern im Gegenteil hat er die »Höllen«-Ängste der Menschen ernstgenommen und ist darauf eingegangen. Die Exorzismen sind für ihn so wichtig, daß er bei der Aussendung nach Markus 6,7 den Jüngern als einzige Vollmacht die über die bösen Geister mitgibt. Im Tätigkeitsbericht über die Jünger heißt es dann: *Sie verkün-*

digten, daß sie umkehren sollten, warfen viele Dämonen heraus und salbten viele Kranke …(6,12). Im Bereich der Tat sind Exorzismen das Wichtigste, das die Jünger vollbringen.

Dämonismus wird darin zu einer regelrechten Weltanschauung, weil der Wirklichkeit der Dämonen nun die unterschiedlichsten Felder der Religion zugeordnet werden. So ist den Dämonen als den »unreinen Geistern« der heilige und reine Geist entgegengesetzt, der auf Jesus ruht. Und weil dieser Geist bei und in Jesus ist, kann er die unreinen Geister vertreiben (vgl. Markus 1,10f zu 1,23). Es ist also die Christologie, insbesondere Jesus als der Sohn Gottes, der hier vom Dämonismus her verständlich wird. So wie Jesus vom Heiligen Geist erfüllt ist, sind es die Besessenen von den Dämonen.

Von Dämonen besessen zu sein ist auch typisch *heidnisch*. Werden Dämonen als Totengeister aufgefaßt, und verehren die Heiden solche Totengeister als Götter, dann sind sie durch ihren Kult immer unrein (1. Korinther 10,20). Und wenn im heidnischen Gebiet der Gerasener ein Mann besessen ist und sich typischerweise zu einem Gräberfeld hingezogen fühlt, dann ist das Gipfel und Grundsuppe aller Unreinheit (Markus 5,1–7). So ist die erste Berührung mit Heiden häufig der Exorzismus. Und umgekehrt gilt deshalb: Wer böse Geister vertreiben kann, ist auch in der Lage, alle Arten von heidnischer Unreinheit zu überwinden. So wird die Frage der Legitimität der Heidenmission durch Jesu exorzistische Vollmacht begründet.

Auch die Erlaubnis, alles zu essen, auch potentiell unreine Speisen also, ist nur eine Konsequenz aus dieser »aggressiven« offensiven Reinheit Jesu (Lukas 10,7; Thomas-Evangelium 14: »Eßt, was sie euch vorsetzen, heilt die Kranken«). Die gesamte Diskussion um *Reinheit*, in der Frage der Abgrenzung für das Judentum elementar, wurde mit Hilfe der Macht über Dämonen geklärt.

Überdies ist die Botschaft vom *Reich Gottes* zumindest an

einer Stelle (Lukas 11,20: *Wenn ich mit dem Finger Gottes die Dämonen austreibe, so ist das Reich Gottes zu euch gekommen*) mit der Botschaft Jesu vom Reich verknüpft worden. Das Reich Gottes stößt demnach nicht ins Niemandsland, sondern muß einen Gegner überwinden. Die gewöhnliche Auffassung vom Reich Gottes ist dieses freilich nicht.
Mit Hilfe der Dämonen wird ferner die (heidnische oder auch jüdische) *Konkurrenz* zu legitimen Propheten oder Aposteln erklärt. So ist der »Wahrsagegeist« in der Magd ein Dämon (Apostelgeschichte 16,16), und entsprechend kann der jüdische Falschprophet Elymas als Sohn des Teufels angeredet werden (Apostelgeschichte 13,10).
Anhand des Themas »fremde Exorzisten« wird ferner über das Verhältnis zwischen unterschiedlichen christlichen Gruppen, also die *ökumenische* Fragestellung diskutiert (Markus 9,38–40).
Die *christologische Frage* schließlich, ob Jesus Sohn Davids und damit Messias sein kann, wird nach einigen Texten unter Verweis auf Exorzismen gelöst (Matthäus 12,22–24). Denn Salomo, der historische Sohn Davids, kannte sich aus in den unterschiedlichen Geister-Kräften und wurde zur Zeit des Neuen Testaments als der Exorzist schlechthin angesehen. – Das »charismatische Gefälle« zwischen Jesus und den Jüngern wird in Markus 9,28–29 mit Hilfe der exorzistischen Fragestellung beantwortet. Noch der Christentums-Kritiker Kelsos (3. Jahrhundert n. Chr.) schreibt in diesem Sinne über die Exorzismen: »Worin die Christen ihre Stärke zu haben scheinen, das sind die Namen etlicher Dämonen und Bezauberungen. Jesus selbst hat durch Zauberei die Wunder vermocht, welche er getan zu haben schien, aber auch vorausgesehen, daß auch andere ... dasselbe tun werden.«
Man kann daher erkennen: Alle wichtigen Fragen in der Geschichte des Urchristentums konnten im Rahmen der »Weltanschauung« des Dämonismus gesehen, beurteilt und beantwortet werden. Der Dämonismus ist eine Art Brille, durch die dann alles gesehen wird.

Teilweise überschneiden sich die Funktionen von Dämonen und Teufel, teilweise sind aber die Dämonen spezialisiert auf psychosomatische Zustände beim einzelnen, und zwar regelmäßig abweichend von der Normalität. Der Teufel dagegen operiert völlig normal, geradezu im Sinne der Weise, wie Weltgeschichte nun einmal gewöhnlich, aber eben darin unheilvoll, verläuft.

Sind Dämonen eine Art Militär?

Exorzismen Jesu geschehen immer als autoritatives Kommando (»Geh heraus aus ihm!«). Das ist durchaus im militärischen Sinne und jeweils als Kampf und Unterwerfung zu verstehen. Auch darin wird spiegelbildlich die Heilsseite nachgeahmt. Denn Michael heißt »Oberfeldherr« der himmlischen Heere. Und diese schon alttestamentliche Auffassung vom militärischen Charakter der Begleitschaft Gottes führte auch zur Gottesbezeichnung »Herr der Heere«.

Hier stoßen wir auf einen wichtigen Aspekt der biblischen Vorstellungen über gute und böse Geister. Beide Gruppen sind militärisch verfaßt. So kann Jesus von zwölf Legionen Engeln sprechen (Matthäus 26,53), während umgekehrt auch der Dämon im Besessenen sagen kann, er sei Legion, *weil wir viele sind* (Markus 5,9.15).

Und wenn man schon militärisch organisiert ist, dann dient das dem Geschäft des Krieges. Entsprechend berichtet Offenbarung 12,7 vom Krieg Michaels gegen Satan. Und nach den in Qumran gefundenen »Kriegsrollen« (1 QM und 4 QM) wird auch die Endzeit durch einen Krieg der Geister bestimmt sein. Das heißt: Die angelologische Weltanschauung ist wesentlich eine militärische. Von daher wird auch erklärbar, warum der einzelne Christ nach Epheser 6,11–17 gegen die Geistmächte eine Waffenrüstung braucht. Er führt einen Kampf.

Dieser Kampf ist mit dem Dualismus gegeben. Aber auch schon in Texten, die noch nicht dualistisch sind, wird Gott von Heeren begleitet (Altes Testament: »der Herr Sebaoth«, das heißt: der »Herr der Heere«). Man kann vermuten, daß die militärische Ausrichtung der Begleitschaft Gottes ein Einfallstor für dualistisches Denken gewesen ist. Denn wo einmal ein Heer ist, wird alles andere, das nicht so ist, unter Umständen auch seinerseits bald im Bild eines (gegnerischen) Heers gesehen. Jedenfalls war die militärische Struktur der Begleitschaft Gottes ein Brückenkopf für jede Art von Dualismus in der traditionellen Jahwe-Religion.

Um nochmals das Bild von der Waffenrüstung aufzugreifen: Der Unterschied zwischen 1. Thessalonicher 5,7f und Epheser 6,14–18 besteht in folgendem: In Epheser 6 dient die Rüstung dem Krieg gegen Geistmächte, in 1. Thessalonicher 5 steht an der Stelle der Geistmächte der Gegensatz, der feindliche Dualismus zwischen Licht und Finsternis. Er ließ Paulus nahezu von selbst das Bild der Rüstung assoziieren. Denn zwischen Licht und Finsternis herrscht Krieg. (Und dies, obwohl Licht und Finsternis sich primär auf den Übergang vom Unglauben zum Glauben beziehen, 1. Thessalonicher ist ja für Neuchristen geschrieben).

Von dieser militärischen Tradition her wird auch verständlich, weshalb Exorzismus und Reich (Gottes oder Satans) in Lukas 11,20 (siehe oben) miteinander verbunden wurden. Denn die Reiche der Erde werden zumeist mit Heeren und im Kampf hergestellt.

Man kann daher wohl folgende Schlüsse ziehen:

– Die himmlische Begleitschaft Gottes wird schon in der hebräischen Bibel als Heer, das heißt militärisch vorgestellt. Michael gilt in späteren Texten als Oberfeldherr.

– Entsprechend besitzt auch die Vielzahl der Dämonen nebst ihrem Fürsten oder König militärische Struktur.

– Das entspricht einerseits dem Prinzip der Spiegelbildlichkeit. Zum anderen aber ist das Bild des Heeres recht offen für dualistische Ansätze. Denn wo ein Heer ist, ist auch oft ein Feind und umgekehrt.

– Daher wird der Exorzismus als militärische Aktion eines neuen mächtigeren Befehlshabers verstanden. Deshalb wird aber auch das Bild der geistlichen Waffenrüstung gebraucht, um den Kampf jedes einzelnen gegen die Mächte des Bösen zu illustrieren. Beide Vorgänge sind von sehr unterschiedlicher Struktur. Während Jesus souverän befehlen kann, der Dämon möge weichen (punktuell), hat der geistliche Einzelkämpfer mit der Waffenrüstung aus Glaube usw. einen lebenslänglichen Kampf gegen Finsternis, Teufel, Mächte und Gewalten zu führen (durativ).
Man kann natürlich fragen:

Warum kann Jesus den Dämonen befehlen?

Zweierlei fällt auf: Einerseits kann Jesus den Dämonen befehlen, er kann mit ihnen regelrecht verhandeln. Aber wie kommt er dazu? – Und das zweite: Woher wissen die Dämonen – besser als die Menschen, die es nur durch Offenbarung wissen (Matthäus 16,17) –, wer Jesus ist? – Beides läßt doch darauf schließen, daß hier trotz der Aufteilung in die gute und die böse Seite eine enge Verwandtschaft besteht. So geschieht ja im Exorzismus nichts anderes, als daß Jesus von dem unterlegenen, sich unterordnenden Dämon gewissermaßen als Ersatz-Feldherr akzeptiert wird.
Vielleicht hilft die paulinische Einsicht weiter: *Nur durch Geisthaftes wird Geist erkannt* (1. Korinther 2,13). So wird wenigstens erklärt, warum nur Geister den – heiligen – Geist Jesu erkennen können. Daß es in den Evangelien nur böse Geister sind, von denen das berichtet wird, liegt daran, daß auf der Gegenseite Jesus der einzige Geistträger ist; das ändert sich erst nach Ostern, als die Christen dann selbst Geistträger werden und sich entsprechend auch gegenseitig beurteilen können (1. Korinther 2,13f). – Es wird auch erklärt, warum Petrus nur dank einer Offenbarung vom Himmel her (Matthäus 16,17; ähnlich Paulus Galater 1,12.16) Jesus richtig erkennen kann. – Und wenn die berühmte

»Unterscheidung der Geister« eine Geistesgabe ist, dann macht auch das Sinn: Nur durch eine Geistesgabe kann man gute und böse Geister unterscheiden. Aber das gilt dann offensichtlich wechselseitig: Auch böse Geister können gute und böse unterscheiden. Sie können gewissermaßen die Fronten wahrnehmen, wo Alltagsmenschen nur alles grau in grau sehen.
Und so muß dann wohl auch gelten: Jesus kann den Dämonen befehlen, weil sie erstens in ihm überhaupt Geist wahrnehmen, weil er also »interessant« für sie ist, und zweitens, weil sie den stärkeren Geist in ihm erkennen können und einfach kapitulieren. So ist ja überhaupt der Kampf zwischen Geistern eher eine Konfrontation mit blitzschnellem Ergebnis. Es wird da nicht lange herumgefochten. Parallelfall: Wenn Jesus Christus als der Richter die Feinde tötet *mit dem Schwert seines Mundes,* wird auch nicht stundenlang gekämpft, sondern im Nu ist alles entschieden (2. Thessalonicher 2,8; Offenbarung 19,15.21). Man kann hier geradezu sagen: Die Konfrontation ist alles.

Ist Dämonenglaube veraltet?

Der Gewinn der postmodernen Position ist es, daß unterschiedliche Wahrnehmungen der Wirklichkeit nicht abgeurteilt werden müssen, sondern zunächst einmal als in sich relativ schlüssiges System eigenen Rechts wahrgenommen werden können. Es ist daher wohl ganz unsinnig zu behaupten, »Dämonen gibt es nicht«. Denn wer die Wirklichkeit im ganzen oder weithin aus einer anderen Perspektive her wahrnimmt und erlebt, für den können dämonische Mächte ein selbstverständlicher Teil der Welt sein. Angesichts der vielfältigen Zeugnisse in dieser Hinsicht kann es aber hier auch nicht darum gehen zu beweisen, daß Dämonismus »recht hat«.

Ausdrücklich abgewehrt wird hier ein fundamentalistischer Standpunkt, der in naiver Sicht so tut, als könne man auf Grund von Erlebniszeugnissen die Wirklichkeit des Dämonischen als ganz normalen *Teil unserer einen Wirklichkeit* erweisen. Der Fehler liegt – ähnlich wie in der gewöhnlichen Problematik der Gottesbeweise – darin, daß man sich nicht zu wenig, sondern zu stark am Ideal der Naturwissenschaften orientiert. Viele Leute tun so, als sei durch derartige Erlebnisse die Wirklichkeit des Dämonischen unwiderlegbar »bewiesen«, und zwar auf eine Weise, die der Härte und Eigenart naturwissenschaftlicher Beweise voll Genüge tun könne. Es gibt ganze Berge von Literatur dieser Art (zum Beispiel die Einleitung von G. Siegmund: Der Exorzismus der katholischen Kirche, 1981, dort auch Hinweise auf ähnliche Schriften). Diese Belege können den Mediziner nicht zufriedenstellen, weil es gar keine verläßliche Methode gibt, derartige Selbstzeugnisse auf ihren Realitätsgehalt hin zu prüfen. Bestenfalls ergibt sich immer ein unentwirrbares Knäuel von psychischen Besonderheiten und religiösen Vorstellungen, von biographischen Bedingtheiten und Wunschgebilden, oft auch von Geltungsdrang und Ideologien. Es fehlt einfach jede verläßliche Methodik, hier etwas zu beweisen.

Das muß man auch gar nicht wollen, und ich halte das Suchen nach harten Beweisen für vollkommen unnötig. *Wer meint, hier etwas beweisen zu können, nimmt diese Wirklichkeit nicht ernst genug und verharmlost sie genau in Richtung auf die Art von Marginalität, in der sie häufig zu existieren scheint.* So verzichtet merkwürdigerweise die ganze Bibel darauf, die Grundannahme, die doch Voraussetzung alles weiteren ist, auch nur ansatzweise zu »beweisen«, nämlich die Existenz Gottes. Und genauso ist es mit der Existenz des Dämonischen oder des Teuflischen. Es geht um wichtige religiöse Erfahrungen, die auf einer Wirklichkeit beru-

hen, die unvertretbar nur so, nämlich als religiöse Erfahrung, zugänglich wird.
Wer in diesem Sinne Gott oder Teufel mit Mitteln der Logik, der Physik oder der empirischen Psychologie beweisen wollte, käme mir vor wie ein Mensch, der mit Hilfe der Biochemie ein Gedicht von Rilke beschreiben, analysieren und erklären wollte. Das heißt: Unsere gewöhnlichen medizinischen Methoden reichen hier nicht hin. Und es muß auch bei Texten wie dem im nächsten Abschnitt zitierten zunächst offen bleiben, ob es sich nicht doch um den Sonderfall einer religiös verkleideten Psychose handelt.
Andererseits gehen von Besessenheits-Vorstellungen unübersehbar Gefahren aus, und zwar sowohl in der Selbst- wie in der Fremdbeurteilung. Die Mahnung, kritisch zu unterscheiden, ist schon recht. Doch die Frage ist, wie das geschehen soll.
Die Aufforderung an den Theologen, interdisziplinär vorzugehen, das heißt in Fällen, die von einzelnen mehr oder weniger Beteiligten für Besessenheit gehalten werden, Mediziner, Psychologen, Psychiater und Sozialarbeiter gemeinsam heranzuziehen, ist nur dann erfolgversprechend, wenn die Genannten jeder für sich selbst auch interdisziplinär offen und dialogfähig sind. Der Name »Interdisziplinarität« allein kann nicht über diese Notwendigkeit hinweghelfen. Nicht zuletzt wird der Erfolg daran hängen, daß der Theologe nicht seinerseits einfach platten Rationalismus oder dessen fundamentalistisches Seitenstück vertritt.

Muß man dämonische Erfahrungen kritisch beurteilen?

»Den Verlauf von Exorzismen zu beschreiben, scheue ich mich. Es möge niemand den Wunsch hegen, einmal das Ringen eines Exorzisten mit dem Dämon in einer unschuldig besessenen Person miterleben zu wollen. Es ist unbeschreiblich grauenhaft. Mehrmals habe ich in Rom von Berufs wegen, als dämonologischer Schriftsteller, an Exorzis-

men teilgenommen ... Das normale Gesicht der noch ruhigen Person verzerrte sich plötzlich zu einer Grimasse, wie wenn es sich heftig aber vergebens gegen ein unbekanntes Etwas wehrte, und dann sprach unvermittelt die Stimme des Dämons aus der nun wieder besessen gewordenen Person und sprudelte eine Kaskade von Gotteslästerungen und Beschimpfungen gegen den Exorzisten heraus. Die arme Person hörte alles in offensichtlichem Entsetzen mit an, konnte aber den Dämon nicht am Sprechen hindern, auch nicht daran, daß er durch ihren Arm den Exorzisten ... tätlich angriff und ihm mehrmals das Ritenbuch aus der Hand schlug. Zuweilen ließ der Dämon sein Opfer unter gellenden Schreien über die Bänke der Kapelle ... auf halsbrecherische, akrobatische Art hüpfen und springen ... Aber es passierte nichts, der Körper erwies sich als unempfindlich ...« (E. v. Petersdorff, Dämonen, Hexen, Spiritisten, 88f, zit. nach G. Siegmund, Der Exorzismus, 1981, 14).
Derartige Texte liest man in der einschlägigen Literatur recht oft. Gewiß gibt es viele Dinge, die sich unserer Beurteilung entziehen. Um eine solche kann und darf es daher hier auch nicht gehen. Dennoch sind einige Fragen zu stellen:

Ist Dämonenglaube nur verhüllte Krankheit?

Es ist öfter zu beobachten, daß besonders heftige Psychosen sich religiöse Einkleidungen besorgen. – Wodurch ist bei dem oben geschilderten Fall sichergestellt, daß es sich nicht um eine religiös eingekleidete Psychose handelt? Gewiß sagt auch die Diagnose »Psychose« nicht viel, ist wie bei vielen psychischen Erkrankungen nur ein Etikett. Aber:
– Es ist auffällig, daß derartige Phänomene besonders in intensiv kirchlich gefärbtem Milieu auftauchen. Sowohl dem Patienten wie dem »Exorzisten« fällt oft zu den genannten Phänomenen gar nichts anderes ein als Dämonen oder Teufel als Wirkursache. Muß man angesichts dieser einseitigen

Besetzung nicht vorsichtig sein? Oder ist sie eine Hilfe in dem Sinne, daß sich die Krankheit so artikuliert und ausbrechen kann?

– Ist vielleicht die christliche Religion mit ihrem reichen Schatz an Aussagen über Engel und Teufel ein besonders fruchtbares Bildfeld, mit dessen Hilfe sich Kranke verständlich machen (positiv), das sie aber auch gleichzeitig wieder bestätigt und verbohrter werden läßt (negativ)?

Gilt nicht auch hier die Grundregel des religionsgeschichtlichen Vergleichens und der Kulturhermeneutik: Ausdrucksform und Sache sind nicht trennbar? Auch wenn eine Psychose sich dämonistisch einkleidet, ist sie doch von dieser Gestalt nicht lösbar.

Um Befreiung vom Teufel beten?

Könnte man nicht so sagen: Für den gläubigen Christen gibt es keine Situation, weder das größte Glück noch das größte Unglück, in der nicht das Gebet, allein oder mit anderen gesprochen, ihn weiterbrächte. Sicherlich ist der Exorzismus eine Art des Gebets, verstanden im weiteren Sinn des Wortes. In diesem Sinne habe ich versucht, die Schlußbitte des Vaterunsers exorzistisch auszubauen (siehe Seite 111f).

Gegenfrage: Aber ist es nicht stets der Anhaltspunkt für Exorzisten gewesen, daß der Kranke sich gegen jede Form des Heiligen mit ganzer Kraft und mit allen Mitteln sträubt? – Im Neuen Testament: Der Besessene von Gerasa hält sich unter Gräbern auf, also an einem Ort, der für alle Menschen jedweder Kultur und Religion schaurig, unrein und bedrohlich ist. Der Besessene verletzt Tabus, provoziert damit auch besonders Juden. Im späteren christlichen Bereich sind das besonders die religiösen Tabus und frommen Orte, die Besessene schänden wollen.

In der Gegenwart sind offensichtlich Judenfriedhöfe das Heiligste. Wer »gegen alles« ist, wird versuchen, sie zu schänden. Liegt nicht in der kranken Verbohrtheit der Täter zumindest das sichere Gespür für das vor, was anderen heilig ist? – Interessant wie schaurig ist der hier eingetretene Wandel: Nicht mehr Hostien und Rosenkränze, Kruzifixe und Madonnen werden geschändet, sie gelten nur noch als gemäßigt heilig. Es »muß dann schon ein Judenfriedhof sein«.

Wie auch immer man diesen »Trotz« bestimmen mag, er gehört in den Bereich der Auseinandersetzung mit Religion hinein und ist *en miniature* jedem »Frommen« – auch gerade den großen Mystikern – bekannt. Dieser Trotz hat sich hier nur verselbständigt, ist für den Kranken zum Instrument geworden, die psychische Identität zu bestimmen. Dieser Trotz ist gewissermaßen aus dem Dialog mit anderen Kräften herausgefallen.

Der ältere Exorzismus, insbesondere auch Jesus selbst, versucht diesen Trotz mit geradezu militärischen Mitteln (Kommando ohne Wenn und Aber) zu brechen (s. unten).

Als Trotzphänomen ist Besessenheit auch prinzipiell verwandt mit der satanistischen Inversion der »Szene« heute (vgl. unten S. 216ff).

Was alles ist dämonischen Ursprungs?

Vom Neuen Testament her kommend, könnte man folgendes fragen: Nicht nur bei extremen psychischen Besonderheiten (den geschilderten Tabu-Verletzungen als »Ausbrüchen«), auch bei anderen – davon sorgsam zu trennenden – menschlichen Taten (zum Beispiel Sexualverbrechen an Kindern) darf man doch wohl an das Erzböse denken? Sind das nicht teuflische Taten?

Doch es ist einfach fatal und völlig verdreht, Einzelfälle noch dazu monokausal auf das Wirken von Dämonen zurückzuführen. Gibt es da nicht eine Grenze, bei der jedes Urteilen versagt, und ist nicht das Urteil »Du bist vom Teufel besessen« seelsorgerlich und theologisch unvorstellbar?

Ja, das ist es. Auf diesem Weg geht es keinen Schritt weiter. Das heißt doch: *Zur Erklärung des Zustandes einzelner Menschen taugt das ›Modell Teufel, Dämonen, Besessenheit‹ überhaupt nicht.*
Auf meinen Vortragsreisen begegnen mir manchmal Menschen, die von sich behaupten: »Ich bin vom Teufel besessen«, »Bei mir wohnt der Teufel«. Ich sage diesen Menschen dann immer: Versuchen Sie mit Nervenarzt und Pfarrer ein Gespräch zu dritt.
Aber wozu dann die Rede von Teufel, Dämonen und Besessenheit, wenn sie im Einzelfall gar nicht benannt werden können? – Legitim ist alles, was hilft. Wenn christlicher Glaube seine helfende, heilende Kraft hier entfalten kann (zum Beispiel als Gebet), dann ist es gut so.

Inwiefern heilen die Exorzismen Jesu?

Das exorzistische Gebet ist häufig autoritär, im Befehlston gehalten. Im Hintergrund steht die militärische Auffassung des ganzen Bereichs, von dem hier die Rede ist, die spirituellen »Heere«.
Jesus zum Beispiel tritt in seinen Exorzismen so autoritär auf wie sonst nur noch beim Ruf in die Nachfolge. Diese Entsprechung selbst schon ist extrem interessant. Der Ruf in die Nachfolge »Auf, folge mir« läßt den Jüngern keine Wahl, und Jesus gestattet noch nicht einmal den Abschied von den Verwandten (Lukas 9,59–62). Direkt von der Arbeitsstelle weg folgen die Jünger Jesus und lassen alles zurück, nach manchen Zeugnissen sogar ihre Frauen (Lukas 14,26).
Ähnlich sind die Exorzismen: »Raus hier!« herrscht Jesus die Dämonen in den Besessenen an. Auch wenn er gestattet, in eine Schweineherde zu fahren, an dem unbedingten Befehl kann kein Zweifel bestehen.
Man kann im Blick auf heutiges Verstehen sagen: Der Besessene gewinnt im Exorzisten Jesus diejenige neue Auto-

rität, die sein auseinanderfallendes Ich streng zusammenhält. So wie der Dämon nach dieser Auffassung von außen her in den Menschen eingedrungen war, bildet jetzt auch Jesus das Gegenüber, und das heißt: von außen her die »eiserne Klammer« um die einzelnen Brocken, die das Ich ausmachen. Jesus schenkt als das Gegenüber dem Kranken die Einheit und Identität zurück. So ist der Befehl an den Dämon auch ein Befehl an den Kranken, seinen Herrn zu erkennen und hier zu gewinnen.

Beim Ruf in die Nachfolge geschieht im Grunde das gleiche. Und das macht am Ende die besondere Lebensweisheit Jesu aus: Wer lernt, radikal von sich abzusehen und sich zu vergessen, nur der kann sich mit Gottes Hilfe gewinnen. Jesus weist durch seinen kompromißlos strengen Ruf in diese Weisheit ein. Die bleibende Verwandtschaft zwischen Ruf Jesu und Exorzismus zeigt sich auch darin, daß die Exorzismen vor allem bei der Taufe, also bei dem Eintritt jedes einzelnen Christen in die Nachfolge Jesu, ihren festen Ort hatten und haben.

Der autoritäre Stil ist auch in späteren Exorzismen der Kirche bewahrt; die Rubriken nennen das erforderliche Sprechen des Exorzisten »cum imperio« (»mit befehlender Macht«). Der Dämon/Teufel wird angeredet:

»Weiche vor Gott (lat.: cede deo) ... Er scheucht dich, er droht dir ewiges Feuer an ..., denn du bist der Urheber verfluchten Mordens, ... weiche mit allen deinen Vorspiegelungen, mach Platz dem Heiligen Geist ... Weiche also jetzt, weiche, Verführer! Deine Wohnung soll die Wüste sein, dein Haus die Schlange. Dort sollst du gedemütigt und niedergeworfen werden. Es gibt nun keinen Aufschub mehr. Sieh, Gott, der Herrscher, kommt schnell herbei. Loderndes Feuer läuft vor ihm her und verzehrt seine Feinde ringsum. Den Menschen magst du täuschen, mit Gott kannst du keinen Spott treiben. Er, dessen Augen nichts verborgen ist, stößt dich hinaus. Er, dessen Macht das All unterworfen ist, treibt dich aus. Gott schließt dich aus, der für dich und deine Engel die Hölle bereitet hat. Aus seinem Munde geht ein scharfes Schwert hervor, und er wird kommen, zu richten die

Lebenden und die Toten und die Welt durch Feuer« (Rituale Romanum, zit. nach G. Siegmund, 1981, 49f).

Der »autoritäre Stil« beim Ruf in die Nachfolge wie bei alten und neuen Exorzismen zeigt: *Das Wichtige sind eigentlich nicht die dämonischen Mächte, also das, was da sich trennt oder hinausfliegt, sondern das Wichtige ist das Gegenüber, der Exorzist und Vollmachtsträger*. Vielleicht liegt es nur am Wort »Dämon« oder »Teufel«, daß moderne Menschen hier von »Zumutungen« sprechen. Vielleicht sollte man sie anders nennen, um den schädlichen Einfluß einiger Produkte der Kunstgeschichte hier zu vermeiden. Vorschlag: »böse Gewalten«, »schlimme Einflüsse« (auch das Wort »Einfluß« hat als *influxus* technischen Charakter in der Dämonologie: die Art, in der fremde Mächte auf den Menschen wirken).

An dieser Stelle bemerken wir vor allem: Viele Schwierigkeiten im Verständnis rühren daher, daß wir auf Teufel, Dämonen und Exorzismen starren. Wir sehen auf das anthropologische oder psychologische Problem und isolieren es von seinem missionarischen oder kirchlichen Kontext. Doch wir haben vergessen, daß die in Frage stehende Wirklichkeit immer auch einen Dritten umfaßt: den Exorzisten und seine Vollmacht. Im Neuen Testament heißt das: Christologie. Und Jesus empfiehlt seinen Jüngern, daß sie Dämonen austreiben könnten nur durch Fasten und Beten (Markus 9).

Hat das Vaterunser Züge des Exorzismus?

Im finsteren Mittelalter hat man auch um die *Ars moriendi* (»Kunst, im Leben das Sterben zu lernen«) und andere göttlich und menschlich wichtige Dinge gewußt. Immerhin kann man bei modernen Neuformulierungen das, was sich da trennen soll, in seiner ganzen schillernden Breite zu erfassen versuchen. Diesem Anliegen gilt die folgende Auslegung der Schlußbitte des Vaterunsers nach Matthäus.

(Der Satz in Matthäus 6,13 bezieht sich wie meist auch sonst bei Matthäus auf »den Bösen«, nicht auf »das Böse«.) Bei diesem Gebet schwindet auch der Unterschied zwischen personhafter und apersonaler Struktur des Bösen. Vielmehr sollen die einzelnen Bitten selbst auch verständlich machen, weshalb diese Differenz fehl am Platz ist.

Erlöse uns, Herr, von dem Bösen:
von tödlichen Ideologien, die uns wie Kerkermeister
gefangen halten –
von dem, der sich als riesiger Schatten
zwischen dich und uns werfen will –
Erlöse uns, Herr,
von allem, was wie blanker Haß
eine geballte, schreckliche Macht ist –
von allem, was wie tödliche Sucht Menschen zum Morden treibt –
von dem, der uns von dir wegführen will –
von dem, der uns peinigt –
von dem, der Menschen zerstört –
von der Intelligenz der Lüge und des Betrugs –
von dem, der uns zum Bösen inspiriert –
von dem, der uns in vielen Gestalten und Larven betrügt –
von höhnischer Menschenverachtung –
von allem, was uns Grauen einjagt –
von allem, was uns Angst macht –
von der aggressiven Finsternis in uns selbst –
von den tausend Wegen, die wir gefunden haben,
uns selbst zu entschulden –
von dem trickreichen Gespinst der Argumente gegen dich –
von allem Selbstbetrug und Fremdbetrug –
von dem, was intelligent und verführerisch unserm Herzen schadet
wie ein Gegenbild der Weisheit, die du selbst bist.
Du, Herr, bist die Weisheit selbst und das Leben selbst. Auch das, was zum Tod führt, erscheint oft als klug und äfft dich nach. Daher begegnet es uns Menschen immer wieder als eine Person. Gib uns die Kraft zur Unterscheidung. So erlöse uns von dem Bösen.

(aus: K. Berger: Darf man an Wunder glauben? 1996, 97f)

Mehr zu den Exorzismen s. unten S. 165 ff.

III
Was hat der Teufel mit dem Glauben an Gott zu tun?

Ist Gott selbst der Teufel?

Abgespaltene Züge aus dem Gottesbild?

In den älteren Büchern der Bibel ist der Teufel unbekannt. Könnte es nicht sein, daß dieser Tatbestand mit dem Gottesbild zusammenhängt? Und zwar so, daß in der älteren Zeit Gott selbst die Ursache von Gutem und Bösem war und daß der Teufel eine aus Gott herausgelöste Erfahrung Gottes ist? Die negativen und feindlichen Seiten hätte man gewissermaßen aus Gott herausgenommen und zum Teufel verselbständigt.

Könnte man dann nicht die Schwierigkeiten, die der »Teufelsglaube« dem modernen Bewußtsein bietet, dadurch ganz einfach lösen, daß man diese selbständig gewordenen Züge des Gottesbildes in dieses Bild hinein re-integriert und mit dem Gottesbild wieder verschmilzt? Wäre dann der Teufel nur eine zeitlich befristete Ausbuchtung aus dem Gottesbild gewesen? Könnte nicht Martin Luthers Rede vom »gänzlich verborgenen Gott« dazu berechtigen? Nun wird allerdings mit der Lehre vom »verborgenen Gott« viel Mißbrauch getrieben, und Luther dachte kaum daran, hier den Teufel anzusiedeln. Das nur vorab.

Aber es scheint einige biblische Texte zu geben, die eine solche Auskunft berechtigt erscheinen lassen. Einige dieser Texte haben kürzlich Walter Groß und K.-J. Kuschel besprochen (»Ich schaffe Finsternis und Unheil«. Ist Gott verantwortlich für das Übel?, 1992) und sind zu dem Schluß gekommen, daß in der Tat in älteren Zeiten Gott den Teufel mit umfaßt habe.

Gibt es das nicht auch: Gott ist mein Feind?

Zu Psalm 88 wird gefragt: Ist Gott der Feind des einzelnen? – In diesem Psalm heißt es unter anderem: Versetzt hast du mich in die tiefste Grube … auf mir hat gelastet dein Grimm … Warum verstößt du meine Seele, verbirgst du dein Gesicht vor mir? Von dem in diesem Psalm geschilderten Unglück gilt: »Das Schlimmste: Das alles hat YHWH persönlich über ihn (sc. den klagenden Beter) verhängt … Um so auffälliger, daß der Psalmist trotz seiner Gebetsschreie sich keiner Sünde bezichtigt … und er verstummt am Ende in Finsternis« (Groß/Kuschel, a. a. O., 53f).
Angesichts weiterer Psalm-Texte kann man sagen: »Diese Menschen haben YHWH sehr konkret, hartnäckig und umfassend für ihr Schicksal verantwortlich gemacht.« Im Verhältnis zu anderen Psalmen gilt für Psalm 88: »Dieser Beter hat seinen Psalm als konsequente und geschlossene Anklage Gottes gestaltet und seinem Gott die alleinige Verantwortung für sein Schicksal zugewiesen: Alles, was er erleidet, ist nur YHWHs Werk« (ebd., 57). Von Bitte oder Hoffnung ist am Schluß nicht die Rede.
Dennoch bin ich mit der Position von Groß und Kuschel nicht einverstanden, denn ich halte ihre Grundthese, Gott sei hier, gewissermaßen im Sinne einer Alleinursache, für das Böse verantwortlich gemacht, für überzogen. Unter anderem trägt diese These viel zu stark »modernes«, vor allem naturwissenschaftlich-kausales Denken in das Alte Testament ein. Seit den Zeiten der Vorsokratiker sind wir immer erst dann mit einer »Erkenntnis« zufrieden, wenn alles im Sinne einer letzten Kausalität (in diesem Fall: Gottesglaube – Alleinursache) geklärt ist. Doch ist zu fragen, ob das dem Alten Testament auch nur entfernt gerecht wird. Geht es da wirklich um Kausalität und Letztbegründung? Für unser

griechisch und naturwissenschaftlich geprägtes Denken gibt es hier große Verstehensschwierigkeiten.
Denn immerhin muß gelten: Der Beter gibt seinen Gott nicht auf, spricht noch zu diesem Gott. Das Erstaunlichste: Zu Beginn dieses Psalms wendet sich der Beter an Gott mit der Anrede: YHWH, Gott meines Heils ... es komme vor dich mein Gebet, neig dein Ohr meinem Schrei (Psalm 88,2f). Aus einigen Abweichungen von der »Gattung« der Klagepsalmen kann ich daher keine weitgehenden Schlüsse ziehen. Denn wenn Gott die nicht beschönigte Klage hört, dann ist der Erfolg um so sicherer. Je ehrlicher, um so gewichtiger. Ganz ähnlich sehe ich Jesu Klage am Kreuz: Mein Gott, mein Gott, wozu hast du mich verlassen? (Markus 15,34). In beiden Fällen bedeutet die Adressierung der Klage an Gott, daß der Beter ganz selbstverständlich von niemand anderem Heil und Rettung erwartet.
Ich gehe noch weiter: Irgendeine Theorie des Bösen liegt dem Beter von Psalm 88 völlig fern. Die Aussagen über Gottes »feindseliges« Verhalten werden umgriffen von den beiden Polen des Heilsvertrauens in Gott und der schonungslosen Klage. Denn nur was Gott verursacht hat, kann er auch aufheben. Wenn das die Pointe ist, dann ist hier keine theoretische Aussage darüber gemacht, daß Gott das Böse will.
Denn die Frage ist doch: An wen sonst soll sich der Beter wenden? Und die Antwort heißt: Weil der Beter sich allein an Gott wenden kann, weil allein noch Gott Heil schaffen kann, deshalb wird auch das Unheil in den Bereich seiner Macht gestellt. Je schonungsloser er darauf angesprochen wird, um so sicherer wird er reagieren. Daher handelt es sich hier um die »Rhetorik des Nervens« des Gegenübers und nicht um Dogmatik, auch nicht um Theodizee-Dogmatik.
Der Text dieses Gebets ist daher mißverstanden, wenn man daraus eine Theorie des Bösen herleiten will. Das Gebet ist voller Leiden und Leidenschaft, der Beter will Gott bestür-

men und ihn mit Worten beeindrucken und selbst über diesen Worten zur Ruhe kommen.
Im übrigen ist die Theorie, Gott und der Teufel seien anfangs identisch gewesen, im wesentlichen eine sehr moderne Anleihe bei Sigmund Freud, der darin die Ambivalenz des Vaterbildes wiederzuerkennen meint: »Wir wissen ... zunächst, daß Gott ein Vaterersatz ist oder richtiger ein erhöhter Vater ... Vom bösen Dämon wissen wir, daß er als Widerpart Gottes gedacht ist ... Es braucht nicht viel analytischen Scharfsinns, um zu erraten, daß Gott und Teufel ursprünglich identisch waren, eine einzige Gestalt« (S. Freud, Eine Teufelsneurose im siebzehnten Jahrhundert, Gesammelte Werke 13, London 1940, 330f).

Hat Gott das Böse geschaffen?

In Jesaja 45,7 heißt es von Gott: ... *der gebildet hat das Licht und erschaffen hat die Finsternis, der gemacht hat Heil* (hebr.: *schalom) und erschaffen hat Unheil* (hebr.: *ra). Ich bin YHWH, der gemacht hat all dies.* – Für das Verständnis dieser Stelle ist entscheidend, was man sich hier unter »machen« oder »erschaffen« vorstellt. Erst in 2. Makkabäer 7,28 ist eine Herstellung aller Dinge »aus dem Nichts« belegt, und dies ist eine griechische Vorstellung. Das hebräische Wort »schaffen« oder »machen« bedeutet nicht Hervorrufen aus dem Nichts, sondern: eine Gestalt geben, einteilen, abgrenzen, ausgrenzen und in seiner Individualität herstellen. Eben aus diesem Grunde ist der Schöpfungsbericht als Einteilung der Welt in Tag und Nacht usw. dargestellt. Unheil hat Gott »erschaffen«, indem er ihm seinen Ort in der Schöpfung zugewiesen, ihm Namen und Titel, Merkmale und Folgen zugedacht hat. Es handelt sich daher an dieser Stelle um ein Übersetzungsproblem: Erschaffen heißt nicht wie ein Zauberer ein Kaninchen aus dem Zylinder ziehen, das zuvor nicht da war. Sondern erschaffen heißt: im Rahmen einer Weltordnung einen Platz zuweisen,

in Abgrenzung zu anderen als Individuum, Gattung oder Art besondere Merkmale hervorkehren.
Doch die Bibel sagt nur: Alles Geschaffene geht auf Gott zurück. Er allein ist der Schöpfer. Wie oben gezeigt, heißt das: Gott hat in seiner Ordnung jedem Gestalt verliehen und einen unterschiedenen Platz angewiesen – ähnlich wie C. von Linné in seinem System der Botanik und Zoologie es nachgezeichnet hat. Das ist die Spitzenaussage der Schöpfungstheologie.

Die Art, wie Gott dem Bösen in diesem Sinne seinen Platz anweist, schildert zum Beispiel das Jubiläenbuch: Auf Bitten Noahs schließt Gott neun Zehntel der bösen Geister (von denen eben nicht gesagt wird, woher sie kommen) in der Unterwelt ein, nur ein Zehntel wird auf der Erde gelassen, um sowohl der Verführung als auch zur Bestrafung der Bösen zu dienen. Der Text aus dem 2. Jahrhundert v. Chr. lautet: »(10,7) Und unser Gott sagte zu uns (den Engeln), wir sollten sie (die Dämonen) alle fesseln. (8) Und der Fürst der Geister, Mastema (der Teufel), kam hervor und sagte: O Herr, Schöpfer, laß übrig von ihnen vor mir, und sie werden meine Stimme hören und alles tun, was ich ihnen sage. Denn wenn mir nichts übriggelassen wird unter ihnen, werde ich die Herrschaft meines Willens nicht tun (vollziehen) können unter den Menschenkindern. Denn sie sind zum Verderben und zur Verführung vor meiner Vollmacht. Denn groß ist die Bosheit der Menschenkinder.« (9) Und er (Gott) sagte: »Der zehnte Teil von ihnen (den Dämonen) soll übrig bleiben vor ihm (unter der Herrschaft Mastemas, des Teufels), und neun Teile sollen sie herabbringen an die Orte des Gerichts (in die Kammern der Unterwelt).« Mit keinem Wort muß gesagt werden, woher das Böse kommt. Nur einen Platz bekommt es. Das heißt: Man muß unterscheiden zwischen Verursachung im Sinne von Ursache und Wirkung einerseits und Funktionszuweisung andererseits. Nur im letzteren Sinne ist Gott der, der Böses erschaffen hat.

Man sollte das biblische »erschaffen« also nicht einfach von den Assoziationen her deuten, die sich mit dem deutschen Wort »erschaffen« verbunden haben. Das hebräische Wort (bara) und das deutsche Wort »erschaffen« haben nicht denselben Bedeutungsinhalt. Sonst kann man auch die biblischen Aussagen über die Neuschöpfung gar nicht verstehen. Denn wenn von Neuschöpfung die Rede ist, bedeutet das eben nicht, daß vorher alles ins Nichts zerkrümelt worden sein müßte. Das gilt von Jesaja 65,16f bis hin zu Galater 6,15.

Woher kommt eigentlich das Gute?

Die Frage nach dem Bösen in der Welt wird oft als Theodizee-Frage gestellt: »Wie kann Gott das zulassen?« Man sollte besser die Fragerichtung endlich einmal umkehren: Wenn es doch so viel Böses gibt, woher kommt eigentlich überhaupt Gutes und Schönes? Oder: Wenn es ein Weltall von einer Größe gibt, die jedes Fassungsvermögen übersteigt, das aber tot und lebensfeindlich, tödlich und einsam ist – wie kann es sein, daß es eine Insel gibt, auf der Leben und Liebe zählen? Nicht das Böse ist zu erklären, sondern das Gute, das Lebendige ist die Ausnahme. Denn schon ein Blick in das Weltall zeigt etwas Analoges: Die Wüste ist die Regel, die Oase ist die Ausnahme. Die Analogie zum Bösen ist gerechtfertigt, denn das Böse begreife ich als das, was Leben zerstören will.

Gottes gute Schöpfung, so wie sie im 1. Buch Mose und in alten Schöpfungspsalmen geschildert ist, gleicht einer Hallig im Ozean. Daß der Zug zu Tod und Untergang hier wirkt (Sünde, Teufel), ist nicht das Besondere, sondern daß es überhaupt diese Hallig gibt.

Das Tödliche und Lebensfeindliche faßt die Bibel im Bild der Urflut (vgl. dazu meine Überlegungen in: Wie kann Gott Leid und Katastrophen zulassen? Stuttgart [2]1998). Übrigens ist in Sprüche 8,28 *(als die Quellen der Urflut mächtig waren)* eben nicht davon die Rede, daß Gott die Urflut geschaffen habe; es geht um eine zeitliche Vorordnung der Weisheit vor den Werken Gottes, nicht um eine Aufzählung von Schöpfungswerken (anders Groß/Kuschel, a. a. O., 39). Auch wenn es an einer Stelle heißt, Gott habe

den Leviathan geschaffen, dann ist das im Sinne der Platzanweisung von Jesaja 45 aufzufassen, s. oben).
Daß Gott der Schöpfer ist, bedeutet daher nicht, daß er verantwortlich zu machen ist für all die tödlichen Einsamkeiten des Weltalls, sondern daß untrennbar mit ihm verbunden ist das Staunen und die Dankbarkeit für eine Ordnung, in der Leben, auch menschliches Leben, möglich ist.

Hat der Teufel alte Rollen übernommen?

Wie auch immer man das abgründig Lebensfeindliche nennt, ob Urflut, Chaos oder Meerdrachen, auf dieser sprachlichen Ebene bewegen sich die Aussagen der Schöpfungstheologie. Wer in diesem Rahmen vom Bösen reden will, tut es am besten in diesen Bildern.
Als diese Texte entstanden, war vom Teufel noch nicht die Rede. Die älteren Aussagen über den Teufel finden sich, in ganz anderen Zusammenhängen, dort, wo es um den Versucher geht.
Aber dann, wohl kurz vor Entstehung der älteren Texte aus Qumran über den Teufel, tritt eine Gestalt namens Belial, aus der Sicht späterer Texte (Neues Testament) derselbe wie der Teufel, in die Rolle der älteren Chaosmächte ein. Er übernimmt die Rolle, die früher Urflut und Meerdrache hatten. Weil er aber viel stärker personhaft gedacht ist, prägt er die Rolle dieser Mächte zugleich um. Es geht fortan weniger um Schöpfungstheologie als um Geschichte.
Ich denke mir den Verlauf der Entwicklung so:
– Nach den ältesten Texten (Psalmen, Reste in der Schöpfungsgeschichte) kämpft Gott gegen die Meerdrachen (Leviathan), die Urflut oder das Chaos. Die Schöpfung wird diesen Mächten förmlich abgerungen und besteht darin, daß Gestalt gegen Gestaltlosigkeit gesetzt wird.
– Im Frühjudentum verblaßt diese Auffassung. Aber ihr Erbe übernimmt die Vorstellung von der zerstörerischen,

tödlichen Herrschaft des Teufels. Neu ist, daß das Destruktive nunmehr im Bereich der Engel oder der Geistmächte gesucht wird.

Wir sahen bereits: Vor allem aufgrund der Erhöhung Jesu bekommen auch Mächte und Gewalten eine negative Rolle, besonders deutlich in 1. Korinther 15,24–26, wo auch der zu überwindende Tod zu ihnen gerechnet wird. Das heißt aber: Diese »Mächte und Gewalten« sind auch mit die Erben der Vorstellungen der schöpfungsfeindlichen Mächte aus der älteren Zeit. Das heißt: Die Ersetzung der gottfeindlichen und die Schöpfung zerstörenden Mächte durch den Teufel ist nicht durchgehend und nicht bis in den letzten Winkel hinein erfolgt.

– Das bedeutet: Das Frühjudentum ordnet die Frage nach dem Bösen in die umgreifende Frage nach Engeln und Dämonen ein. Der Teufel ist der hervorragendste unter den Dämonen.
– Der Gewinn dieser neuen Sicht ist: Ähnlich wie Engel und Dämonen und anders als Leviathan und Urflut ist der Teufel nun auch wirklich in der Geschichte wirksam. Nicht das Destruktive und Lebensfeindliche in der Welt, sondern das Böse in der Geschichte kann man mit diesem Modell beantworten.
– Der Preis für diese Einordnung ist: Sowie man von einer Erschaffung der Engel ausging, mußte auch die Frage der Erschaffung der Dämonen und des Teufels geklärt werden. Die Schöpfungsgeschichten des Alten Testaments sagen nichts über die Erschaffung der Engel, sondern setzen Gottes Hofstaat als gegeben voraus. Das frühjüdische Jubiläenbuch (2. Jahrhundert v. Chr., auch in Qumran belegt) sieht dieses anders: Am zweiten Schöpfungstag werden die Engel erschaffen (Kapitel 2). – Die Existenz der Dämonen und des Teufels suchte man dann durch neue Mythen vom Engelfall zu erklären: Ein Teil der als »gut« geschaffenen Engel habe sich zum Bösen gewandt. – Es bleibt festzuhalten, daß alle diese Mythen nicht biblisch sind. Sie sind – soweit ich sehe – auch dogmatisch gesehen gar nicht notwendig:

Denn wenn man hinter der Gestalt des radikal bösen Teufels des Frühjudentums auch Chaosmächte und Meerdrachen sieht, dann ist er wie diese »vorgegeben«. Anders gesagt: Unter dem Blickwinkel der Engellehre ist das Destruktive personifiziert – wie Engel und Dämonen überhaupt. Wenn man sich vergegenwärtigt, welches Erbe dieser Teufel antritt, nämlich das der Chaosmächte, dann verschmilzt er gewissermaßen mit ihnen. Das Frühjudentum sieht die schöpfungs- und menschenfeindlichen Mächte so, daß sie am Ende auf die Figur des Teufels zulaufen.
Oder anders gesagt: *Das Frühjudentum sieht die Frage nach dem, was Welt und Geschichte bewegt, wesentlich durch die Brille einer Engel- und Dämonenlehre*. Mit diesem Ansatz macht man sich alles, was ist und was geschieht, verständlich. Das reicht von der Krankheit des Einzelnen bis zur Astronomie (Engel sind über bestimmte Gestirne gesetzt), vom Kalender bis zur Moral (der Teufel fährt in das Herz des Judas), von der Politik (böse Engelmächte stehen hinter den Großmächten als Fädenzieher) bis eben zum Heiligen Geist Gottes, für den es gerade im Frühjudentum zahlreiche Belege gibt. Wer die Wirklichkeit so sieht und deutet, kann leicht zu der Überzeugung kommen, das Böse sei ein hierarchisch gegliedertes umfassendes Reich.
Vor allem zwei offene Fragen stehen am Ende dieser Überlegungen: Geht es nur um eine bestimmte Brille – oder ist es irgendwie legitim, die Welt so zu sehen? – Und: Was heißt es, daß der Teufel (wie auch die Engel) möglicherweise der Schöpfung vorgegeben ist? Wie wäre das von Präexistenz zu unterscheiden?

Was hilft es, von Engeln oder Dämonen zu reden?

Die meisten Menschen kommen fraglos ohne die besondere »Brille« aus, die in der Welt Engel, Dämonen, gute und böse Mächte, Teufel oder Heiligen Geist am Wirken sieht. (Nebenbei bemerkt: Die schon Tradition gewordene

Mißachtung oder doch extrem geringe Rolle des Heiligen Geistes in der Praxis und Theologie des westlichen Christentums – anders in der Ostkirche – hängt mit dem Verlust dieses Weltbildes zusammen.)

Nun hat, wer die Welt durch Engel bestimmt sieht, die über einzelne Bereiche gesetzt sind, durch Dämonen oder den Heiligen Geist, nicht einfach unrecht. Daß wir es hier mit einem lediglich unmodernen, überwundenen Weltbild zu tun hätten, ist nicht einfach wahr. Die »guten Mächte« in Dietrich Bonhoeffers Gedicht werden ja auch mit Freuden akzeptiert.

Gewiß haben manche Zweige der Gebrauchskunst des 18. und 19. Jahrhunderts die Anschauungen von Engeln systematisch verdorben. Als Gegenmittel ist vielleicht wieder Kunst geeignet, und zwar solche anderer Art. In der heute sehr gern angenommenen romanischen Buchmalerei der Reichenauer Schule sind Engel vor allem strenge Mächte. Sie sind so dargestellt, daß der Betrachter ahnen kann: Man muß sich diese Mächte gerade nicht sinnlich vorstellen. Sie sind Mächte voll Strenge und Hoheit, voll Herrlichkeit und Kraft. Sie sind nicht diffus, verspielt, zweideutig oder harmlos, sondern stehen immer für Eindeutigkeit und eben »himmlische« Klarheit. Aus diesem Grund werden Engel immer wieder als Lichterscheinung beschrieben, denn es geht um die strahlende Klarheit, die siegesgewisse Unverwechselbarkeit des Boten Gottes. Paulus kann vom Satan sagen, er trete auf *wie ein Engel des Lichts* (2. Korinther 11,14).

Insofern sind die Engel gerade nicht Ausdruck eines wuseligen Synkretismus und eines unklaren Aberglaubens. Solche Zustände beenden sie vielmehr, weil sie in der nebelhaften Unklarheit des Alltags immer wahrgenommen wurden als die strengen, klaren Außenposten göttlicher Aufklärung.

Die Bilder, auf die die Bibel hier zurückgreift, sind aus dem Bereich der politischen, militärischen oder juristischen Welt genommen: Engel heißt »Bote«, der Bote vermittelt zwischen dem fernen Absender und dem Adressaten. Die Anschauungen über Engel sind bildhaft formulierte Erfahrungen über Gottes Wirken in der Welt.

Frage: Hat man nicht in dieser Hinsicht auch von Gottes »Hand« gesprochen? Was ist der Vorzug der Rede von Engeln?

Engel stehen in engstem Zusammenhang mit der Wirklichkeit von Gottes Wort. Insofern sollte gerade die »Kirche des Wortes« mit dieser Realität keine Schwierigkeiten haben; das Gegenteil ist jedoch der Fall. Denn so ist ja der vorgestellte Sachzusammenhang: Gott befiehlt den Engeln mit seinem Wort, und sie handeln danach und tun seinen Willen. Oder: Sie übermitteln sein Wort an die Menschen. Durch die Engel verwirklicht sich Gottes Wort in der Schöpfung, besteht es in der Welt.

Gewiß kann man sagen, daß es auch bei der Rede vom Heiligen Geist um Ähnliches geht. Erwiesenermaßen nimmt die Auffassung vom Heiligen Geist viele Engelvorstellungen in sich auf. Das ist auch schon rein sprachlich der Fall: Der Heilige Geist ist ein Geist (griech.: *pneuma*), wie es auch die Engel sind.

Man kann sagen: Das sind doch alles nur Bilder. Und die Unähnlichkeit ist bei Bildern immer größer als die Ähnlichkeit. Gleichzeitig gilt allerdings auch: Es ist nicht möglich, die Bilder vom Gemeinten zu subtrahieren. Es gibt nichts »eigentlich Gemeintes« jenseits und oberhalb der Bilder. Bei den Engeln (und Dämonen) weist besonders die enge, untrennbare Verbindung von Vision und Metapher auf diese bleibende, unaufgebbare Anbindung an Erfahrung.

Damit ist folgendes gemeint: Fast alle Texte, die Engel nennen, sind Visionsberichte. Überdies ist sehr häufig vom »Sehen« die Rede. Wie auch immer das zu beurteilen ist, was da geschah, unbestreitbar meinten die jeweiligen Zeugen, die Erfahrung von Licht und Herrlichkeit gemacht zu haben. Andererseits ist jede Offenbarung Aufklärung und be-

deutet als »Erhellung« eben mehr Licht. Die Lichtvision ist von der »geistigen« Erleuchtung nicht zu trennen.
Es geht daher, so lassen sich unsere Überlegungen bündeln, um teilweise direkt aus Vision und/oder Audition wahrgenommene Erfahrungen, die als worthaftes, doch prall mit Wirklichkeit gefülltes Handeln Gottes in der Welt verstanden wurden.
Wenn es sich bei Engeln (und verwandten Phänomenen) daher um solche Erfahrungen handelt, dann besteht ihr Wert in folgendem:
– Die worthafte Struktur dieser Erfahrungen entspricht der Logos-Qualität (der »Logik« und »Nomik«) des menschlichen Geistes. Wohl auch aus diesem Grund sind Engel immer wieder mit tröstlichen Erfahrungen verbunden: Die Welt hat einen Sinn, ihn zu erfahren ist Geschenk. Daß der Engel den Menschen erreicht, hilft ihm zum Verstehen von Welt, von Gott und von sich selbst.
– Die personhafte Einfärbung der Rede von Engeln entspricht der – gleichfalls anthropomorphen – Rede von der Personalität Gottes. Das heißt: Die Personhaftigkeit der Engel ist eine Folge der Personhaftigkeit Gottes. In der Erfahrung der Engel stößt der Mensch auf Gottes Personalität, und umgekehrt gilt das sicher auch. Warum sollten die Repräsentanten nicht abbildhaft teilhaben an der Eigenart dessen, den sie repräsentieren?
– Ähnlich wie beim Engel, der vom Paradies her kommt (Paul Klee) nach der Deutung Walter Benjamins, vermeidet die Rede von Engeln die fromme Penetranz der Rede von Gott. Die Rede von Engeln erlaubt es, auf der mythisch-spirituellen Ebene auch sehr vereinzelte Erfahrungen und nicht gerade universale Zugänge zur Wirklichkeit Gottes sprachfähig werden zu lassen. Direkt von Gott zu reden überanstrengt häufig die Sprache und die historische Bedingtheit und Vereinzelung der Wahrnehmung. Vom Engel zu reden ist daher bescheidener, und es vereinnahmt Gott nicht.

Dies alles auf die Dämonen anzuwenden ist nicht einfach, weil es um die Gegenseite immer schwieriger bestellt ist. Auch hier gilt freilich die Worthaftigkeit (Dämonen reden und werden durch Exorzismus bezwungen); sie wird uns noch beschäftigen. – Und ferner: Weil der angelologische Bereich dualistisch strukturiert ist, bedeutet auch die Wahrnehmung von Dämonischem eine Art von radikaler Aufklärung. Während die ältere Kunst (s. Reichenauer Schule) hier manchmal etwas für die Deutung des »Engels« leisten konnte, hat die moderne Kunst ihre Stärken oft in der Darstellung der Gegenseite. So ist gar nicht zu bezweifeln, daß die expressive Darstellung des Greuels den Sinn des Auftretens von Dämonen in der Bibel trifft (zum Beispiel Picassos Guernica-Bild). So liegt der Vorzug dieser Weltsicht auch hier in der Möglichkeit einer medialen Vermittlung (Sprache, Musik, bildende Kunst) von Wahrheiten, die dem Alltag verborgen bleiben.

Ist der Teufel älter als die Schöpfung?

Die Bibel macht über die Erschaffung der Engel keine Aussagen. Das heißt doch: Sie gehören nicht auf die Seite der Welt, die Gott geschaffen hat, sondern auf die Seite Gottes. Offenbar ist es gar nicht Sinn der Schöpfungsaussagen, alles säuberlich zu erklären, was ist. Die Engel gehören auf der Seite Gottes dazu wie ein Hofstaat zum König.

Präexistenz (Jesu, des Logos) wäre etwas sehr anderes: Mit den klassischen Präexistenz-Aussagen ist die Schöpfungsmittlerschaft verknüpft (»durch ihn ist alles geworden«).

Da die Bibel auch nichts über einen Abfall guter Geister berichtet, die dann bei dieser Gelegenheit zu bösen Geistern geworden wären, fehlt in diesem Sinne auch eine Entstehungsgeschichte des Teufels. – Es ist klar, daß hier schon das Frühjudentum und die Alte Kirche Bedarf anmeldeten und daß Legenden gebildet wurden (zuerst in der außerbiblischen Schrift »Leben Adams und Evas«).

Doch in der Bibel selbst lief die Entwicklung anders. Wie gezeigt, wurden ältere Anschauungen über den Chaosdrachen, über Urflut, Mächte und Gewalten in jüngerer Zeit im Bild des Teufels präzisiert. Das ist ein nicht ganz ungewöhnlicher Vorgang: Eine Realität wird wahrgenommen und beschrieben, später etwas anders gesehen, deutlicher erfaßt und – mit den Ausdrucksmöglichkeiten des Engel-Glaubens – sprachlich neu gefaßt. Auf diesem Weg geht es mithin weder um Revolutionen noch um Mißverständnisse. Sondern: Wenn Glaube Geschichte hat, dann gibt es auch Wandlungen dieser Art. Jede Übersetzung in eine andere Kultur ist ein vergleichbarer Vorgang. Auch im Zeitraum der Entstehung der Bibel lösen sich in diesem Sinne Kulturen ab, finden Übersetzungen von Älterem in Jüngeres statt. Wenn nach den Aussagen der Bibel aber Gott seine Schöpfung gegen Urflut, Chaos und lebensfeindliche Mächte gebaut hat, dann bedeutet das keinen Dualismus, als ginge es um gleichberechtigte Prinzipien (Gott – Böses). Denn zweifellos ist Gott der Herr, von Anfang an. Freilich sind Herrschaft und Ziel Gottes noch nicht durchgesetzt; das ist der Unterschied zwischen recht haben und Recht bekommen. – Und andererseits: Wie sollte Gott Ursache dessen sein, was substanziell Haß gegen ihn ist?

Für viele Menschen ist es mit ihrem Glauben schwer vereinbar, wenn gesagt wird: Nicht alles geht auf Gott zurück. Anhand von Jesaja 45 und dem Jubiläenbuch haben wir oben diskutiert, daß man zwischen Verursachung und Funktionszuweisung unterscheiden muß. Das heißt: Es ist etwas anderes, ob ich einen tödlichen Virus erfinde und herstelle (wenn es so etwas gäbe) oder ob ich ihn als Antibioticum (Killervirus) oder zur biologischen Kriegsführung einsetze.

Für das biblische Weltbild sind Beziehungen zwischen Partnern und Funktionen innerhalb eines Dramas so wichtig, daß demgegenüber die Frage nach letzten Ursachen völlig zurücktritt. Daß wir diese Fragen nach letzten Ursachen – anders als die Bibel – so gerne stellen, ja als wesentlich für unseren Glauben erachten, hängt mit unserer Prägung durch die griechische Philosophie und die daraus entstandene Naturwissenschaft zusammen. Seit den Vorsokratikern ist dieses Fragen nach Ursache und Wirkung eine Art Religionsersatz. So sind wir auf der Suche nach Sinn nur glücklich, wenn wir letzte Ursachen erforscht haben. Über das, was wir damit gewinnen, legen wir uns keine Rechenschaft ab. Wir gewönnen nichts.

Die Bibel fragt statt dessen: Wozu ist etwas? So wird in Jubiläen 10 (s. oben) auch die Frage des Wirkens des Teufels beantwortet: Er ist der Katalysator, an dem Böses erkennbar wird, und der Vollzugsbeamte, der es durch Bestrafung vernichtet.

So kann man sagen:

– Die Bibel läßt Gott nicht den Verursacher oder Erfinder des Teufels sein.

– Die Bibel setzt Chaos und böse Mächte vielmehr als gegeben voraus.

– Kategorien des Aristoteles oder der Scholastik wie »Substanz« oder »Sein« sind für die Bestimmung des Bösen oder des Teufels nicht sinnvoll. Alle Aussagen der frühen Schöpfungspsalmen und auch der Schöpfungsgeschichte über das Chaos oder das Tohuwabohu sind Bilder. Sie stehen nicht für eine Substanz, sondern für eine tödliche Erfahrung, die der Mensch macht, und zwar nicht in seiner Seele allein. Vielmehr kommt sie von außen her, wie sie auch in ihm ist. Es ist die Erfahrung des tödlichen Strudels, des in den Abgrund mit hineinreißenden, alle Gestalt vernichtenden Sturzbachs. Immer wieder können wir nur in Bildern reden. Ist es ein Etwas, das so die Gestalt raubt? Oder ist es nur eine namenlose, unheimliche Sucht und Tendenz, die in den Abgrund treibt?

Dort, wo wir gerne dogmatische Aussagen und Angaben letzter Ursachen sähen, Fragen beantwortet wissen wollten über Warum und Woher, hat die Bibel ein ganz anderes Ziel: realitätsgetreu zu sein, nichts zu verschweigen von dem, was wichtig ist, scharfes Hinsehen einzuüben und immer wieder zu fragen: Wozu?

Wurden die Mächte nicht durch den Sohn geschaffen?

Nach Kolosser 1,15–17 gilt von Jesus als dem Sohn: *(15) Er ist sichtbares Bild des unsichtbaren Gottes. Er ist der erste Sohn vor aller Schöpfung. (16) Denn durch ihn wurde alles geschaffen, was im Himmel und auf der Erde besteht, Sichtbares und Unsichtbares, Throne und Herrschaften, Mächte und Gewalten. Alles ist seinetwegen erschaffen und auf ihn hin. (17) Er ist vor allem, und alles besteht in ihm, und er ist das Haupt des Leibes, der Kirche.*

Dieser Text ist für uns wichtig, weil es hier um eben jene Mächte und Gewalten geht, die dem Teufel jedenfalls nahestehen. Denn, wie besonders 1. Korinther 15 zeigt, der Tod gehört zu ihnen, und sie müssen unterworfen oder überwunden werden. Auch hier also: Kampf. Der Kolosserbrief gibt durch die besondere Erörterung dieses Themas einen wichtigen Beitrag zur Frage nach dem Bösen. Denn nach Kapitel 2 werden eben diese Mächte durch Jesu Tod blamiert (s. unten).

In diesen Versen geht es zunächst und vor allem um den zeitlichen und damit auch hierarchischen Vorrang des Sohnes vor allen Mächten und Gewalten. Er ist ihnen von Anfang an »vor die Nase gesetzt«. Ganz im Sinne der biblischen Zielrichtung sind die Mächte und Gewalten nach 1,16b »auf ihn hin« in der Schöpfung, das heißt, der Sohn ist ihr »Ziel« im Sinne eines letzten Zwecks.

Was das bedeutet, wird in Kolosser 2,14f deutlich. Von Gott wird dort gesagt: Dadurch, daß er den Schuldschein, der auf euch ausgestellt war, gelöscht und ungültig gemacht hat, indem er ihn am Pfahl des Kreuzes aufspießte, (16) hat er die Mächte und Gewalten, die Ankläger des Menschen, abgeschüttelt, sie öffentlich blamiert und hat durch den Gekreuzigten über sie triumphiert.

Der Text beschreibt die Vernichtung des Schuldscheins, der gegen die Menschen gerichtet war. Hier wird erkennbar, wozu der Sohn von Anfang an den Mächten und Gewalten vorgeordnet war: Wenn ein so hochrangiger Gerechter wie er für die Menschen eintritt, müssen alle Schuldvorhaltungen, die die Mächte und Gewalten gegen die Menschen (traditionellerweise als deren Ankläger) vorbringen, zunichte, also gelöscht werden. Das gilt selbst für den hier geschilderten Fall, daß eine regelrechte Schuldurkunde besteht. Auch hier geht es wieder um Bilder. Das harte Bild von der Vernichtung des Schuldscheins soll deutlich machen: Für die Ankläger des Menschen, die hier als seine Gläubiger gedacht sind, besteht nach Jesu Tod keine Chance mehr.
Der Beitrag dieser beiden zusammengehörigen Texte zu unserem Thema besteht in folgendem: Die Mächte und Gewalten sind hier nicht nur Feinde des Menschen, sondern zumindest sehr weitgehend auch Feinde Gottes. Denn Gott »führt sie im Triumphzug« vor (2,16). Das tut man nur mit Gegnern.
Die Frage nach der Rolle der Mächte und Gewalten im Kolosserbrief ist von der aktuellen Veranlassung des Briefes her zu beurteilen: Ein Teil der Gemeinde meint, Engelmächte kultisch verehren zu müssen, gleichzeitig scheinen Zweifel an der Wirkung des Kreuzes Jesu zu bestehen. Der Verfasser des Briefes versucht, der Gemeinde diese Art Kultus auszureden, indem er die Engelmächte offensichtlich den Mächten und Gewalten als der umfassenderen Kategorie zuordnet. Sein Lösungsvorschlag: Keine Engelverehrung, denn alle Engel sind wie Mächte und Gewalten radikal dem Christus untergeordnet. Und gleichzeitig löst er die Frage des Kreuzes: Es hat diesen Mächten jeden möglichen Anspruch genommen und bedeutet die radikalste denkbare Krise für sie.
Nur der Kolosserbrief vertritt überhaupt eine Einordnung der Mächte und Gewalten schon in die Schöpfungsord-

nung; in allen anderen Texten der Briefe des Neuen Testaments sind die Mächte und Gewalten durch die Erhöhung Jesu zu überwinden. Der Kolosserbrief regelt die Beziehung der Mächte und Gewalten schon durch die Schöpfungsordnung und dann durch das Kreuz.

Für die Frage nach dem Ursprung dieser Mächte und Gewalten sagt der Kolosserbrief:

– Die Schöpfung ist eine hierarchische Ordnung.

– Der Sohn ist höheren Ranges als Mächte und Gewalten. Die Aussagen über »zuerst« meinen vor allem seine Rangstufe. Seinen Rang verdankt der Sohn der Tatsache, daß er allein »Bild« Gottes ist.

– Das für »erschaffen« verwendete griechische Verb *ktizein* bedeutet im Wortlaut: eine Stadt gründen, indem man ihr ein Stadtrecht gibt. Im Unterschied zum bäuerlichen Land ist die »Stadt« ein geordnetes Ganzes.

– In dieses geordnete Ganze werden unter Vorrang des Sohnes die Mächte und Gewalten eingefügt. Sie sind deshalb prinzipiell beherrschbar.

– Weil die Mächte und Gewalten in eine Ordnung eingefügt sind, können ihre Ansprüche (gegen die Menschen) auch »abgearbeitet« werden.

Man kann daher sagen: Dem Verfasser des Kolosserbriefes geht es in erster Linie um eine Einordnung der Mächte und Gewalten in die Ordnung der Schöpfung seit Anbeginn. Aus aktuellen Gründen vertritt er diese rigorose Unterordnung unter Christus.

Damit ist nichts über den Ursprung der Mächte und Gewalten gesagt, sondern nur etwas zu ihrer Einfügung in die Ordnung der Schöpfung. Es ist nach dem vorliegenden Text des Kolosserbriefes extrem schwierig, sich die Mächte und Gewalten als durch den Sohn entstanden und verursacht vorzustellen. Denn wieso soll er Ursache für Wesenheiten sein, die er nachher doch nur um den Preis seines Todes besiegen kann? Warum erschafft Gott durch ihn Wesenheiten, um deren Ansprüche willen er dann den Sohn in den Tod

geben muß? Wieso sollte dieser Sohn Entstehungsgrund für Wesen sein, die er nachher doch nur überwältigen und wie Feinde im Triumphzug herumführen muß? – Die Antwort auf alle diese Fragen ist: Die Aussagen von Kolosser 1,16 sind nicht im Sinne der Letztursache, sondern im Sinne der Einbeziehung in eine Ordnung zu verstehen. Es geht nicht um die Erschaffung dieser Wesen, um die Frage, woher sie kommen, sondern um ihre Plazierung in der Schöpfungsordnung, um die Frage wohin sie gehören. Auch hier ist wieder auf das oben schon erwähnte Übersetzungsproblem beim Wort »erschaffen« hinzuweisen.
Im Rückblick auf die bisher in diesem Teil des Buches erarbeiteten Themen stellen wir abschließend fest: Die modernen Schwierigkeiten mit »dem Teufel« sind nicht dadurch zu lösen, daß man das Teuflische in Gott selbst sucht. Das hätte nur eine Spaltung des Gottesbildes zur Folge. Daher ist es auch nicht sinnvoll zu sagen, Gott habe das Erzböse verursacht in dem Sinne, in dem wir umgangssprachlich vom Erschaffen reden. Andererseits ist es offenbar sinnvoll, von Engeln und Dämonen zu reden, wenn man (und das ist allerdings Bedingung) die jeweils angemessenen Medien (Sprache, Kunst, Musik) so einsetzen kann, daß Wirklichkeit schärfer und kompromißloser gesehen wird. Die Rede von Engeln und Dämonen bedeutet gerade nicht mythische Vernebelung der Welt, sondern schonungslose Offenlegung der wahren Dimensionen. Daß dieses dualistisch geschieht, wird zu bedenken sein, wenn es um die Chancen des Schwarz-weiß-Denkens heute geht.

Damit haben wir die wichtigsten Mosaiksteine der Teufels-Gestalt behandelt. Wir wenden uns jetzt einer Zentralfrage zu, die auch für die theologische Umsetzung sehr wichtig ist:

Ist der Teufel eine Person?

Darf man heute noch über den Teufel wie über eine Person reden?

Nach den Berichten des Matthäus und des Lukas wird Jesus vom Teufel versucht und diskutiert mit ihm über Schriftstellen. Wie ist das aufzufassen? – Die Offenbarung des Johannes schildert den Teufel auf der Erde wie ein wütendes Tier (Drache), aber als eines, das Vollmacht delegieren kann (13,2). Offenbar ist seine Personhaftigkeit schillernd. Wenn Satan Engel hat, die beispielsweise Paulus schlagen (2. Korinther 12,7), wird er ihnen auch befehlen können.

Hier geht es nicht um eine direkte Antwort auf die Frage, ob der Teufel eine Person ist oder nicht. Sondern der Blick ist einmal auf die biblischen Vorstellungen gerichtet, deren Aussage und Absicht man sorgfältig rekonstruieren muß. Und zum anderen ist zu fragen, was diese Aussagen innerhalb heutiger Auffassungen über Personalität austragen, also: ob man heute noch so reden kann.

Was für den Teufel gilt, muß genauso für die Dämonen gefragt werden. Sie reden aus den Kranken, die Jesus begegnen, und formulieren – nach der Wahrnehmung der damaligen Zeugen – ganz »vernünftige« Sätze, die alles andere als »irre« sind. Heute erleben wir in der Bundesrepublik derartiges in aller Regel nicht. Und wenn wir es schon mit psychisch Kranken zu tun haben, so ist das, was sie sagen, oft nicht rational verständlich, vor allem reden nach unserer Überzeugung keine Dämonen aus ihnen. Also ist selbst in den Fällen mutmaßlicher Analogie unsere Wahrnehmung ganz anders.

Wie kommt das? Liegt es an uns? War das damals alles Einbildung, Hysterie?

Weder das Alte Testament noch die griechische oder römische Antike hat einen Person-Begriff, der unserem auch nur entfernt nahekäme. Die hebräische Bibel spricht vom Angesicht *(Der Herr lasse sein Angesicht leuchten …),* aber das Wort erfaßt nur das Äußere (»im Angesicht« heißt »vor«). Und das Wort für Seele heißt »Kehle«, wobei diese »Seele« im Blut ist und mit dem Blut ausgegossen wird. Damit geht es nicht um einen Personkern, sondern um Kraft der Vitalität. – Wenn die Römer *persona* sagen, so bedeutet das »Maske«, Rolle (eines Schauspielers), also etwas, das gerade nicht bleibend ist, sondern ausgewechselt werden kann; derselbe Mensch kann verschiedene Rollen spielen, wenn er verschiedene Masken nacheinander aufsetzt. Auch das griechische Wort *prosopon* meint nur die Gegend um die Augen. Hier ist also nicht weiterzukommen. Auch mit der Namengebung ist nichts geholfen. Namen bekommen bei uns auch Hunde und Katzen und Hochs oder Tiefs und Wirbelstürme.

Unser heutiger Personbegriff bezeichnet laut Duden-Lexikon »einen Menschen als Individuum, in seiner spezifischen Eigenart als Träger eines einheitlichen, bewußten Ichs« (Bd. 5, Sp. 2521). Daran ist auch aus theologischer Sicht im großen und ganzen festzuhalten (nur die Eingrenzung auf das »bewußte« Ich geht nicht, da auch ein bewußtloser Mensch eine Person ist). Aber die Anwendung dieses Personbegriffs etwa auf Gott ist und bleibt eine Übertragung (Metapher). Und von allen theologischen Metaphern gilt, daß die Unähnlichkeit größer ist als die Ähnlichkeit.

Der oben genannte Person-Begriff des Duden-Lexikons hat eine Geschichte, die sich im wesentlichen zwischen dem 4. und dem 13. Jahrhundert christlicher Zeitrechnung abgespielt hat. Erst in dieser Zeit ist es gelungen zu klären, oder besser gesagt: sich darauf zu einigen, was zu einem einheitlichen Ich gehören könnte. Der Anlaß für diese Problemgeschichte war die Frage nach dem christlichen Glaubensbekenntnis. Denn was sollte das heißen: »Ein Gott in drei Personen« und »zwei Naturen in der einen Person« Jesus Christus? Hatte Jesus Christus dann einen oder zwei Willen? – Die besondere Eigenart der christlichen Offenbarung, nämlich die Behauptung der Präsenz des einen und einzigen Gottes in den Personen Jesu und des Heiligen Geistes, nötigte zu einer Klärung des Personbegriffs. (Auch das Gewissen spielte eine Rolle dabei, auch hier dauerte es lange, bis man sich auf eine gemeinsame Auffassung verständigen konnte.) Der heutige Personbegriff ist Resultat dieser Entwicklung und nicht schon deren Voraussetzung.

Daher können wir, wenn das Neue Testament von sprechenden Dämonen und vom diskutierenden Teufel redet, nicht einfach voraussetzen, es gehe um Personen in unserem Sinne. Denn wir nehmen anders wahr, weil unsere Sprache anders ist, weil sie geprägt ist durch jahrhundertelange Bemühungen um eine einheitliche Denk- und Ausdruckskultur – und nichts anderes ist wohl Kultur. (An der Gattung Biographie zum Beispiel hat jüngst D. Frickenschmidt gezeigt, auf wie mühsam-uneinheitlichen Wegen man schließlich dazu gekommen ist, die Geschichte einer Person schreiben zu wollen und zu können [D. Frickenschmidt: Evangelium als Biographie, Tübingen 1997]. Autobiographien – nur möglich bei durchgängiger Bewußtheit eines Ich – sind noch später entstanden.) Daher geht es bei den biblischen Phänomenen höchstens um etwas Ähnliches, bestenfalls um »so etwas wie« Personen im heutigen Sinn dieses Wortes.

Wenn Teufel und Dämon als das Fremdpsychische in einer Person gesehen werden, als das Nicht-Identische, dann weicht diese Auffassung auch von modernen Identitätsvorstellungen ab. Denn die Grenzen zwischen Ich und Nicht-Ich sind offenbar niedriger, fließender als heute. Mit anderen Worten: Weder für den Teufel oder Dämon noch für den betroffenen Menschen gilt so etwas wie der neuzeitliche Person-

begriff. (Er gilt auch nicht für Engel und den Heiligen Geist.) Und selbstverständlich hat es Konsequenzen für das dramatische Geschehen, für das In- und Auseinander, wenn eben für keinen der Beteiligten der moderne Personbegriff gilt.
Was hat man von dieser Einsicht? Zunächst sollte man sich wundern und nicht überall unsere Vorstellungen selbstverständlich eintragen. Dann sollte man unsere Vorstellungen relativieren. Wenn unser Personbegriff so zeitbedingt ist, hat er Schwächen (zu hohe Mauer um den einzelnen; zu starke Abgrenzung gegenüber anderem Belebtem) und Stärken (Menschenwürde und -rechte). Beides ist für das Gespräch des Christentums in der Gegenwart mit anderen Kulturen, auch zum Beispiel im Vorgang der Mission, höchst wichtig, damit es zu einem Dialog kommt, der diesen Namen verdient hat.
Im übrigen fällt es bei Gott leichter als beim Teufel, von Personalität (im übertragenen Sinn!) zu reden, weil wir über ihn von Abraham, Mose, den Propheten, Jesus und Paulus wissen, daß er Liebe stiftet und daß man in seinem Namen reden, auf seine Stimme hören und ihm gehorchen, ihm vertrauen und glauben kann. Diesen Unterschied gegenüber dem Teufel wird man immer zugeben und dabei auch beachten müssen, daß schon das Neue Testament selbst, wie bemerkt, zum Beispiel namenlose (!) »Mächte und Gewalten« mit dem Teufel parallel setzen kann.
Damit ist unsere Frage nicht beantwortet, aber es wird deutlich, daß es hier um ein besonderes Problem der Auslegung geht. Man kann nicht einfach so tun, als sei der Teufel oder Dämon X jemand wie der Herr Y oder die Frau Z von nebenan.

Ist die Frage, ob der Teufel eine Person ist, überhaupt wichtig?

Es ist wichtig, die Frage nach der personalen Eigenart des Erzbösen zu stellen. Denn was wir wahrnehmen, hängt we-

sentlich von unseren Vorstellungen und Begriffen ab und ist von ihnen nicht zu trennen.
Deshalb ist eine Entmythologisierung des Teufels zwecklos, das heißt: Hier ist nichts zu reduzieren, der Teufel ist zum Beispiel nicht »eigentlich nur« eine Art von personifizierter Angst. Und Dämonen sind nicht »eigentlich nur« verzerrte Erinnerungen aus der Kindheit usw. Das heißt: Wir können nicht die vermeintlich nur formale Ausgestaltung von einem Inhalt trennen, der darunter oder dahinter steht. Dieser Weg ist uns versperrt, weil wir Erfahrungen von Menschen nicht besserwisserisch mit abstrakten Begriffen »hintergehen« können.
Um so wichtiger ist es, verantwortlich über diese Wirklichkeit zu reden. Denn viele Menschen leiden sichtlich unter ihren Teufelsvorstellungen oder nutzen die anderer Leute aus. Die Kunstgeschichte, das Kasperletheater und die Welt der Horror-Videos tun ein übriges.
Wir müssen in einem ersten Schritt zu rekonstruieren versuchen, wie Menschen zur Zeit des Neuen Testaments zur Annahme von personhaften Dämonen gekommen sind.

Nur ein Übersetzungsproblem?

Zur Zeit des Neuen Testaments ist das Kriterium der »Personhaftigkeit« die Kommunikationsfähigkeit. Immer dann, wenn die Abfolge von Rede und Antwort, Bitte und Erfüllung, Befehl und Gehorsam festgestellt werden, wenn jemand selbst reden kann und einen erkennbar eigenen Willen hat, geht man auf eine Weise mit ihm um, die unserem Umgang mit Personen ähnlich ist. Ein Begriff fehlt, es gibt lediglich bestimmte Reaktionen und Umgangsweisen, die später dann Indiz für das Vorhandensein einer personalen Wirklichkeit sind. Anders als bei uns ist für die Antike der Name wichtig. Wir geben auch Gartenzwergen Namen, doch auf diesem Gebiet ist man im Umfeld des Neuen Testaments gewissermaßen vorsichtiger. Mal hat der Teufel

nur einen Funktionsnamen (Diabolos oder Satan, Feind), mal auch einen Eigennamen (Mastema, Beliar, Samael).
Alles, was Stimme hat, reagieren kann, eigenen Willen zeigt (und sei es durch Unberechenbarkeit), kann einen Namen erhalten und wird ähnlich respektiert wie bei uns eine Person. – Damit fehlen bestimmte Voraussetzungen, die für unseren Personbegriff elementar sind: die Abstammung von zwei Menschen, die normale Sichtbarkeit, die Kontinuität eines Ich in einer Geschichte (Voraussetzung für eine Biographie).
So fragen wir also: Was hat – unter den genannten sehr weiten Kriterien – dazu geführt, daß Teufel und Dämonen behandelt wurden wie Personen heute? Wir fragen: *Gibt es wenigstens Spuren für eine Person namens Teufel?*

Wie sollte man Götzen anders deuten?

Wenn der Gott Israels wie eine Person ist, dann wird man, da die Riten sich großenteils gleichen, unter bestimmten Voraussetzungen auch die Götter der anderen Völker unter diesem Aspekt beurteilen und einstufen. Wenn man sie nicht – das wäre der einfachste Weg – einfach für Götzen aus Stein, Holz und Metall erklärt, bleibt da zum Beispiel der Weg, sie als Dämonen zu deuten. Paulus wählt diese Möglichkeit (1. Korinther 10,19–21). Die Personhaftigkeit der Dämonen rührt dann einfach schon daher, daß die Heiden sie im Vollsinn des Wortes als Götter ansehen. Und an deren Personhaftigkeit hat nie jemand gezweifelt. – Auch in 1. Korinther 8,5 spricht Paulus von den »vielen Herren« im Zusammenhang der »vielen Götter«.

Spricht aus dem Besessenen eine andere Person?

Dämonen werden personhaft wahrgenommen, weil Besessene als Menschen erlebt werden, die eine fremde Person beherbergen. Daß diese fremde Person vollständig logisch

ihre eigenen Ziele verfolgt, wurde bereits als charakteristischer Unterschied zu neuzeitlichen Wahrnehmungen ermittelt.
Analog verhält es sich wohl auch bei Gottes »Wort«, wenn etwa Gottes Logos in Jesus redet. So kann Jesus sagen: *Ehe Abraham geworden ist, bin ich* (Johannes 8,58). An diesem Logos in Jesus entfaltet sich dann später die Diskussion um die Kategorie der »Person«.
Besessene werden exorzistisch angeredet, indem der Dämon, der in ihnen ist, angesprochen wird. Die Praxis des Exorzismus selbst nebst den unterschiedlichen Reaktionen auf die Beschwörungen oder Befehle sind Anlaß zu der Meinung, der Dämon könne menschliche Sprache verstehen und auch darauf reagieren. Wer dazu in der Lage ist, der ist so etwas wie eine Person und nicht ein Ding, eine Sache. Im Grunde geht es dabei um die enge Beziehung zwischen menschlicher Sprache und Geistwesen (s. unten S. 141ff).

Ist Geist nicht immer etwas »wie eine Person«?

Im Bereich dessen, was man sehen kann, zählt am meisten, was massig und schwer ist. Der Bereich des Unsichtbaren kehrt diese Wertigkeit um. Die schweren Dinge sind hier nurmehr Spielball geworden, luftige Geister sind die ernstzunehmenden Realitäten. Daher kommt man zu der Auffassung, sie seien unverletzlich, dauerhaft und widerständig. Die gebräuchliche Bezeichnung »Mächte« für die unsichtbaren Geister sagt schon, daß es bei ihnen – trotz oder gerade wegen der Unsichtbarkeit – um geballte, allem Materiellen überlegene Kraft geht.
Wenn daher jemand einen »schwachen Geist« hat, das heißt: seiner selbst nicht mächtig ist, nimmt ein Dämon (oder aber der Heilige Geist) dessen Kräftigung vor. Durch den Heiligen Geist geschieht diese Kräftigung exemplarisch in der Versuchungsgeschichte in Gethsemane: Der Mensch

als Fleisch ist schwach, der Geist ist es, der Mut und Kraft schenkt, sagt Jesus in Markus 14,38.
Da aber das Sichtbare als »Ding« erfahren wird, besteht für alles Unsichtbare tendenziell die Neigung, es undinglich wahrzunehmen, und das heißt zunächst einmal: als viel beweglicher. Daher wird Gottes Geist nach dem Alten Testament »ausgegossen«, denn er ist beweglich wie eine Flüssigkeit. Diese bildhaft formulierte Wahrnehmung ist wohl eine der Wurzeln des Personbegriffs. Mit dem Unterschied zwischen materiell und immateriell kann man leider nicht operieren, da er neuplatonisch ist.

Und was ist, wenn der Teufel intelligent ist?

Nach biblischer Auffassung ist der Teufel kein Chaot, sondern ein Regent. Wir sahen bereits: Je stärker Gott als Gesetzgeber erfahren wird, um so intensiver auch die Gegenseite. So ist der Teufel folgerichtig ein Anti-Gesetzgeber. Und eben wegen dieser Intelligenz wird er als eine Art Person angesehen. Das Arsenal des Teufels ist dabei nach biblischer Anschauung vor allem der gesunde Menschenverstand. Nach der Einschätzung der Bibel ist der gesunde Menschenverstand zwar kurzsichtig, aber faszinierend.
In den Berichten über Jesu Versuchung nach Matthäus und Lukas kann der Teufel geschickt mit Bibelzitaten umgehen, die eben selbstverständlich für seine Position zu sprechen scheinen und die er sich mühelos zunutze machen kann. Der Teufel appelliert an den naheliegenden menschlichen Egoismus. Er scheint gar nicht böse und gemein zu sein, sondern stützt sich, vornehm gesagt, auf Defizite im Bereich der Vitalität, die bei Jesus offenkundig sind. Warum soll sich Jesus in der Wüste nicht Brot beschaffen, wenn er doch so starken Hunger verspürt? Warum soll er nicht mit einem Sprung vom Turm demonstrieren, daß er sich sorglos wirklich auf Gott verlassen kann? – Der Teufel inszeniert gerade nicht sinnlose Zerstörung, sondern ist

klug, konsequent und appelliert an die menschlichen Interessen.
Noch deutlicher wird das bei Petrus, den Jesus »Satan« nennt, weil er ihn vom Leiden und Sterben abhalten will. Petrus hatte doch offensichtlich nur aus Fürsorglichkeit und Liebe auf Jesu Ankündigung, daß er leiden und sterben müsse, so entschieden mit Nein reagiert. Wenn Jesus sich mit dem Vorwurf »Satan« bedankt, ist das nach menschlichem Ermessen ungerecht. Petrus vertritt – wie der Teufel sonst – die bürgerliche Normalität. Und am Ende wird auch Macht auf Erden nur erlangt, wenn man sich dieser Normalität fügt (Matthäus 4,9: *Das alles will ich dir geben*). Und wenn Jesus schon Führungsqualitäten hat – warum nicht aufs Ganze gehen?
Wäre Böses nur chaotische, sinnlose Gewalt, könnte man an dessen Personhaftigkeit zweifeln. Denn Zerstörung bringen auch Wasserfluten oder Erdbeben. Beim Teufel geht es um mehr, um eine eigene Art von Intelligenz, um einen – allerdings rein irdischen – Zusammenhang von »Tun und Ergehen«.
Aufgrund dieser Erfahrungen, die wohl in jeder Versuchung gemacht werden, liegt der Schluß nahe, die teuflische Intelligenz sei – wie andere Intelligenz auch – an einen Träger personhafter Art gebunden. Die insistierende Verführung wird als personhafte Kontinuität auf der Seite des Widersachers erfahren.

Was hat der Teufel mit dem Heiligen Geist gemeinsam?

Die Mühsal der Spurensuche, bei der wir zu rekonstruieren versuchen, warum Teufel und Dämonen als Personen angesehen wurden, entspricht der theologischen Verlegenheit, wenn es um den Heiligen Geist (und die Engel) geht. Denn im Grunde kann man sich unter einem personhaften Heiligen Geist schon seit Jahrhunderten nichts mehr vorstellen, und häufig rühren daher die Verlegenheiten rund um die

Pfingstpredigt. Auch bei den Engeln ist das Problem entsprechend, denn als Geister (griech. *pneumata*) sind sie dem Heiligen Geist (griech. *pneuma*) eng »verwandt«.
Die hermeneutischen Versäumnisse in der Pneumatologie, das heißt die Unterlassungssünden in Fragen der Umsetzung oder Übersetzung des biblischen Redens vom Heiligen Geist in unseren heutigen Verstehenshorizont, zeigen sich eben auch in der Anschauung vom Teufel und umgekehrt. Durch den Verweis auf das »Geheimnis« lassen sich Unklarheiten in dem, was man sagt, nicht entschuldigen.
Vielleicht kann man so argumentieren: Der Heilige Geist ist der Anwalt schlechthin – vor Gott (Römer 8,26–27 *vor Gott tritt er ein für die Heiligen*) und vor der Welt (der johanneische Paraklet = Helfer, Anwalt, Advokat). Der Teufel ist der Ankläger schlechthin, wie bereits dargelegt. Beide sind daher selbständige Persönlichkeiten in einer als richterliches Forum gedachten göttlichen Szene. Denn als Anwalt ist der Geist am allerwenigsten nur Gottes Geist (Genitiv des Besitzes), sondern Anwalt vor Gott.

Können Geister sprechen und hören?

Bei Inspiration und Besessenheit, bei Exorzismus und Gebet, bei Lied und Spendeformel der Sakramente, in der Auffassung vom Logos nach Johannes und in der pfingstlichen Sprachengabe – immer besteht ein enges Band zwischen der unsichtbaren, im Prinzip auch unhörbaren Macht des oder eines Geistes *(ob gut oder böse)* und der menschlichen Sprache. Und wenn es heißt, daß Jesus durch den Hauch seines Mundes den Feind besiegt, weiß man noch nicht einmal genau, ob dieser »Hauch« das Wort oder der Heilige Geist ist – ähnlich wie in Johannes 20,22, wo Jesus die Jünger anhaucht und sagt: *Empfangt den Heiligen Geist*. Heiliger *oder böser* Geist kommt durch das Wort und geht durch das Wort, er äußert sich durch das Wort und wird herbeigerufen.
Unser Thema ist daher auch das Ausloten der Dimensionen

menschlicher Sprache. Nicht zuletzt aus diesem Grund ist das Thema Satan und Dämonen weit über vernachlässigte Teilgebiete der Theologie hinaus von Bedeutung. Wer das Problem des Erzbösen moralisierend verharmlost, unterschätzt zugleich die Möglichkeiten sakraler Sprache, Brücken ins Unsichtbare zu bauen. Ob die kühnen Bogen der Brücken dort ankommen, wo sie ankommen sollen, und wie sie dort ankommen, weiß niemand genau. Aber daß sakrale Sprache diese Brücken schlägt, ist allemal ein kühnes Unterfangen, das mit den schwachen Mitteln der Sprache Großes wagt. Denn wenn die unsichtbaren Mächte die eigentlichen Mächte sind, dann ist die Sprache als einziges Mittel des Kontaktes ein Geschenk von großer Ambivalenz. Möglichkeiten werden hier anvisiert, die Alltagssprache nicht bietet und die doch einen nicht zu leugnenden Ursprung in der wiederholten Erfahrung hat, daß des Menschen Sein auch in das Reich dieser Mächte hineinragt, daß er mit ihnen zu tun hat und diese Mächte nicht los wird. In dieser unsichtbaren Welt ist Sprache das einzige Licht.

Welche Sprache verstehen die unsichtbaren Mächte?

Gebet, Lied und Segen kennen wir und praktizieren sie mit Maßen. Die Kehrseite, Fluch und Beschwörung, Exorzismus und Absage an den Feind, halten wir für unmenschlich oder für Aberglaube. Das ist nach seinen Gründen und Konsequenzen an anderer Stelle zu besprechen. Hier dazu nur dies: Alle diese sprachlichen Formen setzen voraus, daß die menschliche sakrale Sprache von jenem Wort herkommt, durch das alles geworden ist. Anders gesagt: daß die Sprache von Gebet, Lied und Segen, aber auch die der Absage und der Vertreibung des Bösen ein bewahrtes Stück Paradies ist. Was das Mittelalter von den Edelsteinen glaubte, daß sie Tau aus dem Paradies seien, gilt auch für die Sprache von Gebet und Segen. In den Worten der Dichterin Gertrud von le Fort: Die Kirche hat noch Worte, mit denen sie Gewitter fromm machen und Kräuter segnen kann. Und es ließe sich ergänzen: Sie hat noch Worte, vor denen der Böse erschrickt, und weiß noch um den Heiligen Geist zu flehen. Wenn die Glocken des Mittelalters mit Inschriften in Gestalt von Gebeten versehen wurden, stand dahinter dasselbe Zutrauen in Sprache und Buchstaben wie in der Kabbalah, für die die Buchstaben der hebräischen Bibel die Geheimnisse der Schöpfung bergen.

Daß alle Mächte (und Dinge) der Welt durch menschliche Sprache – allerdings nicht durch Alltagssprache, sondern in sakralen Formen – erreichbar sind und daher selbst in einer großen Gemeinschaft miteinander stehen, kann man Animismus oder Magie nennen. Im Frühjudentum dachte man sich diese Wirklichkeit zum Teil so, daß über einzelne Bereiche der Schöpfung Engel »gesetzt« sind, die den jeweiligen »Teilbetrieb« durch Gottes Weisung aufrecht erhalten. Was sich seitdem geändert hat, ist nicht viel. Von der personalen Struktur der Wirklichkeit zu ihrem grundsätzlichen Bestimmtsein durch Logik und Gesetz war es nur ein kleiner Schritt, nicht weniger anthropomorph als der erste Schritt. Sprache wird hier also nicht technisch-instrumental verstanden, sondern als Teil der spirituellen Welt, die in dieser Welt auch wirkt.

Die Auffassung von der personalen Eigenart von Teufel und Dämonen hängt zusammen mit der Erreichbarkeit dieser Welt durch Sprache. Diese Auffassung liegt – das wurde in diesem Abschnitt deutlich – *vor der abendländischen Zweiteilung der Wirklichkeit in Ding und Person.* Bei einer solchen Zweiteilung kann die personale Wirklichkeit des Teuflischen oder Dämonischen nicht bestehen. Diese Zweiteilung der Wirklichkeit ist übrigens erst seit René Descartes üblich. Er war es, der Denkendes (= Ich, Subjekt, Person) und Nur-Räumliches (= Nicht-Ich, Objekt, die Welt außerhalb des Ich) nicht nur voneinander unterschied, sondern auch voneinander trennte und damit jene Subjekt-Objekt-Spaltung begründete, die unsere Wahrnehmung von

Wirklichkeit bis heute bestimmt. – Die Suche nach Alternativen könnte bedeuten: An die Stelle der Zweiteilung zwischen Personalem und historisch-materiell Dinglichem oder Faktischem träte die Geschwisterlichkeit des Seienden. Die Verengung des abendländischen Personbegriffs auf den seiner selbst bewußten Menschen müßte in Frage gestellt werden. Die cartesianische Zweiteilung in *res cogitans* und *res extensa* wäre zu revidieren, da es sich um einen letzten Hort des Neuplatonismus handelt. Denn alles, was lebt, ist gleichzeitig materiell und in bestimmter Hinsicht auch psychisch (so daß die aristotelisch-thomistische Einteilung in *anima vegetativa, anima sensitiva* und *anima rationalis* doch ihr relatives Recht hätte).

Die Voraussetzung für die Rede von der Personalität des Teufels etc. ist eine ganz andere: daß die Wirklichkeit nach Rang aufgebaut ist und daß der den obersten Rang hat, *der Ordnung* (durch Gesetz oder Wort; Gewalt ist eher verpönt und gilt als eines Königs unwürdig) *durchsetzen und insofern auch Wirklichkeit verändern kann.* Je mehr von dieser ordnenden Kraft jemand oder etwas hat, um so mehr ordnende Vernunft *(ratio)* hat er auch. *Die entscheidende Schwelle liegt daher hier nicht bei der Personalität, sondern bei dem Mehr oder Weniger an ordnender Vernunft.*

Damit ist gemeint: Den höchsten Rang in der Welt hat durchaus in gewisser Hinsicht der Mächtigste. Aber es ist nicht brutale Gewalt wie die eines Erdbebens oder Seesturms, sondern es ist ordnende Macht. Das bisher Überlegte bestätigt dies: Auch der Teufel wird nicht als sinnlos destruktiv erfahren, und selbst die Dämonen können vernünftig reden. Wie oben dargestellt, wird dem Teufel immer Intelligenz zugesprochen, sogar faszinierende. Und von daher hat man immer daran festgehalten, daß der Teufel so etwas ist wie ein Engel, also irgend etwas, das mit Geist zu tun hat.

Und andererseits: Gott ist deshalb der Mächtigste und am Ende der Sieger, weil sein Logos die Weltvernunft ist. So-

lange es diese Welt gibt, ist es daher einfach schlechthin angemessen, sich an diesen Gott zu halten.
Die Stufenordnung des Aristoteles und der Scholastik von der Abfolge der anima vegetativa, sensitiva und rationalis halte ich in diesem Sinne für ein hilfreiches Bindeglied zwischen dem hier Diskutierten und der modernen Weltsicht. – Daß die ordnende Vernunft ihre Kehrseite in der gehorsamen Vernunft hat, ist wichtig. Noch bei Albertus Magnus werden die Tiere nach ihrer Fähigkeit zu gehorchen geordnet *(disciplinabilitas)*. Die meisten von denen, die befehlen können, müssen gehorchen lernen. So ist es auch bei den Dämonen. Dieses Gesamtbild erklärt auch die Affinität dieses Weltbildes zum Militärischen (das Heer als Vorbild von funktionierender Ordnung schlechthin)
Diese Sicht der Welt ist archaisch, aber doch gewiß nicht primitiv oder überholt, sondern differenziert und am Ende auch mit Ansätzen in der modernsten Naturwissenschaft sehr gut vereinbar (Stichwort: [Selbst-]Organisation von Systemen). Sie ist in gewissem Sinn sogar vorzuziehen, gerade weil hier die »persönlichen« Elemente fehlen, die man leicht romantisch verklären kann, und wegen ihres ausgesprochenen Bezuges zum Schöpfungslogos vielleicht sogar in bestimmter Hinsicht angemessener.

Hat der Teufel ein Ich?

So kommen wir am Ende des Abschnittes zu einem unerwarteten Ergebnis:
– Es fällt schwer, dem Teufel (und den Dämonen) Personalität in unserem sehr eingegrenzten abendländischen Sinn von Individualität zuzusprechen. Das gilt sowohl in direkter Rede als auch metaphorisch. Die Bibel läßt nirgends Schlüsse auf ein einheitliches Ich des Teufels zu, an das wir zum Beispiel denken, wenn wir von einer Biographie sprechen.
– Unbestritten ist von Anfang dieser Überlegungen an, daß

es sich beim Teufel (= dem Bösen) um eine schreckliche, unsichtbare Wirklichkeit handelt.
– Wir haben versucht, alle nur auffindbaren Spuren über die Eigenart dieses »Geistwesens«, dieser »Gestalt« oder »Figur« zu sammeln. Dabei stießen wir immer wieder an die gravierenden Grenzen im Verstehen, die uns aufgrund des kulturellen Abstands gesetzt sind. Nicht zuletzt der abendländische Begriff von Personalität stand hinderlich im Raum. Denn er erlaubt eine Ausdehnung auf Teufel und Dämonen nicht. Kein Zweifel jedoch: Die Bibel meint mit dem Teufel eine Art Person nach damaligem Verständnis dieses Begriffs.
– Die Frage war: Was stellten sich die Verfasser der Bibel vor, wenn sie von der Erreichbarkeit des Teufels und der Dämonen durch Sprache reden konnten? Wir stellten fest, daß auch von Gottes Heiligem Geist zumindest Ähnliches gilt, jedenfalls was unsere Schwierigkeiten im Verständnis betrifft.
– Eine Antwort haben wir schließlich versucht, indem wir einen Teil des neutestamentlich-frühkirchlichen Weltbildes durch Rekonstruktion zurückzugewinnen versuchten. Dieses erlaubt es, Macht und Vernunft (ratio) zu verbinden, ohne einen Personbegriff voraussetzen zu müssen. Das heißt: Was wir Teufel nennen, hat oder ist eine Intelligenz, hat und ist eine Macht mit eigenen Regeln, ja eigenem Reich. Als Macht hat der Teufel auch seine eigene Faszination. Keine Macht kann, wie Jesus in bezug auf Dämonen sagt, ohne Klugheit für sich bestehen. Der Teufel der Bibel (nebst Dämonen) ist also mächtig und intelligent, faszinierend und für Sprache erreichbar, aber keine Person in unserem Sinn.
Gegen diese Antwort erheben sich sofort Bedenken:
– Reicht es angesichts des Schreckens des Bösen, von einer Verbindung von Intelligenz und Macht zu sprechen? Wo bleibt das Abgründige, der reine Haß ?
– Die obige Antwort klingt reichlich scholastisch. Ist sie nicht eigentlich überflüssig, da das oder der Böse ein Ge-

heimnis ist? Mit der gegebenen Antwort kann man als moderner Mensch nichts anfangen.
Zu diesen Bedenken:
– Weder Haß noch Teufel sind irrational im modernen Sinne. Die »technisierte Barbarei« der Nazis (Thomas Mann, Doktor Faustus) ist eine Form rationalen Machterhalts, ja absoluter Machtsteigerung. Weder der Tod Jesu noch die Verfolgung von Christen, weder das Morden auf dem Platz des Himmlischen Friedens noch das Vorgehen der Mafia sind unlogisch, »aus dem Bauch« gedacht oder einfach irrational. Die reinste Form des Hasses ist, das hat dieses Jahrhundert gezeigt, der industriemäßig betriebene Völkermord, strategisch geplant, logistisch mustergültig durchgeführt. Man darf nicht Haß mit Wut verwechseln. Wut blendet und ist kurzlebig, Haß ist zielstrebig.
– Mit unserer Bestimmung haben wir das Erzböse nicht erklären wollen. *Sein Ursprung ist und bleibt Geheimnis, gehört jedoch nicht zu den Geheimnissen, die uns bewegen müßten, denn elementar wichtig ist für uns nicht die Vergangenheit, sondern die Zukunft des Bösen.*
Das Geheimnis ist in der Tat die Herkunft einer Intelligenz, die reiner Haß ist und deren Macht eben darin fasziniert.
– Es ging zunächst nur um die Frage, wie man überhaupt notdürftig – gewiß: als heutiger Mensch – die biblischen Aussagen über die Gestalt des Teufels auffassen kann. Was wird einem da zugemutet, und was nicht? Was der zeitgenössische Leser damit anfangen kann, ist eine Frage, die methodisch von dieser verstehenden Rekonstruktion zu trennen ist. Dieser Frage wenden wir uns jetzt zu.

Konkretion
Der Teufel heute

Ich bekenne, daß dies wohl teuflisch ist:
Wenn ich Böses tun will und Argumente dafür suche,
bis mich gute Scheingründe beruhigen.

Mein Handeln erscheint dann logisch und berechtigt –
auch das Wort »Ideologie« kommt von »logisch«.
Wenn ich Nebelkerzen entzünde,
um nicht sehen zu müssen, was mich stört.
Es ist ein Regelsystem
von Rechtfertigungen und Rechthabereien.
Ich kann mich dahinein verkriechen
und mich immun machen,
bis ich alles selber glaube.
Es ist wunderschön, so elegant recht zu haben.
Es hat etwas Ästhetisches.
Zu schön, zu geschmeidig, um wahr zu sein.
Fleißiges Aktenstudium, Belege, Zahlen, Dokumente
helfen mir immer ganz besonders,
wer wird schon sonst noch die Akten so gut kennen
außer mir?
Teuflisches Gedächtnis: Aufrechnen.
Mit sanfter Stimme kann ich die Vorgänge vortragen
und ganz betroffen und besorgt aussehen.
Vor allem darf der gute Ruf nach außen hin nicht leiden.
Ob nicht auch der staatliche Gesetzgeber das so wollte?
Und überhaupt das Recht. Faszinierend, es zu gebrauchen,
es auszulegen. Wozu hat man denn Exegese studiert?
Rechtlich alles einwandfrei.
Der Teufel ist kein Kostverächter:
Dumme Brutalität entlarvt sich selbst,
dafür hat er nichts übrig.
Aber intelligente Brutalität,
durch Denunziation höherer Ordnung
oder industriemäßig, computergesteuert,
das ist der Teufel »auf der Höhe der Zeit«.
Das meiste betrifft das Ansehen vor einander.
Zumeist kann ich sagen: Mein Glaube,
mein Christentum bleibt völlig unberührt von alledem.
Denn wenn ich in meinem Handeln irgendwo recht habe
und mein Glaube der rechte ist,

dann kann ich ja beruhigt sein.
Denn der Teufel hat immer ein offenes Haus für mich.
Wenn ich bei ihm zu Gast bin, stört mich keiner,
denn alles stimmt.
Dies ist alles so viel einfacher und naheliegender,
als an Gott zu glauben.
Es ist das, was schon immer recht hatte.

***

Herr, Gott, es fällt mir schwer,
mich von der Faszination des Bösen frei zu machen.
In dem Haus, das du uns anbietest, ist alles anders.
Es riecht altmodischer,
wie in der Wohnstube einer gütigen, selbstlosen
Großmutter,
die ihr Leben für ihre Kinder gelebt hat
und für ihren Garten.
Oder wie bei einem Orkan
mit Sandsturm und Wassergüssen am Meer,
wo man spürt, daß alles Rechthaben nichts nützt,
außer daß man einander schützt vor dem Sturm,
zusammen ein Haus bildet.

Darf die Liturgie den Teufel weiter mit Du anreden?

Die Ebene der Erklärung und Applikation ist von der der Liturgie zu unterscheiden. Wer den Weg des Bedenkens mitgegangen ist, wird akzeptieren können, daß die Liturgie in der Sprache der Bibel redet und den Teufel mit »Du« wie eine Person ansprechen kann. Denn wer um die Eigenarten der mythischen Sprache weiß, versteht auch, daß er – wie im Kirchenlied – hier nicht ständig mit der Goldwaage der Vorstellungen des 20. Jahrhunderts hantieren muß. Die Postmoderne könnte und müßte diese Pluralität eigentlich verstehen.

Denn in jedem Fall handelt es sich um Bilder, die etwas vom Menschen her auf unsichtbare Mächte übertragen. Wer weiß, daß Bilder Bilder sind, kann sie auch beruhigt stehen lassen, muß sie nicht »stürmen«, weil er weiß, daß nicht schnell Besseres gefunden werden kann. Unter diesem Vorbehalt (der auf Friedrich Schleiermacher zurückgeht) kann ich auch die Du-Anrede der Sprache der Exorzismen bewahren. Daß ich das nicht »muß«, ist mir wichtig. Aber man bedenke, daß Liturgie ihre eigenen Sprachformen hat, die nicht einfach wörtlich (das wäre Fundamentalismus) Gegebenheiten des Alltags entsprechen. Nur für den Fundamentalisten ist der Teufel ein Partner wie Peppone für Don Camillo.

Die Liturgie redet übrigens – um das Ganze nochmals ins rechte Licht zu stellen – auch anderes mit »Du« an, dem wir nie den Rang einer Person würden geben können. Im Lateinischen beginnen derartige Gebete regelmäßig mit der Formel *exorcizo te creaturam xy,* deutsch etwa: »Ich rede dich an mit diesen heiligen, reinigenden Worten, du Geschöpf XY.« Die ältere Übersetzung »Ich beschwöre dich« schafft nur zusätzliche Probleme und erklärt nichts.

Es wurde schon deutlich: Wer zum Beispiel das Wasser so anredet, macht es nicht zur Person. Aber er geht nach der oben erkannten Regel vor: Die Wirklichkeit wird nicht getrennt zwischen Personen und Nicht-Personen, sondern entscheidend ist, wer sie verändern kann. Und das kann der, der durch sein heiliges Wort Anteil hat am Schöpfungswort.

An dem folgenden Gebet zur Weihe des Wassers zu Taufwasser wird auch etwas von der Geschwisterlichkeit aller Kreatur sichtbar, die Franziskus von Assisi in seinem Sonnengesang großartig artikulierte; er konnte sagen: *Gelobt seist du, mein Herr, wegen unserer Schwester, der Quelle …* Und wenn er nach der Legende den Tieren predigte, so ist auch da die Personalitätsgrenze aufgehoben. Hier werden einfach archaischere Auffassungen der Wirklichkeit sichtbar, die heute deshalb so »modern« zu sein scheinen, weil wir die Versäumnisse aus einer Verdinglichung (»Verobjektivierung«) der Kreatur allenthalben wahrnehmen.

»Ich rede dich an mit diesen heiligen, reinigenden Worten, Geschöpf Wasser, durch den lebendigen Gott, der dich am Anfang durch das Wort vom Trockenen schied, dessen Geist über dir schwebte, der dir vom Paradies aus zu fließen und vier Strömen die ganze Erde zu bewässern befahl. Er brachte dich aus dem Felsen hervor, um das vor Durst ermattete Volk, das er aus Ägypten befreit hatte, zu stärken. Er machte dich, das gar bittere, durch das Holz süße. Ich rede dich an mit diesen heiligen, reinigenden Worten durch Jesus Christus seinen Sohn, der dich zu Kana in Galiläa in einem wunderbaren Zeichen durch seine Macht in Wein verwandelte. Er wandelte mit den Füßen über dir und wurde von Johannes im Jordan in dir getauft. Er brachte dich zusammen mit Blut aus seiner Seite hervor, und er gebot seinen Jüngern und sprach: Geht, lehret alle Völker und tauft sie im Namen des Vaters und des Sohnes und des Heiligen Geistes. Dir also gebiete ich, jeder unreine Geist, jedes Gespenst, jeder Trug werde ausgerottet und vertrieben von diesem Geschöpf Wasser, damit es dem, der in es hineinsteigen wird, eine Quelle sprudelnden Wassers für das ewige Leben sei. Werde also heiliges Wasser, gesegnetes Wasser, damit wiedergeboren werden Kinder für Gott den Allmächtigen, den Vater, im Namen unseres Herrn Jesus Christus, der kommen wird im Heiligen Geist, zu richten die Welt durch Feuer«
(zitiert nach E. Bartsch, Die Sachbeschwörungen der römischen Liturgie, Münster 1967, 197 [Stowe-Missale]. Die Liste geht in diesem Fall schon auf Tertullian zurück).

Der Gedanke der Solidarität zwischen Schöpfung und Mensch, und zwar in der Form, daß die Kreatur dem Menschen hilft (wie die Erde in Offenbarung 12,16 *[Und es half die Erde der Frau …]* vor dem teuflischen Feind hilft), kommt auch gut zum Ausdruck in einem Segensgebet über das Salz (das bei der Taufe verwendet wird):

»Ich rede dich an mit heiligen Worten, Geschöpf Salz, durch den lebendigen Gott, deinen Schöpfer und Urheber aller Geschöpfe, der dich gnädig seinen übrigen Geschöpfen beigesellte, dem er Kraft der Sonne und des Feuers beigab, damit du durch den Geist himmlischer Flamme gerüstet, den schlimmsten Feind verfolgst. Daher verfolge auch jetzt, Geschöpf ..., versehen mit der Kraft unseres Herrn Jesus Christus, den Teufel und Feind, und in den Zufluchtsorten, wo immer du verstreut wirst, verjage alles Widerwärtige ... Füge der Seele hinzu, was zum immerwährenden Heil nutzen wird, und vertreibe den Feind ...«

Wie viele vergleichbare Gebete sind auch diese eine Art kurzgefaßter »Bibelkunde« zu dem betreffenden Stichwort. Der Sinn ist, jeweils zu zeigen, daß das betreffende Element schon seit dem Paradies in die Heilsgeschichte zwischen Gott und Mensch hineingehört, daß auf dem langen Weg durch das Alte und das Neue Testament der Mensch immer geschwisterlich mit diesen Dingen und Elementen verbunden war, daß es in der Geschichte des Heils eine vertraute Begleitung ist, ein Zeichen, durch das Gott immer wieder gehandelt hat.

Zum Verständnis dieser und anderer Texte ist ferner zu sagen: Wenn gebetet wird, schädlicher Geist »werde vertrieben von diesem Wasser«, so liegt ein *räumliches Verständnis* von Heil und Heiligkeit vor, das uns fremd zu sein scheint (vgl. aber schon oben das Bild des Hauses). Doch ich kenne nicht wenige Menschen, die ihr neuerbautes Haus gerne segnen lassen möchten, und immer öfter finde ich mit Kreide über Türen geschrieben 19 C+M+B 98 (*Christus mansionem benedicat* »Christus soll dieses Haus segnen«). Auch wird Kirchweihe gefeiert, weil ein Haus zum heiligen Haus erklärt wird. Gewiß – es sind sehr menschliche Vorstellungen von der besonderen Gegenwart Gottes an besonderen Orten. Aber diese besondere Gegenwart Gottes ist das Thema der ganzen Bibel. Und andere als menschliche Vorstellungen haben wir nicht. Wenn Jesus nach Matthäus 18,20 sagt: *Wo zwei oder drei in meinem Namen zusammenkommen, da bin ich mitten unter ihnen,* dann teilt er die Vorstellung von der besonderen Gegenwart (des Heils oder Heilands) an bestimmten Orten zu bestimmten Zeiten unter genau angegebenen Bedingungen.

Der Schluß »der kommen wird, zu richten die Lebenden und die Toten und die Welt durch Feuer« *(iudicare ...et saeculum per ignem)* in Weihe-Gebeten ist immer ein Zeichen hohen Alters.
Im folgenden nehmen wir das Bild des Militärischen wieder auf. Sowohl in den Einzelvorstellungen als auch im praktischen Vorgehen erwies es sich als zentraler bildspendender Bereich. Denn
– die Dämonen sind als Heer organisiert, ihr König ist ihr Befehlshaber. Sie können »Legion« heißen.
– Der Exorzismus vollzieht sich als Befehl durch einen neuen Befehlshaber. Unterwerfung heißt das Stichwort.
– Unterworfen hat auch Jesus die Mächte und Gewalten bei seinem Aufstieg.
– Der Christ, der gegen das Böse vorgeht, braucht eine Waffenrüstung zum heiligen Kampf.
– Der Märtyrer, der hingerichtet wird, siegt über seinen tyrannischen Gegner.

Ist ein Heiliger Krieg gegen den Teufel zu führen?

Krieg um Gottes Reich?

Unter »Heiligem Krieg« verstehe ich im folgenden den Kampf und die siegreiche Unterwerfung des Gegners im Rahmen der Verwirklichung von Gottes Reich. Der Gegner in diesem Kampf ist nach den hier behandelten biblischen Texten entweder jeweils ein Dämon (oder mehrere) oder der Teufel selbst.
Die Texte sind für den modernen Menschen extrem fremd, weil es nicht nur um den Teufel geht, den es »nicht geben soll«, sondern dazu noch um Krieg, den man »nicht haben will«. Beides gehört jedoch eng zusammen, und gerade anhand dieses Themas werden einige typische Versäumnisse der neueren Verkündigung sichtbar.

Der Jesus der ersten drei Evangelien treibt Dämonen aus, und es steht fest, daß diese Dämonen einen »Chef« haben, der Beel Zebul genannt wird. Jesus wird verdächtigt, mit diesem Anführer der Dämonen im Bunde zu stehen und einen Teil von dessen Befehlsgewalt gegenüber den Dämonen zu gebrauchen (Markus 3,22). – In der Offenbarung des Johannes wird die Meinung vertreten, das römische Kaisertum sei ein Repräsentant des Teufels selbst. Nach Offenbarung 13,2 hat der Drache dem Ersten Tier seine Vollmacht gegeben.
Man kann nun beides parallel darstellen und die Auffassung der Offenbarung des Johannes als politische Ausweitung und Anwendung der Einzelexorzismen Jesu ansehen. Der Leib des einzelnen Besessenen ist in ähnlicher Weise Ort der Anwesenheit des Repräsentanten der bösen Macht wie der römische Staat. Und »Leib« und »Staat« sind auch sonst in der frühchristlichen Weltsicht vergleichbar. Der Staat kann »Leib« genannt werden, und so wie der Kaiser Haupt des Leibes (des Staates) ist, kann auch Jesus Haupt der Gemeinde (Kirche) genannt werden. Hier gibt es also ohnehin geläufige Entsprechungen. (Vgl. dazu S. 210ff.)

Wie kämpft man gegen Teufel und Dämonen?

In seinen Exorzismen führt Jesus den Kampf gegen die Dämonen mit Worten, näherhin: mit Befehlen, die regelmäßig den Dämon zum Herausgehen auffordern. In der Offenbarung des Johannes heißt Jesus selbst »das Wort«, und es kann kein Zweifel bestehen, warum Jesus hier diese Bezeichnung trägt: Er vernichtet die Gegner mit einem Wort, mit »dem Hauch seines Mundes« (besonders: 19,11–16).
Diese Auffassung findet sich in der Offenbarung des Johannes mehrfach, und zwar ist die Rede vom scharfen, zweischneidigen Schwert, das aus dem Munde Jesu kommt. Da bereits die Christus-Vision zu Anfang diesen Zug bietet

(Offenbarung 1,16) und da Jesus sich auch als Urheber eines Gemeindebriefes so darstellt (Offenbarung 2,12), kann kein Zweifel bestehen, daß es sich in Offenbarung 19,15.21 gleichfalls um Jesus handelt. Außerdem gilt es immer von Jesus, daß er die Völker mit eiserner Rute weiden wird, in Offenbarung 2,26f wie in Offenbarung 19,15.
Das bedeutet zunächst: Die Feinde nach Offenbarung 19, nämlich die Weltmacht Rom, hinter der der Teufel steht, werden mit demselben Instrument besiegt, mit dem auch die Dämonen vertrieben werden, nämlich mit dem vollmächtigen Wort Jesu beziehungsweise mit dem Wort, das er selbst ist. – Auch nach 2. Thessalonicher 2,8 wird Jesus den Widersacher, den »Sohn des Verderbens«, besiegen durch den Hauch seines Mundes: *Und dann wird der Feind des Gesetzes offenbar werden. Doch Jesus, der Herr, wird ihn vernichten mit dem Hauch seines Mundes, allein dadurch schon, daß er kommt und da ist.*

Genügt das Wort als Waffe?

Die eben dargestellte Überwindung der Weltmacht durch das Schwert aus dem Mund des Kriegers, der »Wort Gottes« heißt, hat nun eine Parallele im Evangelium nach Johannes: Jesus ist das menschgewordene »Wort« (Johannes 1,1–14), und er hat den »Herrscher über diese Welt« besiegt (Johannes 12,31). Wie in der Offenbarung des Johannes (19,13) ist Jesus mehr oder weniger identisch mit dem Wort (dasselbe griech. Wort *logos* wird verwendet), und wie dort besteht die Aufgabe Jesu darin, mit diesem Wort und als dieses Wort den Widersacher zu überwinden. Während das Evangelium vom »Herrscher über diese Welt« spricht, nennt die Offenbarung konkret »Roß und Reiter«, nämlich Hure und das Tier auf den »sieben Hügeln«, das heißt Rom. – Der Aspekt der Überwindung des Gegners kommt freilich in der gewöhnlichen Exegese dieses Evangeliums, die sehr platonisierend ist, sehr zu kurz.

Im Johannesevangelium wirkt Jesus als das Wort freilich nicht nur negativ im Sinne des Überwindens, sondern auch konstruktiv, in Fortsetzung des Schöpferwortes, und zwar als das Wunder schaffende Wort. Beiden gemeinsam ist aber die Auffassung: Das Wort Gottes vollstreckt definitiv, unüberholbar und sicher.

Johannesevangelium:

Das WORT wirkt Rettung, Leben, Wunder oder Gericht

Offenbarung des Johannes:

Das WORT wirkt Gericht als Rache

Vergleichbar ist die Auffassung der Offenbarung des Johannes auch mit der bekannten Stelle Hebräer 4,12. Denn dort heißt es gleichfalls vom Wort *(logos): Denn lebendig ist das Wort Gottes und wirksam und schärfer als jedes zweischneidige Schwert und durchdringend bis zur Teilung von Seele und Geist, von Gelenken und Mark, und Richter von Gedanken und Gesinnungen des Herzens, und kein Geschöpf ist unsichtbar vor ihm, alles aber ist nackt und offengelegt in den Augen dessen, dem wir Rechenschaft schulden.*

Daher kann man sagen: Das »Wort« Gottes hat jedenfalls eine entlarvende, scheidende und trennende Funktion. Aus dem Johannesevangelium kann man ersehen, daß eine enge Beziehung zum Schöpfungswort besteht. Im Gericht wird das wieder geschieden, was in der Schöpfung zusammengefügt wurde. Im Johannesevangelium bleibt aber die schöpferische Kraft des Wortes auch jetzt lebendig. Denn bei der Scheidung, die sich bei der Begegnung mit Jesus vollzieht, wirkt das Wort entweder Heilung und Leben, Rettung und Wiederherstellung der Schöpfung – oder eben Gericht.

Das Wort wirkt konstruktiv wie destruktiv. Wenn die Schöpfung die Komposition ist, wirkt Gottes Wort späterhin auch als Dekomposition, aber nur zur Vollendung der Komposition.

Warum reicht ganz wenig schon aus?

Wenn durch das Wort Jesu Dämonen vertrieben werden (synoptische Evangelien) oder durch Jesus als das Wort der Weltherrscher (Teufel) besiegt wird (Johannes 12,31) oder durch das »Wort« Gottes die teuflische Herrschaft über die Welt vernichtet wird (Offenbarung 19,15), dann ist es in allen drei Fällen *das bloße Wort,* welches das wichtigste und größte Problem löst, nämlich die Existenz des Widersachers und des Bösen in der Welt.

Ähnlich ist es, wenn Jesus mit dem *Heiligen Geist* Dämonen vertreibt (Matthäus 12,28) oder wenn der Glaube, auch wenn er klein ist wie ein Senfkorn, Berge und Bäume versetzen kann.

In jedem Fall kann etwas Kleines, scheinbar Machtloses, Gewaltiges bewirken. Gerade im Sinne dieser Logik heißen die Christen nach Markus 9,42, besonders aber nach dem Matthäusevangelium »die Kleinen«. Die Gesetze normaler Machtanwendung, daß nämlich Macht auf Masse und Größe beruht, sind hier geradewegs umgekehrt.

Das Wort (Gottes) wirkt wie der Heilige Geist oder der Glaube durch seine Reinheit, also durch seine göttliche Qualität, nicht durch irdische Quantität. Die göttliche Reinheit wirkt siegreich auch gegenüber der größten Machtkonzentration auf Erden.

Wenn der Teufel, der Widersacher, das Böse so besiegt werden kann, dann bedeutet das: Die Instrumente des Kampfes sind geradewegs auf den Gegner zugeschnitten. Weil es um Satan geht, genügt ein Fünkchen von Gottes Wirklichkeit.

Woher hat das schwache Wort solche Kraft?

Wir stoßen hier auf eine eigenartige und besondere Theologie. In ihrem Zentrum steht das vollmächtige Wort Jesu Christi, das soweit mit ihm eins ist, daß man ihn selbst das

Wort nennen kann. Dieses Wort besiegt den Teufel und seine Satelliten, die Dämonen.
Dieses Wort hat im Johannesevangelium auch direkt heilschaffende Rolle. Nach Johannes 15,3 kann Jesus zu den Jüngern sagen: *Ihr seid rein geworden durch mein Wort*.
Diese geradezu sakramentale Bedeutung des Wortes sollte man auch in der »Kirche des Wortes« besonders bedenken und man sollte nicht vergessen: Das Wort, das den Satan besiegt, ist nicht das schwache, ohnmächtige »Nur«-Wort, sondern es ist das mit Vollmacht ausgezeichnete Schöpferwort selbst. Es gibt keinen Grund, eine oftmals verteidigte Ohnmachts- und Kreuzestheologie eben »nur auf das Wort« zu gründen. Gerade auch die folgenden Texte können zeigen, wie intensiv das Wort als Waffe gegen den Teufel verstanden wird.

Wozu braucht der Christ eine Rüstung?

Aber auch alle Christen können an diesem Wort teilhaben, und zwar auf doppelte Weise. Nach dem eindrücklichen Text in Epheser 6 ist eine Teilhabe des Christen an diesem Wort vor allem durch das Gebet möglich: *(11) Um den Schlichen des Teufels zu widerstehen, wappnet euch mit Gottes Kraft. (12) Denn ihr kämpft nicht gegen Menschen, sondern gegen Machthaber und Gebieter in den Lüften, gegen die unsichtbaren Herren dieser finsteren Welt, gegen die bösen Geistermächte zwischen Himmel und Erde.*
Der entscheidende Kampf, den Menschen zu bestehen haben, ist nicht der Kampf untereinander, sondern der Kampf gegen die Macht Satans. Parallel zu »Satan« stehen hier die »Machthaber und Gebieter in den Lüften« (vgl. auch Epheser 2,2), die »unsichtbaren Herren« oder die »bösen Geistermächte«, also jeweils eine Vielzahl. Und weiter heißt es in Epheser 6: *(13) Deswegen legt Gottes Waffen an, damit ihr dem Bösen widerstehen könnt, wenn es kommt, mit ihm fertig werdet und ihm standhaltet. (14) Stellt euch zum*

Kampf auf. Nehmt Glaubwürdigkeit als Gürtel, Gerechtestun als Rüstung, (15) die Bereitschaft zur Friedfertigkeit nach dem Evangelium als Schuhwerk. (16) Dazu nehmt den Glauben als Schild, mit dem ihr die Brandpfeile des Bösen ersticken könnt. (17) Setzt die Erlösung als Helm auf, ergreift den Heiligen Geist, das Wort Gottes, als Schwert.

An diesem Abschnitt fällt auf: Die entscheidende aktive Kraft ist das »Wort Gottes«, denn dies ist das Schwert, alles übrige dient nur zum Schutz des Kämpfers. Daß das Wort Gottes hier mit dem Heiligen Geist gleichgesetzt wird, finden wir öfter gerade in Texten, die über die Rolle des Wortes gegenüber dem Widersacher sprechen.

Eine Überschneidung zwischen Wort und Heiligem Geist ist erwartbar, aber nicht durchgehend. Immerhin wissen wir, daß nach Johannes 6,63 Jesu Worte auch mit dem Heiligen Geist gleichgesetzt werden; mit dem Heiligen Geist werden vor allem unreine Geister und Dämonen ausgetrieben (aber immer äußert sich das im Wort), und in Epheser 6,17 wird das Schwert des Geistes mit dem Wort identifiziert. – Wir bemerken: Wort und Heiliger Geist können einander gleichgesetzt werden, dies geschieht im ganzen aber eher selten.

Und weiter nach Epheser 6: *(18) Wappnet euch, indem ihr allezeit inständig betet und fleht, der Heilige Geist gebe euch die Worte dazu. Deshalb müßt ihr wachen und beharrlich für alle Heiligen beten …*

Das Gebet – selbst wiederum worthaft – ist der konkrete Zugang zu dieser Wirklichkeit. Nochmals wird betont, daß der Kampf gegen die bösen Geister nur mit dem Heiligen Geist zu führen ist.

Ähnlich wird der Kampf gegen den Teufel auch nach 1. Petrus 5,8f geschildert: *Brüder und Schwestern, haltet euch nüchtern und seid wachsam. Denn euer Feind, der Teufel, schleicht umher wie ein brüllender Löwe, der nach einem sucht, den er verschlingen kann. Widersteht ihm standhaft im Glauben.*

Wer einen Kampf führen will, muß nüchtern sein, das heißt, er muß seinen Verstand gebrauchen, sonst übersieht er die Gefahren und vielfältigen Verstellungskünste des Gegners. Wie in Epheser 6 spielen Wachsamkeit und Glauben in diesem Kampf eine große Rolle. Dabei bedeutet der Glaube nach beiden Texten vor allem Treue und Standfestigkeit. Auffällig ist, daß im Bildfeld der beiden Texte an den Einzelkämpfer gedacht ist. Nur gegen Ende fordert Epheser 6,18 zum fürbittenden Gebet für alle Heiligen auf. Der Einzelkämpfer steht im Mittelpunkt, weil Christen nicht im Sprechchor reden. Alle kritischen Situationen erfordern immer ganz den einzelnen.

Wichtig scheint mir: Wo die Geschichte durch einen Kampf zu Ende gebracht wird, geht es eben nicht um die Lösung aller Fragen durch ein Gericht, einen Richter oder Zeugen und Ankläger. Der militärische Weg schließt den juristischen streng genommen aus. Doch man beachte: Es handelt sich insgesamt nur um Bilder.

Wo findet der Kampf statt?

Einer der Orte, an denen mit dem »Wort« der Gegner niedergerungen wird, ist das Verhör vor Gericht. Der moderne Leser fühlt sich an Alfred Delp und Dietrich Bonhoeffer erinnert.

Nach Offenbarung 12,10 gilt: Das Wort des Zeugnisses der Christen besiegt – zusammen mit dem Blut Jesu – den Widersacher (Satan) auf Erden.

Wie nach Epheser 6,17f ist das Instrument dieses Kampfes das Wort. Gebet und Zeugnis (vor Gericht) sind Worthandlungen in Extremsituationen. Immer wieder wird in den Texten aus der Zeit der frühen Verfolgung gesagt: Das Zeugnis der Christen ist ihnen vom erhöhten Herrn oder vom Heiligen Geist eingegeben (zum Beispiel Lukas 12,12: *Der heilige Geist wird euch lehren;* Lukas 21,15: *Ich werde euch geben*). Nicht die Christen selbst reden, sondern durch

sie hindurch wird der Widersacher besiegt. Zweifellos entspricht dies der Erfahrung der Christen aller Jahrhunderte. In der »Stunde der Wahrheit« vor Gericht wissen sie sich getragen und mit zuvor ungeahntem Mut ausgestattet.
Wozu ist der Teufel da? Der Teufel ist da, um besiegt zu werden. In ruhigen Zeiten gesagt, wirkt die Wahrheit oft beliebig und belanglos. In der »Stunde der Wahrheit« angesichts von Feindschaft und Verfolgung wird die Kraft der Botschaft erkennbar, sonst kaum.

Sind Zwischenrufe von Zweiflern gestattet?

Es ist schon ein merkwürdiger Kampf, der da angeblich ausgefochten wird. Der Feind ist unsichtbar, die Mittel (Wort, Gebet, Geist, Blut Jesu) sind zumindest sehr unscheinbar bis vernachlässigenswert. Der Kampfplatz ist (was die Aussagen des Neuen Testaments betrifft) sichtbar, aber untypisch: gestörte gesundheitliche oder soziale Ordnung bei Menschen, Ausbeutung durch die Weltmacht Rom. Das Kampfgeschehen selbst ist eher (magisch-)sakramental bestimmt. Kurzum: Eine Sache, die so exotisch zu sein scheint, daß sie schon allein deshalb fast schon wieder Interesse beanspruchen kann.
Doch das Grundproblem ist: Beides scheint nicht zu existieren, weder die Geistermacht, die bekämpft wird, noch die Vollmacht dessen, der da »kämpft«. Beide Pole gehören zusammen und sind uns als Zweierpack abhanden gekommen, unfaßbar geworden.
Im Unterschied zur modernen Wahrnehmung der Welt als grau in grau geht es hier um eine polare Zuordnung von schwarz und weiß. Und anders als in der psychologisierenden Betrachtungsweise des 20. Jahrhunderts wird nicht alles Unsichtbare in der Seele des einzelnen Menschen verortet, vielmehr geht es hier um eine auf (mindestens) zwei »Personen« verteilte Dimension über-individueller Wirklichkeit. Es fällt schwer anzunehmen, daß nun beides zusammen il-

lusionäre, nur eingebildete Wirklichkeit sein soll. Es scheint um einen in sich konsistenten Bereich zu gehen, der einer eigenen Logik folgt. Nicht die Identifikation der beteiligten zwei »Personen« ist für dieses Denken bestimmend, sondern *der Widerstreit selbst, in dem die Pole selbst vergleichsweise unscharf bleiben.* Kampf und Sieg sind offenbar wichtiger als die Analyse der Vollmacht einerseits und des Gegners andererseits.

Auch das ist übrigens ein wichtiges Resultat unserer Überlegungen im ganzen: In der Erfassung der »Wirklichkeit« sind für den biblischen Menschen Beziehungen und Abhängigkeiten von erstrangiger Bedeutung. Nicht »Substanzen« und die einzelnen Faktoren eines Spiels sind an sich wichtig. Sondern immer und immer wieder geht es um das Zusammenspiel, die Beziehungen und das sich vollziehende Drama. Alles übrige, wer die Menschen und was die Faktoren »an sich« sind, ist völlig zweitrangig.

Daher rühren die Schwierigkeiten unseres Themas. Denn den »Teufel« gibt es eben nicht »an sich«, sondern als Kraft, deren Wirkung man spürt, deren Analyse aber nirgends gegeben wird. Ähnlich wie – jedenfalls früher – niemand das Innere der Sonne kannte, obwohl fast nichts unter den Dingen alltäglicher und wichtiger war als der Licht und Wärme spendende Himmelskörper. Und so ist es auch mit Destruktivität und Faszination des Bösen.

Der Anlaß für diesen Kampf ist nun nicht einfach, daß das Böse überhand nähme, sondern daß die Alternative (Versöhnung, Frieden) in der Geschichte wirksam geworden ist. So ist auch die Wahrnehmung in der Offenbarung des Johannes. Nirgends steht, daß die Gegenwart schlimmer ist als andere Zeiten. Das ist sie wohl des öfteren in vorchristlicher Apokalyptik. Für die Offenbarung des Johannes dagegen ist entscheidend, daß das geschlachtete und siegreiche Lamm die Siegel öffnen durfte und damit den Gang der Weltgeschichte überhaupt aus der Stagnation herausgeführt hat. Die geschehene Versöhnung ist der Motor für alles, was in der Folge geschieht, auch für den Haß, der »in den letzten Zügen liegend« die Versöhnung bekämpft. Nicht die Größe des Schreckens diktiert die Weltgeschichte, sondern das angebotene Heil. Weil der Kampf siegreich beendet werden kann, deshalb wird er überhaupt geführt.

Entscheiden Blut und Tod Jesu den Kampf?

Paulus kennt den »apokalyptischen Krieger« nur in 1. Thessalonicher 5,8 und in Römer 13,12. Daß er an der ersten Stelle auch von »Wachsamkeit« spricht, zeigt, daß – wie in Epheser 6,18 – Krieg und Wachsamkeit zusammengehören. An den beiden paulinischen Stellen ist von Finsternis die Rede. Aber es fällt auf, daß in 1. Thessalonicher 5 gerade die Aufforderung zur Wachsamkeit »relativiert« wird durch den Hinweis auf Jesu Tod.

Im Johannesevangelium ist der Tod Jesu der einzige Exorzismus. Denn nach Johannes 12,31 wird durch die Erhöhung Jesu der Herrscher dieser Welt »hinausgeworfen«, so wie sonst Dämonen hinausgeworfen werden.

Nur wenig anders in der Offenbarung des Johannes: Nach 12,10 besiegen die mutigen und standfesten Christen den Teufel »durch das Blut des Lammes«. Aus anderen Passagen dieser Schrift geht hervor, daß die Christen durch das Blut des Lammes reingewaschen wurden. Das heißt: Jesus ist für ihre Sünden gestorben, und dadurch wurden sie rein. Daß zwischen dem Tod Jesu und dem Teufel ein Zusammenhang besteht, wird auch durch zwei Stellen aus den nicht-paulinischen Briefen deutlich: Nach Hebräer 2,14 hat Jesus durch seinen Tod den besiegt, der die Macht über den Tod in seinen Händen hielt, nämlich den Teufel. Dieser Sieg geschah wohl gleichfalls durch Stellvertretung. Denn wenn durch den Tod Jesu die Menschen von Sünden frei wurden, gab es niemanden mehr, der mit Recht hätte zum Tod verurteilt werden können. – Zu Kolosser 1,14 s. oben.

Im Blick auf alle diese Texte kann man sagen: Der Kampf

des einzelnen Christen gegen die teuflischen Mächte ist *immer erst der zweite Schritt und folgt auf die »Bekehrung«* (»Initiation«, oftmals auch: Taufe). Der erste Schritt war die bei der Umkehr zugesprochene oder »erlangte« Vergebung der Sünden. Hier, bei diesem ersten Schritt, hat nach den oben genannten Texten Jesu Tod eine Bedeutung. Und so ist denn – besonders nach Johannes 12,31 und Hebräer 2,14 – der Tod Jesu die entscheidende Station im Kampf gegen den Teufel. Die Befreiung von Schuld durch Jesu Tod ist daher wohl die wichtigste Voraussetzung für den Kampf jedes einzelnen Christen gegen den Teufel. Denn seine grundsätzliche Befreiung von der Schuld hat er durch Jesu stellvertretenden Tod errungen.

Ein Kampf – heute zu führen?

Auf den ersten Blick hin könnte man meinen, heute in den Kategorien von Kampf und Sieg zu denken sei bestenfalls auf Fußball und Wahlkampf, auf den Kampf gegen Malaria und Ähnliches oder auf den Kampf gegen die Armut zu beziehen.

Ein Kampf im Bereich der Religion erscheint als fundamentalistisch, da (angeblich oder tatsächlich) stets andere ausgegrenzt werden. Vor allem aber setzt kämpfen zu können voraus, daß die Wahrheit einigermaßen gewiß ist. Das aber scheint weithin nicht mehr der Fall zu sein.

Nun kann man dennoch beobachten, daß sehr viele Menschen für irgend etwas kämpfen. Das entscheidende und ungeklärte Problem ist daher offenbar lediglich: Kämpfen sie für das Richtige?

Das macht die Suche nach Kriterien für »Wahrheit« unabdingbar. Nach den Aussagen des Neuen Testaments ist die Vermeidung des Ärgernisses ein wichtiger Maßstab. Auch die Frage danach, wer unter den bestehenden Systemen am meisten leidet, kann ein wichtiges Kriterium für die Frage nach Wahrheit sein.

Das öffentliche Bekenntnis ist im Medienzeitalter wichtiger denn je. Die alte Auffassung, daß die »Stunde der Wahrheit« im mutigen Bekennen vor aller Öffentlichkeit gegeben sei, hat neue Aktualität gewonnen.
Die Situationen des Übergangs sind klassische Stationen, in denen mit den Worten des Segens der Kampf gegen die bedrohlichen Mächte geführt wird. In den Segensworten bekommt die Angst einen Namen. Segnungen, vollzogen an Kranken, Sterbenden, an Abreisenden und bei Eheschließung und Taufe, nehmen in der liturgischen Praxis der Gegenwart in ungewöhnlichem Maße zu. Oft lehnt man sich dabei an die Segensformeln älterer Rituale (zum Beispiel alt-irischer) an. Das Segenswort stellt noch am ehesten – ohne Spuren des Alterns über Jahrhunderte hin – die Kraft des Wortes dar, von der oben die Rede war.

Finstere Welt der Exorzisten?

Wie viele Dimensionen hat die Sprache?

Die modernen Umgangssprachen neigen zur Eindimensionalität einer lediglich noch »korrekten«, beschreibenden Ausdrucksweise. Verlorengegangen sind dagegen die Dimensionen von Segnen und Verfluchen, von Schwören und Beschwören, von Lobpreisen und Austreiben, oft auch von Singen und Beten. Alles das zeigt nur an, daß hier eine extreme Reduktion und, wenn man so will, »Verarmung« Platz gegriffen hat. Gewiß kann man die Reduktion der Sprache als großen Fortschritt der Aufklärung feiern. Doch die entschiedene Vorliebe vieler zeitgenössischer Dichter für die aussterbenden Sprachformen zeigt, daß es sich bei der Klage über die Reduktion nicht nur um eine »klerikale Marotte« handelt, sondern daß diese Reduktion möglicherweise eine wirkliche Verarmung ist. Natürlich kann man an einigen der aussterbenden Sprachgestalten kritisieren, sie verbänden auf unziemliche Weise Sprache und Macht. Doch ist es angesichts der Wirkung von Propaganda und Werbung im 20. Jahrhundert ganz illusionär anzunehmen, hier sei eine Verbindung von Sprache und Macht nicht mehr gegeben?

Der Exorzismus erweist die Macht des Charismatikers. Die Erzählung in Apostelgeschichte 19,13–17 (der Dämon schlägt die »Charismatiker«, deren Autorität brüchig ist) zeigt im negativen Spiegelbild noch einmal an, daß es primär nicht um eine exorzistische Technik geht, sondern um die dramatische Konfrontation eines »armen« Menschen mit einem »heiligen« Charismatiker. Die Sprache der Exorzismen hat sich sicher auch dem Wandel in dieser Grundkonstellation anzupassen.

Um diese Sprache heute zu verstehen, ist eine Erneuerung des biblischen Verständnisses des »Namens« unabdingbar. Das bezeugen Texte wie Apostelgeschichte 19,13 und Markus 9,38 (»in Jesu Namen austreiben«). Ähnlich grundlegend ist der Name Jesu offensichtlich bei der Taufe (s. die Tauﬀormeln) und auch beim Herrenmahl (1. Korinther 10,16). Die Anrufung des Namens des unsichtbar Mächtigen über jemandem bedeutet dessen Übereignung und Unterstellung unter den Schutz dieses Mächtigen. Freilich wird immer deutlich gesagt, daß eine Anrufung des Namens leer bleibt, wenn sie nicht auch durch die moralische Qualität des Anrufenden »gedeckt« ist (etwa Markus 9,40: nicht gegen Jesus sein).

Auch hier kann der Vergleich mit Paulus weiterführen. Denn die Exorzismen teilen mit dem Christentum des Paulus die strenge Konzentration auf das heilschaffende Wort. Wenn Paulus sagt, gerettet werde, wer Jesus Christus mit dem Munde bekennt (Römer 10,9), dann ist hier das — aus geisterfülltem Herzen kommende — Wort genauso wichtig wie das Wort des Exorzisten aus geisterfüllter Vollmacht, das den Dämon vertreibt. Diese extreme, fast magisch zu nennende Konzentration auf das Wort lebt in den Sakramenten weiter und ist bis in reformatorische und neuzeitliche Wort-Theologien hin wirksam. Damit wird nochmals deutlich, wie wenig fremd die Exorzismen dem Christentum sind.

Sind Exorzismen unbiblisch?

Aus dem bis jetzt Bedachten geht meines Erachtens klar hervor:
– Jesus verstand sich ganz wesentlich als Exorzist und hat nach den Evangelien den Jüngern entsprechende Vollmacht und Aufträge gegeben.
– Bei allen Exorzismen christlicher Tradition steht nicht die Spekulation über Satan und Dämonen im Vordergrund, sondern die siegreiche Vollmacht des Mittlers (des Exorzisten) im Namen Jesu. Es geht daher hier nicht um dunkles Geheimwissen, sondern um die Durchdringung aller Ängste und Schrecknisse durch das Licht des Glaubens und die Macht des befreienden Wortes.
– Da Teufel und Dämonen nicht »Personen« in unserem abendländischen Sinn sind, wie die Analyse der biblischen und liturgischen Texte zeigte, sollte man entsprechende Anschauungen auch nicht weiter verbreiten.
– Die Auffassung, diese »Mächte« seien durch das Wort erreichbar, orientiert sich an der biblischen und älteren liturgischen Auffassung von Sprache. Diese Auffassung ist nicht die der modernen Sprachpsychologie, aber sie ist doch in sich geschlossen, konsequent und mit einem Verständnis von Wirklichkeit verbunden, wie es sich im Neuen Testament und in der Alten Kirche findet.
– Die Anrede an Mächte und Dinge geht von der Grundannahme der Geschwisterlichkeit des Seienden und der universalen Vollmacht sakraler Sprache aus. Beides kann von modernen Menschen durchaus verstanden werden.
– Daß der Kirche vollmächtiges Wort anvertraut ist, dürfte von Segen und Sündenvergebung her geläufig sein.

Der grundsätzliche Vorwurf lautet: Schon die Annahme der Existenz von Teufeln und Dämonen ist verheerender Aberglaube. Und die Meinung, diesen Mächten durch Exorzismen beikommen zu können, gilt als noch schlimmer und – erwiesenermaßen – als ein Skandal, sonst nichts. Das eine ist Animismus auf schwarz-weiß, das andere macht die Kirche besonders unglaubwürdig. Oft lautet die Verdächtigung: Das erste wird den Menschen eingeredet, damit man sich dann für letzteres unentbehrlich machen kann.

Zum ersten Punkt ist schon gesagt worden, daß hier nichts bewiesen werden soll und kann. Vielmehr knüpfen Judentum und Christentum an die Erfahrungen des abgrundtief Bösen und des reinen Hasses an und ordnen sie dem Gott der Bibel zu. Das erbringt die Auskunft, daß Gottes Liebe stärker sein wird als der reine Haß.

Und zum zweiten Punkt: Schon das Vaterunser enthält eine exorzistische Bitte (s. oben S. 111f). Man kann es der Liturgie nicht verwehren, diese Bitte fortzuschreiben und biblische Texte zu zitieren, die den notwendigen Widerstand gegen die Mächte von Lug und Trug betonen. Gewiß gibt es unterschiedliche Formen von Gebeten, die im weitesten Sinne exorzistisch sind. Aber auch die härtesten knüpfen an den Sprachgebrauch der Bibel direkt an und sind oftmals voll von biblischen Bildern.

Wir werden diese Texte nach ihrem Schwierigkeitsgrad durchgehen und uns um Verständnis bemühen.

Es ist zu erwarten, daß die hereinbrechende Nacht mit ihrem Dunkel und den Ängsten, die den Menschen überfallen können (Antike und Mittelalter kennen kein elektrisches Licht und keine Straßenbeleuchtung), ein aus sich heraus verständlicher Zeitpunkt ist, über Teufel und Dämonen zu reden. Wir machen die Probe und stoßen auf die Abendgebete der Mönche.

Im Abendgebet an den Teufel denken?

Die monastische Komplet ist – zu Beginn der Nacht – besonders intensiv mit exorzistischen Elementen (im weiteren Sinn des Wortes) gefüllt. Die Komplet beginnt mit dem Schriftzitat aus 1. Petrus 5,8–9: *Brüder, seid nüchtern und wachsam, denn euer Widersacher, der Teufel, geht umher wie ein brüllender Löwe, er sucht, wen er verschlingen kann. Widersteht ihm standhaft im Glauben.* Dann folgt unter anderem Psalm 91 (90). Dessen Verse 5–6 heißen nach dem Hebräischen: *Du fürchtest dich nicht vor dem Schrecken der Nacht, vor dem Pfeil, der am Tage fliegt, (6) vor der Pest, die im Finstern umgeht, vor der Seuche, die am Mittag wütet.* (In der Vulgata wird Vers 6 wiedergegeben: ... *vor (dämonischem) Ansturm und vor dem Dämon zur Mittagszeit.* Der Dämon der Mittagszeit findet sich dann in sehr vielen Exorzismen wieder. Gemeint ist der griechische Gott Pan, dessen Stunde die Mittagszeit ist und der Menschen und Tiere mit plötzlichem Schrecken erfüllt, wenn die Stille mit einem Male durchbrochen wird. Hieronymus oder seine Vorlage hatte hier den hebräischen Wortlaut zugunsten griechisch-römischer Vorstellungen geändert.) Aus dem Hymnus *Te lucis ante terminum*, der dann folgt, ist besonders einschlägig die Strophe: »Scheuch von uns fern der Träume Macht, was geisternd streift in dunkler Nacht *(et noctium phantasmata)*, den alten Feind von hinnen treib, daß er nicht schände unsern Leib« *(ne polluantur corpora)*. In der Abendstunde wird die Angst artikuliert, und Lieder und Psalmen singen mit »heiliger Sprache« dagegen an. Das Singen von Psalmen in diesem Sinne hat Tradition:

Sind die Feinde aus den Psalmen die Dämonen?

Vielen Menschen bereitet es Schwierigkeiten, wie die Psalmen über die Feinde des Menschen sprechen. Immer wieder wird Gott aufgefordert, diese Feinde zu strafen und zu vernichten. Entsprechend groß war auch in manchen Jahrhunderten der militärische Mißbrauch. Nun ist grundsätzlich zu sagen, daß angesichts dessen, was Christen im 20. Jahrhundert an Verbrechen begangen haben, niemand über Menschen die Nase rümpfen sollte, die ihre Rachegefühle auf Gott schieben, ihm die Vergeltung überlassen und gerade dadurch sie eben nicht selbst vollziehen müssen. Soweit das Grundsätzliche.

Im besonderen kann man aber sehen, daß im Frühjudentum der neutestamentlichen Zeit (und zwei Jahrhunderte vorher) die Feinde in den Psalmen in erster Linie auf die Geistmächte und Dämonen bezogen wurden. Das heißt: Die Lektüre der Psalmen im Blick auf den politischen oder persönlichen Feind war längst ersetzt worden durch eine Deutung der Feinde auf Dämonen und Teufel. Dafür gibt es Hinweise aus Nachrichten über David, den wichtigsten Psalmdichter, und nicht zuletzt aus den Hymnen und Liedern aus Qumran.

In einem der zeitgenössischen jüdischen Texte heißt es: »Und in jener Zeit wurde der heilige Geist von Saul genommen, und es würgte ihn ein sehr böser Geist. Da sandte Saul aus und führte David herbei, und er sang auf seiner Zither einen Psalm in der Nacht. Und dies ist der Psalm, den er für Saul sang, damit der böse Geist von ihm weiche: ›Finsternis und Schweigen war, bevor die Welt wurde, und es sprach das Schweigen, und die Finsternis wurde sichtbar. Und damals wurde dein Name geschaffen bei der Zusammenziehung der Ausdehnung, wobei das Obere Himmel genannt wurde und das Untere Erde gerufen wurde. Und es wurde dem Oberen befohlen, daß es regnen lasse gemäß seiner Zeit, und dem Unteren wurde befohlen, daß es Nahrung hervorbringe für den Menschen, der geschaffen wurde. Und danach wurde der Stamm eurer Geister geschaffen. Und jetzt sei nicht unwillig als zweites Geschöpf. Wenn nicht, so gedenke des Tartarus, in dem du wandelst. Oder genügt es dir nicht zu hören, daß ich durch die Musik vor deinem Angesicht singe? Oder vergißt du, daß aus dem Widerhall im Chaos eure Art geboren worden ist? Überführen aber wird dich der neue Mutterschoß, aus dem ich geboren worden bin, von dem nach einer Zeit aus meinen Seiten der geboren werden wird, der euch bezwingen wird.‹ – Und als David den Lobgesang sprach, verschonte der böse Geist Saul« (Ps.-Philo, Altertümer, Übers. C. Dietzfelbinger, 1979, 253f). – Der Text ist auch bemerkenswert, weil hier eine eigene Sicht der Erschaffung der Welt vorgetragen wird. Die bösen Geister sind einerseits geschaffen worden, das heißt, sie haben ihren Ort in der Schöpfung Gottes bekommen, denn ihr Name wurde geschaffen. Andererseits hängen sie mit dem Chaos zusammen: Sie sind nur aus dem Widerhall (Echo) von Gottes (übrigen) Schöpfungsworten aus dem Chaos geboren. Der sie künftig bezwingen wird, ist entweder Salomo oder ein Messias aus Davids Geschlecht. Im neutestamentlichen Sohn Davids geht diese jüdische Erwartung in Erfüllung.

Bestätigt wird der jüdische Gebrauch der Psalmen im Neuen Testament: Die Feinde aus Psalm 110,2 werden auf die Geistmächte bezogen, und bei der Versuchung Jesu zitiert der Teufel selbst den gegen ihn und seinesgleichen verwendeten Psalm 91 (90). Jesus – so ist die Logik – soll vor ihm bewahrt werden, wenn er auf ihn hört (Lukas 4,9). – Daß Psalm 91 im Hintergrund steht, läßt sich immer erkennen an der Verwendung von »niedertreten« (griech.: *katapatein*), so in jüdisch-judenchristlichen Texten unabhängig vom Neuen Testament:
Psalm 91,12 (90,13): *Auf Schlange und Basilisk wirst du treten, und Drache und Löwe wirst du niedertreten.* Das wirkt nach in den jüdisch-christlichen sogenannten Patriarchentestamenten, so im Testament des Simeon 6,6 (1. Jahrhundert v. – 2. Jahrhundert n. Chr.): »Dann werden alle Geister des Irrtums niedergetreten werden können, und die Menschen werden herrschen über die bösen Geister« und im Testament des Levi 18,12, wo es vom messianischen Hohenpriester heißt: »Beliar wird von ihm gebunden werden, und er (der Hohepriester) wird Vollmacht seinen Kindern geben, zu treten auf alle bösen Geister.«
Psalm 8,5–7 wird auf die Überwindung der Geistmächte gedeutet (Beispiel: in Römer 16,20 auf den Teufel).
Die Alte Kirche hat sich dem angeschlossen, sie hat damit den sogenannten Feindpsalmen – in Fortsetzung des jüdischen Gebrauchs – einen besonderen »Sitz im Leben« ge-

schenkt. In den Ritualen und Exorzismus-Sammlungen finden wir daher immer wieder Abschnitte, die nur aus Psalmen bestehen.

So beginnt das Rituale Romanum die Exorzismen mit Psalm 54 (53): *… Auf meine Gegner falle das Unheil zurück, weil du treu bist, vernichte sie …* – Später wird Psalm 91 (90) zitiert: *… Er rettet dich aus der Schlinge des Jägers und aus allem Verderben … Du brauchst dich vor dem Schrecken der Nacht nicht zu fürchten … dir begegnet kein Unheil, kein Unglück naht deinem Zelt … Denn er befiehlt seinen Engeln, dich zu behüten auf allen deinen Wegen. Sie tragen dich auf ihren Händen, damit dein Fuß nicht an einen Stein stößt; du schreitest über Löwen und Nattern, trittst auf Löwen und Drachen … Weil er an mir hängt, will ich ihn retten.* Es folgt Psalm 68 (67): *Gott steht auf, seine Feinde zerstieben; die ihn hassen, fliehen vor seinem Angesicht. Sie verfliegen wie Rauch, der verfliegt; wie Wachs am Feuer zerfließt, so vergehen die Frevler vor Gottes Angesicht …* Es folgen des weiteren die Psalmen 70 (69); 54 (53); 118 (117); 35 (34); 31 (30); 22 (21),3; 11 (10) und 13 (12)
(zit. nach G. Siegmund, Rituale Romanum, 1981).

Der nächste größere Komplex sind Taufgebete. In dem Abschnitt über »Versuchung« haben wir bereits die Grundlagen erörtert. Auch die Vaterunserbitte »Und führe uns nicht in Versuchung« geht wahrscheinlich auf eine Bitte beim Christwerden (zum Beispiel durch Taufe) zurück. Die Liturgie der griechisch-orthodoxen Kirche hat derartige Taufgebete bewahrt. Sie sind an Gott gerichtet.

Sind Exorzismen bei der Taufe nötig?

Wir zitieren ein Stück Taufliturgie der griechisch-orthodoxen Kirche.

»P(riester): Laßt zum Herrn uns beten!
G(emeinde): Kyrie eleison.
P: Der du ewig bist, Gebieter, Herr, der du den Menschen nach deinem Bilde und zu deiner Ähnlichkeit erschaffen und ihm die Befähigung zum ewigen Leben gegeben hast, der du ihn auch dann,

als er durch die Sünde abgefallen war, nicht verschmäht, sondern durch die Menschwerdung deines Christus die Erlösung der Welt bewirkt hast, erlöse du selbst auch dieses dein Geschöpf aus der Knechtschaft des Feindes, nimm es auf in dein himmlisches Reich! Öffne ihm die Augen des Verstandes, damit in ihm erstrahle das Licht deines Evangeliums! Geselle zu seinem Leben den lichten Engel, der ihn entreiße allen Nachstellungen des Widersachers, böser Begegnung, dem mittäglichen Dämon und schlimmen Täuschungen. *(Der Priester haucht auf Mund, Stirn und Brust mit den Worten:)* Vertreibe aus ihm jeden bösen und unreinen Geist, der sich verborgen und eingenistet hat in seinem Herzen *(dreimal),* den Geist des Betruges, den Geist der Bosheit, den Geist des Götzendienstes und der Habsucht, den Geist der Lüge und aller Unlauterkeit, die wirksam ist, wenn der Teufel sie lehrt. Mache ihn (sie) zum Schäflein der heiligen Herde deines Christus, zum wertvollen Glied der Kirche, zum Sohn (zur Tochter) des Lichts und zum Erben (zur Erbin) deines Reiches, damit er (sie) nach deinen Geboten lebe, das Siegel unverletzt bewahre, das Gewand unbefleckt erhalte und die Seligkeit erlange in deinem Reich. Dies schenke uns durch die Gnade und das Erbarmen, durch die Menschenliebe deines einziggeborenen Sohnes, mit dem zusammen wir dich preisen samt deinem allheiligen, guten und lebendigmachenden Geist, jetzt und allezeit und von Weltzeit zu Weltzeit.
G: Amen.«
(Zitiert aus den Exorzismen der orthodoxen Taufliturgie nach S. Heitz, Mysterien der Anbetung III, 1988, 29–33)

Dazu ist zu sagen: Unterschiedliche Geister, wie zum Beispiel den Geist der Furchtsamkeit, kennt auch das Neue Testament (2. Timotheus 1,7), das positive Gegenstück ist dann der Geist der Sanftmut nach 1. Korinther 4,21. Auch der Entwurf der neuen Taufagende der EKU (s. unten S. 192) nimmt auf die Abwehr der Einzelgeister Bezug. – Negativ ist der Geist, der in den Kindern des Ungehorsams wirkt. In allen diesen Aussagen ist der Übergang zwischen Personhaftigkeit, einer Machtvorstellung und einer bestimmten Haltung fließend. Doch das macht diese Texte besonders interessant. Denn wenn hier im Zusammenhang einer bestimmten Haltung vom Geist gesprochen wird, be-

deutet das: Hier geht es nicht nur um Moral, sondern in diesen Menschen war oder ist eine Macht wirksam, der sie sich – je nachdem positiv oder negativ – »verschrieben« hatten. – Daß die Taufe Befreiung aus einer Knechtschaft ist, sagt auch Paulus. Nur spricht er hier nicht vom Feind, sondern von der Sünde (Römer 6,16). Aber die Sünde ist als Sklavenhalterin bei Paulus auch fast personifiziert (vgl. dazu G. Röhser: Metaphorik und Personifikation der Sünde, 1987). Und es zeigt sich wieder, wie mißlich unsere Unterscheidung in Person und Ding ist.
Ein weiterer Tauftext lautet:

»Herr Sabaoth, Gott Israels, der du alle Krankheit und Gebrechen heilst, siehe herab auf den (die), der (die) an dich glaubt, erforsche, prüfe, treibe hinweg von ihm (ihr) alle Einwirkungen des Teufels. Schilt die unreinen Geister und vertreibe sie! Reinige das Werk deiner Hände und nimm in Dienst das Werk deiner Macht. Wirf den Satan eilends nieder unter seine (ihre) Füße und schenke ihm (ihr) Sieg über ihn und seine unreinen Geister.
Wirke dies, damit er (sie) Deine Gnade empfange, damit er (sie) empfangen kann deine unsterblichen und himmlischen Sakramente und verherrliche den Vater und den Sohn und den Heiligen Geist, jetzt und allezeit und von Weltzeit zu Weltzeit.
G: Amen.«
(Zitiert ebd.)

Die Schelte gegenüber den unreinen Geistern ist hier noch Gottes Werk. Die Bitte um das Niederwerfen betrifft ein Stück aus dem Prozeß, den Paulus in 1. Korinther 15,25 andeutet: ... *bis Gott ihm* (sc. Jesus) *alle seine Feinde unter seine Füße legt.*

Darf man den Teufel direkt anfahren?

Wiederum aus der orthodoxen Taufliturgie:

»Teufel, dich schilt der Herr, der in die Welt gekommen ist und Wohnung genommen hat unter den Menschen, auf daß er zerstöre deine Gewaltherrschaft und die Menschen befreie, Er, der am Holz

des Kreuzes über die feindseligen Kräfte den Sieg gefeiert hat, als die Sonne sich verfinsterte und die Erde erbebte und die Gräber sich auftaten und die Leiber der Heiligen auferstanden, Er, der zertreten hat den Tod durch den Tod und die Kraft genommen dem, der die Gewalt des Todes innegehabt hat, das ist dir, dem Teufel.
Ich richte diese heiligen und reinigenden Worte an dich, durch den Gott, welcher offenbarte den Baum des Lebens und die Cherubim bestellte und das flammende, blitzende Schwert, ihn zu bewachen. Sei gescholten und weiche von hier. Denn ich richte diese heiligen und reinigenden Worte an dich durch den, der auf dem Rücken des Meeres gehen konnte wie über festes Land, der den Sturm und die Winde bedrohte, dessen Blick die Meeresgründe trocken gelegt hat und dessen Drohen die Berge zerschmelzen ließ. Denn er selbst befiehlt dir auch jetzt durch uns: Fürchte dich, fahre aus und entferne dich von diesem Geschöpf und kehre nicht wieder zurück. Verbirg dich nicht in ihm, begegne ihm nicht, wirke nicht auf ihn ein, weder bei Nacht noch am Tage, nicht am Morgen und nicht zur Mittagszeit. Sondern fahre hin in deinen Tartaros bis zum großen Tag des Gerichtes, der schon bereitet ist. Fürchte Gott, der da thront auf den Cherubim und in die Abgründe blickt, vor dem erzittern die Engel, die Erzengel, Throne, Herrschaften, Fürstentümer, Gewalten, Kräfte, die vieläugigen Cherubim und die sechsflügeligen Seraphim, vor dem erzittern der Himmel und die Erde, das Meer und alles, was darin ist. Fahre aus und entferne dich aus dem besiegelten, neu erwählten Soldaten Christi, unseres Gottes. Denn ich rede zu dir diese heiligen und reinigenden Worte durch ihn, der schreitet auf den Flügeln der Winde, der die Stürme zu seinen Boten macht und zu seinen Dienern flammendes Feuer. Fahre aus und entferne dich von diesem Geschöpf mit all deiner Macht und allen deinen Engeln. Denn verherrlicht ist der Name des Vaters und des Sohnes und des Heiligen Geistes, jetzt und allezeit und von Weltzeit zu Weltzeit.
G: Amen.«
(Zitiert ebd.)

Kommentar: Der Sprecher überläßt das Schelten nicht Gott, sondern vollzieht es selbst. Dabei ist der Text reich gesättigt mit großartigen biblischen Bildern, die schon beim bloßen Hören dazu geeignet sind, die Ängste in Menschenseelen aufzusaugen. So bietet der Text eine sehr zutreffende

Auslegung zum Beispiel des Schreitens Jesu über das Meer: Das Meer ist der Abgrund des Todes und der dunklen Mächte. – Wenn vom Zittern der Dämonen die Rede ist, steht jeweils Jakobus 2,19 im Blick (die Dämonen zittern, weil sie Gott wahrnehmen, aber keine guten Werke haben). Auch Jesus hat die Dämonen direkt angeredet. So bietet der Text hier eine wiederholte Konfrontation. Diese Rhetorik der Konfrontation inszeniert ein Kampfgeschehen, daher auch das Stichwort »Soldat« Christi. Ich halte es für gegeben, daß in Texten wie diesem *eine Auslegung und Anwendung von Anweisungen wie Epheser 6,11–17 vorliegt.* Denn nach Epheser 6,11ff geht es eben darum, mit dem Schwert des Geistes und im Gebet gegen den Teufel und die Mächte vorzugehen. Der Rahmen, in dem das geschieht, ist kriegerisch (Waffenrüstung). Gewiß ist dies nicht die einzige Möglichkeit, Epheser 6 anzuwenden, aber es ist eine sehr konkrete.

So läßt sich auch sagen: Mit den Exorzismen ist uns eine eigenständige Welt des geistlichen Kampfes aus dem Blick geraten.

Von Therapeuten hört man immer wieder über Kämpfe, die geführt werden müssen, über Verstocktheiten, die gebrochen werden müssen; so kann man wenigstens ahnen, worum es im geistlichen Kampf geht. Damit ist die Brücke zum schwierigsten Bereich geschlagen.

Sollte man Exorzisten einsperren?

Alle im folgenden genannten Texte sind auch potentielle Tauftexte. Dieser »Sitz im Leben« ist immer unproblematisch, denn Taufe ist eine allgemeine Situation, und jeder Christ war zu einem Zeitpunkt seines Lebens Täufling. – Anders und sehr viel schwieriger ist der Exorzismus – insbesondere mit Du-Anrede an den Dämon – außerhalb der Taufe. Wenn man von derartigen Exorzismen hört, ist oft das erste spontane Urteil, daß hier in geographischen oder mentalen Nischen ein Rückfall ins Mittelalter praktiziert wird. Daran ist insofern Wahres, als das Hauptproblem dieser Art von Exorzismus ein sozialpsychologisches ist. Es kann indes kein Zweifel bestehen: Die Exorzismen Jesu waren überwiegend von dieser Art.

Damit stellen diese Exorzismen auch schon innertheologisch ein Problem. Denn wie verhalten sie sich zu den beiden sachlich angrenzenden Sakramenten Taufe und Buße? Der Exorzismus zu Anfang ist vielfach mit der Taufe verschmolzen, wenn auch rituell gesehen damit nicht identisch. Bei Menschen, die schon getauft sind, wäre die Beichte oder Buße der normale Weg, Lasten loszuwerden. Aber offenbar hat es nie ganz gereicht, salopp gesagt, nur Sünden loszuwerden. Auch jeder Laie wird einsehen, daß man durch eine Beichte wohl kaum von schwerwiegenden Süchten freikommt. Da bedürfte es auch anderer Waffen, wenn es sie denn gäbe.

Also müssen wir weiter überlegen.

Eine Erfindung der Kirche, um Gegner zu verteufeln?

Gemeint ist hier ein *gegenwärtiges* Problem, das – wie man ehrlicherweise zugeben sollte – bereits das Verständnis der Exorzismen Jesu blockiert. Wer sich oder andere für besessen erklärt, gehört deshalb zu den letzten und ärmsten unserer Gesellschaft, weil er es mit einer kulturellen Zeichenwelt noch ernst meint, die längst abgesunken ist. Er ist also rückständig, und in diesem Sinne konnte E. Pagels ein Buch über den Teufel schreiben (Satans Ursprung, 1996), das dem Nachweis dienen sollte, der Teufel verdanke seine Existenz im wesentlichen dem Wunsch der Kirche, ihre Gegner zu verteufeln. Da das aber keine rechte Art sei, mit Andersdenkenden umzugehen, habe sich die Kirche wieder einmal selbst ein Bein gestellt.

Unter »abgesunkener« Zeichenwelt verstehe ich: Teufel gibt es noch im Sprichwort und im Kasperletheater, böse Geister in Wahnvorstellungen. Dank des kulturellen Fort-

schritts sind die diesbezüglichen Vorstellungen marginalisiert (das heißt an den äußersten Rand des Diskussionsfähigen gerückt) worden. Und wer sie nun für eine Therapie verwendet, treibt wahrhaft den Teufel mit Beelzebul aus, denn er verstärkt die Marginalisierung der Kranken, statt sie aufzuheben. Soweit die Schwierigkeiten.
Kurz gefaßt: Die hier diskutierten Dinge sind längst einem rigiden kulturellen Fortschrittsdenken zum Opfer gefallen. Der Teufel ist daher zur Witzfigur geworden, auch wenn man einigen komischen Heiligen noch spirituelle Erfahrungen zubilligt. Zu diesen komischen Heiligen gehört dann auch Jesus.

Dieses Phänomen gehört wohl zu einer Volkskirche: Die besonderen prophetischen, visionären und spirituellen Erfahrungen werden einer Elite zugebilligt und hier auch toleriert, aber nicht allgemein umgesetzt oder gar verstanden. Beides bedingt und begründet sich gegenseitig. Für die Exorzismen beruft man sich dann darauf, daß schon Jesu Jünger auf diesem Gebiet Schwierigkeiten mit Erfolg oder Akzeptanz hatten (Markus 9,28f). Indem man derartige Ahnen nennt, kreist man das Phänomen zugleich ein und schafft es aus der Welt; Protestanten nennen Chr. Blumhardt, Katholiken den Pfarrer von Ars. Und damit läßt man es genug sein.

Die Ausnahmen bestätigen hier wahrhaft die Regel. Hier sind zwei Dinge zu unterscheiden:

– Zur Zeit Jesu sind die Besessenen ausgegrenzt. Als »psychisch« Kranke noch nicht in Anstalten versteckt wurden, sondern sich frei bewegen konnten, bedeutete diese Krankheit »das Letzte«. Ähnlich begegnet Jesus Besessenen auch im heidnischen Gebiet (Heiden werden von Juden verachtet), und nicht zufällig ist die erste Heilung Jesu an Heiden ein Exorzismus an einem kleinen Mädchen.
– Heute sind auch die Exorzisten ausgegrenzt. Während zur Zeit Jesu nur die Besessenen die Ausgegrenzten sind, trifft dies heute Exorzisten und Besessene, weil sie »noch an so etwas glauben«. Es geht um eine kulturelle Marginalisierung. Im Neuen Testament war es eine gesundheitliche und zu-

gleich kultische (wegen der »unreinen« Geister). Nun aber ist andere zu verteufeln genauso schlimm wie die Meinung, selbst besessen zu sein. Dabei ist in solcher öffentlichen Meinung »der Teufel« nach wie vor etwas Schlimmes, sonst wäre es nicht tabu, jemanden in seiner Nähe zu plazieren. Es ist wie mit der Hölle; es mag sie zwar geben, meint man, aber es sei ganz unwahrscheinlich, daß jemand darin sei. Ähnlich ist es mit dem Teufel. Man darf ihn nicht an die Wand malen, weil er sonst kommt, aber zu tun hat er mit niemandem, er ist also offenbar ein einsamer Teufel geworden.

Gottes Hilfe gegen Dämonen erbitten?

Noch verhältnismäßig gut verständlich sind Gebetstexte, die sich an Gott richten und ihn um Hilfe gegen die unsichtbaren Feinde bitten:

»Gott, dir ist es eigen, immer Barmherzigkeit und Nachsicht walten zu lassen. Nimm unser Flehen gnädig an, damit dieser, der (diese, die) an dich glaubt, der (die) durch ihre Verfehlungen gefesselt ist, durch deine erbarmende Liebe befreit werde.
Heiliger Herr, Allmächtiger, Vater, ewiger Gott, Vater unseres Herrn Jesus Christus: Du hast den widerspenstigen und abtrünnigen Geist dem Feuer der Hölle überantwortet und deinen eingeborenen Sohn in diese Welt gesandt, um den brüllenden Löwen zu vernichten. Wende dich eilends uns zu, errette diesen Menschen, den du nach deinem Ebenbild erschaffen hast, aus seinem Unglück, befreie ihn vom Dämon, der sich am Mittag anschleicht. Jage Schrecken ein dem Untier, das deinen Weinberg verwüstet. Gib denen, die an dich glauben, Zuversicht, damit sie mutig gegen den bösen Drachen kämpfen. Er soll nicht jene verachten, die auf dich hoffen, und nicht sprechen wie einst Pharao: Ich kenne Gott nicht und werde Israel nicht freilassen. Deine mächtige Hand zwinge ihn, von dem (der) zu weichen, der (die) an dich glaubt. Er wage es nicht länger, den Menschen gefangen zu halten, den du nach deiner Güte als dein Ebenbild erschaffen und durch deinen Sohn erlöst hast, der mit dir lebt und herrscht in der Einheit des Heiligen Geistes, Gott von Ewigkeit zu Ewigkeit – Amen.«
(Zitiert nach Rituale Romanum, Hg. G. Siegmund, 29.)

Kommentar: Der Text ist als Gebet an Gott formuliert. Im ersten Absatz geht es auch um den Zusammenhang mit Schuld und Sünde, die sich als Kollaboration darstellte. – Der Auszug aus Ägypten ist das Befreiungsgeschehen schlechthin.
Und ferner:

»Allmächtiger Herr, Wort Gottes, des Vaters, Jesus Christus, Gott und Herrscher über die ganze Schöpfung. Du hast deinen heiligen Aposteln die Macht verliehen, auf Schlangen und Skorpione zu treten. Bei deiner Weisung, Wundertaten zu vollbringen, hast du auch befohlen: Treibt die Dämonen aus! Durch dein Machtwort fiel der Satan wie ein Blitz vom Himmel herab. Voll Furcht und Zittern rufe ich deinen heiligen Namen an und bitte dich, verleihe mir, deinem unwürdigen Sklaven, Verzeihung aller meiner Sünden, festen Glauben und die Macht, gestärkt durch die Kraft deines heiligen Arms, diesen grausamen Dämon zuversichtlich und furchtlos anzugreifen. Das gewähre mir du, Jesus Christus, unser Herr und Gott, der du kommen wirst, zu richten die Lebenden und die Toten und die Welt durch Feuer.«
(Zitiert ebd., 37)

Kommentar: Hier betet der Exorzist selbst zu Gott um Kraft für sich. Die Wahl der Worte läßt erkennen, daß es sich um Stärkung vor dem heiligen Kampf handelt. Auch Jesus führt den Kampf gegen die bösen Mächte als Angriffskrieg, der aber nur aus Unterwerfung durch Befehl besteht.
Deutlicher auf das seelische Erleben des Kranken nimmt dieser Text Bezug:

»Gott, Schöpfer und Beschützer des Menschengeschlechtes, du hast den Menschen als dein Ebenbild erschaffen. Blicke herab auf uns, die der Feind von Anbeginn mit Furcht und Schrecken umgibt, deren Geist und Gefühl er betäubt und bannt, mit Grausen verwirrt, mit Angst und Einschüchterung beunruhigt. Behüte das Innere in dieser Brust. Sei du Herr über das innerste Wesen. Ermutige unsere Herzen. Die Versuchungen sollen in der Seele zunichte werden. Der, der bis jetzt erschreckte, soll selbst erschrocken und besiegt werden und weichen.«
(Zitiert ebd., 41)

Kommentar: Daß häufig an die Ebenbildlichkeit des Menschen erinnert wird, nimmt bezug auf jüdische Midraschim, die schon zur Zeit des Neuen Testaments erzählt wurden. Danach besteht die absolute Würde des Menschen, die ihm Satan neidet, in der Gottebenbildlichkeit. Nach dem »Leben Adams und Evas« weigert sich der Teufel, dem Ebenbild Gottes Reverenz zu erweisen, und stürzt deshalb in Hochmut. Und umgekehrt: Wenn die Ebenbildlichkeit des Menschen erwähnt wird, so bedeutet dies immer die Kampfansage an den Teufel.

Ein Weg für bestimmte Fälle?

Aus meiner Sicht könnte es Fälle geben, in denen traditionelle oder auch neue exorzistische Gebete einen Sinn haben. Wenn sie unter großem Leidensdruck Erleichterung bringen, ist es gut; zumeist fehlt wohl der Leidensdruck, da wir eine Fülle anderer Therapien kennen (die nicht zu verachten sind). Ähnlich ist es mit dem Leidensdruck bei Verfolgung. Wohl nur in einer verfolgten Kirche kann man im römischen Kaiser den Handlanger des Teufels sehen (Offenbarung 12f), nicht aber zu Friedenszeiten. Wir leben – therapeutisch gesehen – in Zeiten des Wohlstands und der Rundum-Versorgtheit. Aber es kann auch anders sein:
Es kann ja der Fall eintreten, daß die geistliche und leibliche Not größer ist als die Angst vor sozialer Marginalisierung. Ich denke an psychisch Kranke, die die Wahl hatten zwischen einer Jahrzehnte währenden medikamentösen Behandlung und/oder einer für normale Vorstellungen fundamentalistisch-autoritären geistlichen Führung, die den frühchristlichen Exorzismen in nichts nachsteht. Sie weist eine sehr hohe Erfolgsquote auf.
Es kann ja sein, daß nur eine radikale Konfrontation hilft. Exorzismus ist die radikalste Konfrontation, die einem Menschen geschehen kann, daher die kriegerische Dramatik. Gerade dieses Element der schonungslosen Konfronta-

tion finde ich in modernen Therapieformen wieder. In DIE ZEIT Nr. 31/1998, S. 50, lese ich über die Brüsseler Therapeutin Carine Hutsebout, die sich mit der zunehmenden Pädophilie befaßt: »Carine Hutsebout arbeitet erfolgreich mit einer speziellen Therapie, die sie im Gracewell Institute in Birmingham gelernt hat. ›Es ist eine Methode der Konfrontation, eine harte Auseinandersetzung mit Menschen, die jedes Gefühl für Respekt und Empathie verloren haben. Das Lügensystem muß aufgebrochen werden. Einigen ist es völlig egal, daß sie Kinder vergewaltigen. Denen kann man nicht helfen. Andere täuschen sich selbst mit Entschuldigungen, mit Rationalisierungen oder Beschönigungen. Das Kind kam doch selbst zu mir, sagen sie; oder: Das Kind wollte die Sexualität, und es war doch besser, das mit mir zu erleben, weil ich Kinder liebe.‹« Und man darf fragen: Ist nicht die exorzistische Konfrontation eine, die weit über das Moralische hinausgeht und *nicht nur* beschuldigt? Exorzistische Konfrontation also als »starker Tobak« für Notfälle?

Es kann ja sein, daß die Sucht einen Menschen so gefangenhält, daß nicht die Beichte, sondern die autoritative Anrufung Gottes gegen das Erzböse helfen könnte. Der herrschaftliche Befehl an das Böse, zu weichen.

Mir fällt auf, daß in diesen Sätzen das Wort »autoritär« / »autoritativ« oft vorkommt. Das bestätigt die Beobachtungen zum Neuen Testament: Entscheidend ist die Vollmacht des Mittlers; und deshalb haben schon die Jünger Probleme, und Jesus muß sie auf Fasten und Beten verweisen (Markus 9,29). Es kann ja sein, daß die Not so groß ist, daß hier jemand durch sein Machtwort die Trennung befehlen muß.

Augen- und Ohrenzeugen haben mir berichtet, daß sie während Goebbels-Reden den Exorzismus gebetet haben. Wenn Geist und Gebet nicht überhaupt lächerlich sind, wenn es gute Mächte gibt, sind diese Exorzismen nicht zumindest ein anrührendes Zeugnis des Glaubens an etwas ganz anderes? Die Christen der Offenbarung des Johannes singen ihre Hymnen angesichts des teuflischen römischen Kaisertums. Wie alle Lieder haben sie exorzistischen Charakter.

Wenn die Not so groß ist, daß nichts mehr hilft, könnte man wohl auch bereit sein, sich einem solchen Gebet auszusetzen, gesprochen von einer »charismatischen Gestalt«, mit Riten, Kerzen und Kruzifix.

Im Grunde sind die Menschen, an denen Jesus die Exorzismen vollzieht, solche, die nichts mehr zu verlieren haben, ausgegrenzt in jeder Hinsicht. Es ist nicht schön, in einem Exorzismus vorzukommen, weder für den Patienten noch für den Sprecher. Aber diese befehlenden Reden sind nach christlichem Verständnis möglich, wenn und insofern es von Gott verliehene Vollmacht gibt. (Daß hier institutionelle Regelungen sein müssen, ist wohl selbstverständlich.)

Weil aber andererseits Menschen in solcher Bedrängnis leicht nur kurzfristig auf das letzte Schiff setzen, ist es unter allen Umständen geboten, hier nicht allein kirchlich-liturgisch vorzugehen, sondern eben, wie oben schon ausgeführt, interdisziplinär. Denn Macht ist heute nur noch in Gewaltenteilung ausübbar. Die psychische Lage der Kranken entspricht sehr sensibel der Gesamtgesellschaft.

Wie kann man Geistern befehlen?

»Ich rede dich an mit diesen heiligen und reinigenden Worten, du böser Drache, im Namen des unschuldigen Lammes, das über Schlangen und Basilisken schritt und auf Löwen und Drachen trat: Verlaß diesen Menschen *(Kreuzzeichen auf die Stirn)*, entferne dich von der Kirche Gottes *(Kreuzzeichen über den Umstehenden)*, erzittere und fliehe bei der Anrufung des Herrn, vor dem die Hölle erbebt, dem die himmlischen Kräfte, die Mächte und Gewalten untertan sind, den die Cherubim und die Seraphim unaufhörlich preisen mit den Worten: Heilig, heilig, heilig, Gott der Heerscharen. Dir gebietet das Wort, das Fleisch geworden ist. Dir gebietet der aus der

Jungfrau Geborene. Dir gebietet Jesus aus Nazaret, der dich schlug und unterwarf, obwohl du seinen Jüngern dich widersetztest … Er wird kommen, um die Lebenden und die Toten und die Welt durch das Feuer zu richten.«
(Zitiert ebd., 45f)

Kommentar: Die zahlreichen Bilder dieser befehlenden Rede sind zumeist biblischen Ursprungs. Sie machen, weil sie an Erinnerung anknüpfen, diese Rede auch emotional eindrucksvoll. Denn auch durch die Erinnerung wird der Kranke (wieder) in die Geschichte des Heils hineingestellt, aus der er herausgefallen zu sein schien. Immer wieder begleitet Ps 91 (90) den Weg der Christen in der Abwehr der Angst.
Und ferner:

»Im Namen unseres Herrn Jesus Christus richte ich diese heiligen und reinigenden Worte an dich, unreiner Geist, jede feindliche Macht, jedes Gespenst. Reiße dich los und weiche von diesem Geschöpf Gottes. Er selbst befiehlt es dir, auf dessen Wort du von den Höhen des Himmels in die Hölle gestürzt wurdest. Er selbst befiehlt es dir, der dem Meer, den Winden und Stürmen gebot. Höre es also und fürchte dich, Satan, du Feind des Glaubens, du Widersacher der Menschen, du Mörder und Räuber des Lebens, du Verächter der Gerechtigkeit, du Wurzel aller Übel, du Herd aller Laster, du Verführer der Menschen, du Verräter der Völker, du Aufwiegler zum Neid, du Ursprung des Geizes, du Ursache der Zwietracht, du Erreger von Leid und Leiden. Warum verweilst du und widerstehst du? Du weißt ja, daß Christus der Herr deine Wege ins Verderben führt. Ihn sollst du fürchten, der in Isaak geopfert, in Joseph verkauft, als Lamm geschlachtet, als Mensch gekreuzigt wurde und die Hölle überwunden hat. Weiche also im Namen des Vaters und des Sohnes und des Heiligen Geistes. Mach Platz dem Heiligen Geist durch das Zeichen des heiligen Kreuzes unseres Herrn Jesus Christus, der mit dem Vater und dem Heiligen Geist lebt und herrscht, Gott von Ewigkeit zu Ewigkeit. Amen.«
(Zitiert ebd., 39)

Kommentar: Im Mittelpunkt dieses Befehls steht eine litaneiartige Aufzählung der Prädikate Satans. Sehr in die Tiefe

geht die Christologie: »... der in Isaak geopfert, in Joseph verkauft, als Lamm geschlachtet, als Mensch gekreuzigt wurde.« Denn wenn das alles dem Christus geschah, hat er mehr Kompetenz als Retter der Menschen. – Die Anrede schüchtert Satan ein. Wenn es aber zutrifft, daß – im Falle der Krankheit – der »Teufel« und der, der sich auf ihn eingelassen hat, wie kommunizierende Röhren miteinander verbunden sind, dann gelten diese Drohungen und Einschüchterungen auch vielen Elementen im angeredeten Menschen. Nur muß er sich nicht damit identifizieren. Ist es nicht am Ende doch sehr barmherzig und vielleicht auch hilfreich, daß der Mensch, der dieses hört, das alles eben gerade nicht auf sich, sondern auf das oder den beziehen muß (oder kann), der ihn belastet und gefangen hält?
Gewiß, unter dem Aspekt der Moral darf es keine Flucht aus der Verantwortung geben. Aber wenn – wie wir längst wissen – Moral nicht das einzige ist, ist dann das Modell der Abtrennung und Befreiung vielleicht doch hilfreich? Wenn die Scheidung vollzogen werden kann: nicht ich, sondern »es« oder »er«? Ist das nicht hoffnungsvoller als ausweglose Betroffenheit von der eigenen Sünde im Sinne des 19. Jahrhunderts?
Und ferner:

»Ich rede dich an mit diesen heiligen und reinigenden Worten, unreiner Geist, wahnhafter Trug, Ansturm Satans, im Namen Jesu Christi aus Nazareth, der nach der Taufe des Johannes in die Wüste geführt wurde und dich dort in der Wüste besiegt hat, wo du wohnst. Hör auf, den Menschen zu bekämpfen, den Gott aus dem Staub der Erde zu seiner Ehre erschaffen hat. Fürchte im armseligen Erdenkind nicht die menschliche Schwäche, sondern das Ebenbild des allmächtigen Gottes. Weiche also vor Gott, der dich und deine Bosheit in Pharao und in dessen Heerschar durch Mose seinen Diener im Meer versenkte. Weiche vor Gott, der dich durch seinen treuen Diener David mit geistlichen Liedern aus dem König Saul vertrieb und in die Flucht schlug ... Weiche vor Gott, in dessen Gegenwart du samt deinen Heerscharen zitternd ausriefst: Was habe ich mit dir zu schaffen, Jesus, Sohn des höchsten Gottes? Bist

du hierher gekommen, um uns schon vor der Zeit zu quälen? – Gottes Sohn bedrängt dich mit ewigem Feuer, der am Ende der Zeiten zu den Gottlosen sagen wird: Weicht von mir, ihr Verfluchten, ins ewige Feuer, das dem Teufel und seinen Engeln bestimmt ist. Dich, du Gottloser, und deine Engel werden Würmer peinigen, die niemals sterben. Dir und deinen Engeln ist ein unauslöschliches Feuer bereitet. Denn du bist der Urheber verfluchten Mordens, der Anstifter der Blutschande, der Anführer der Zerstörer des Glaubens, der Lehrmeister schändlicher Taten, das Haupt der Irrlehrer, der Erfinder aller Perversionen. Weiche, du Gottloser, weiche, du Verruchter, weiche mit all deinen Vorspiegelungen. Gott wollte ja, daß der Mensch sein Tempel sei. Warum willst du noch länger hier verweilen? Erweise Gott, dem allmächtigen, dem Vater, die Ehre, vor dem sich jedes Knie beugt. Mach Platz unserem Herrn Jesus Christus, der für die Menschen sein heiligstes Blut vergossen hat. Mach Platz dem Heiligen Geist, der dich durch seinen Heiligen Apostel Petrus in Simon, dem Zauberer, sichtbar unterwarf. Der deinen Trug in Hananias und Saphira verurteilte, der dich in König Herodes, der Gott die Ehre verweigerte, bestrafte, der dich im Zauberer Elymas durch den Apostel Paulus mit Blindheit schlug und durch ihn mit einem Machtwort dir befahl, aus der Magd auszufahren, die einen Wahrsagegeist hatte. Weiche also jetzt, weiche, du Verführer. Dein Wohnsitz ist die Wüste, deine Behausung die Schlange. Dort sollst du gedemütigt und niedergeworfen werden. Es gibt keinen Aufschub mehr. Sieh, Gott der Herrscher kommt schnell herbei. Loderndes Feuer läuft vor ihm her und verzehrt seine Feinde ringsum. Den Menschen magst du täuschen, mit Gott kannst du keinen Spott treiben Er, dessen Augen nichts verborgen ist, er, dessen Macht das All unterworfen ist, treibt dich aus. Jener weist dich ab, der für dich und deine Engel die ewige Hölle bereitet hat. Aus seinem Mund geht ein scharfes Schwert hervor. Er wird kommen, zu richten die Lebenden und die Toten und die Welt durch Feuer. Amen.«
(Zitiert ebd., 49f)

Kommentar: Auch dieser Exorzismus ist ganz biblisch ausgerichtet und erzählt als einziger von den Taten der Apostel nach der Apostelgeschichte. Immer wieder, so auch in diesem Text, heißt es: »Dein Wohnsitz ist die Wüste.« Der Satz ist nicht nur als Aussage gedacht, sondern als Befehl (»Ab, dorthin, wo du zu Hause bist«). Er erinnert daran, daß am Versöhnungsfest der Widder, dem die Sünden des Volkes aufgestemmt sind, in die Wüste gejagt wird, zu Azazel, wie man im Frühjudentum meint. Azazel wird dann mit Satan identifiziert. Die Wüste ist schon im Alten Testament der Ort, an den das Böse gehört, zu dem es hingewünscht und hingetrieben wird. *Hier stoßen wir wieder auf die »lokale« Theologie, die den Ort des Bösen im Bild der Wüste so eindringlich fassen kann und damit allen modernen Definitionen des Bösen weit voraus ist.*

Verfluchen und Verteufeln – wäre das nicht der Gipfel?

Exorzismus bedeutet nicht verteufeln, sondern von all dem befreien, was mit Teufelsängsten zu tun hat. Freilich ist Exorzismus negativer Gebrauch der Vollmacht, ist Rede gegen und nicht für. Das ist für moderne Menschen sichtlich untragbar.

Denn einmal tritt die Kirche weniger denn je als Autorität ins Bewußtsein und kann sich daher negativen Gebrauch schon gar nicht leisten. Zum anderen wird das Bewußtsein moderner Kirchenchristen bestimmt durch Sätze wie »Gott ist die Liebe«, und schließlich akzeptieren wir die Personalität Gottes eher als die Rede von der Personhaftigkeit des Teufels. Überhaupt glauben wir wohl leichter an Gott als an den Teufel. Ob das alles so stimmt, was wir dahinsagen, darf man allerdings bezweifeln.

Denn das Gesagte bezieht sich doch wohl nur auf die Ebene der *correctness*. Hat nicht E. Bloch recht mit der Beobachtung, daß der Teufel gut ohne Glauben auskommt und er dennoch trotz Unsichtbarkeit harte Realität für uns ist – auf der Ebene der Alltäglichkeit? Darin sind wir wohl Luther doch ähnlich. In der Kirche reden wir von Gott, aber im Alltag, ganz unten, da gibt es den Fluch und das »Zum Teufel mit Ihnen«. Da »malt man den Teufel nicht an die Wand«, da kommt er, wenn man »von ihm spricht«. Die tausend Formen und Formeln machen ihn zum heimlichen Herrgott des Alltags.

Daher versteht man jedenfalls »offiziell« auch kaum, wie Paulus Leute verfluchen kann, die ein anderes Evangelium haben, als er es verkündigt (Galater 1,7f). Und das »Anathema« der Kirche versteht man dann schon gar nicht, selbst wenn sie darin Paulus nur getreulich folgt (was freilich nicht für jedes Anathema gilt). Wobei dann auf den Konzilien immer sicherheitshalber nicht nur einer so geurteilt hat, sondern die Mehrheit der vielen.
»Eigentlich« ist es so: Wer segnet, muß auch fluchen können, wer bekennt, muß auch absagen können, wer um das Kommen des Heiligen Geistes bittet, muß auch um das Verschwinden des Ungeistes beten dürfen. Aber das alles ist – nüchtern sei es festgestellt – verkümmert, so daß hier die Kirche halbseitig gelähmt ist, auf dem einen Auge blind geworden. Es gibt Organisten, die mögen »Ein feste Burg ist unser Gott« nicht spielen, weil darin »der altböse Feind« so »schön« vorkommt.
Man muß das alles nicht beklagen, man sollte nur fragen, warum es so ist und was das bedeutet für das Ernstnehmen der Wirklichkeit von Teufel und Dämonen. Merkwürdigerweise gilt als »rechtslastig«, wer von Teufel und Dämonen zu reden wagt, obwohl es auch ganz leicht ein Linker sein könnte, der die Wirklichkeit des Bösen betont (siehe Ernst Bloch). Ich sehe jedenfalls darin eine der Aufgaben der in diesem Buch vorgelegten Überlegungen, die Rede vom Teufel und der Absage an ihn nicht nur eine Sache von Evangelikalen und Fundamentalisten sein zu lassen, also dieses Thema der rechten Szene zu entwinden..
Aber zunächst: Warum ist es so gekommen? Es hängt sicherlich mit der Situation der rundum ermäßigten Volkskirche zusammen, daß sie sich fast um jeden Preis scheut, ihre Vollmacht zur Ausgrenzung und zur Absage zu gebrauchen. Sie möchte auch den letzten am Austritt hindern und will nicht auch noch – bildlich gesprochen – die Beiträge erhöhen. Vor allem traut sie sich selber keine Vollmacht mehr zu, denn das müßte auch die Vollmacht sein, Grenzen zu

setzen. Wer sich eine Vollmacht nicht zutraut, sollte sie auch nicht gebrauchen, denn das wirkt dann unglaubwürdig. (All die neutestamentlichen und späteren Bescheinigungen über erteilte Vollmacht sind doch dazu da, dieses eine Zutrauen, auf das es allein ankommt, zu stärken).
Niemand soll verteufelt werden, denn die Kirche möchte alle umarmen. Verteufeln und verfluchen überläßt man bestenfalls Sekten oder entsprechenden Filmkunstwerken. Man hat auch selbst ein schlechtes Gewissen. Moral blockiert auch hier das Feld des Spirituellen.
Zur Zeit Jesu gab es freilich die Kirche als selbständigen kollektiven Autoritätsträger nicht, es gab nur den einzelnen Charismatiker. Gerade für den Bereich Exorzismus ist das wichtig. Es ist unübersehbar, daß die Rolle des charismatischen Kirchenmenschen zu allen Zeiten gleich wichtig war. Nur er oder sie konnte es sich auch leisten, streng zu sein. Das dürfte auch für heute gelten. Die Situation ist freilich dadurch gekennzeichnet, daß insbesondere das Versorgungskabel zwischen Kirchenmenschen und Botschaft oft so schwach ausgebildet oder verletzt ist, daß man öfter den Eindruck hat, diese Kirchenmenschen krankten an der eigenen Sache, statt sie glaubwürdig zu vertreten, schämten sich ihrer ein wenig, statt die Hand für sie ins Feuer zu legen, wären lieber nur normal, als daß man sie als Geistliche erkennen und festlegen dürfte.

IV
Ist der Teufel heute ausgestorben?

Ist jedes dualistische Denken chancenlos?

Sind nicht doch alle Katzen grau?

Nur in seiner radikalen Gestalt, als personifizierter Inbegriff des Hasses gegen Gott, hat der Teufel »Karriere« gemacht. Fragt man nach der möglichen Bedeutung dieser »Gestalt« für die Gegenwart, so stößt man unweigerlich auf den größeren Rahmen zweipoliger Denkstrukturen überhaupt wie schwarz und weiß, gut und böse, sündig und gerecht, Wahrheit und Irrtum, Liebe und Haß. Vorausgesetzt ist stets, daß diese Gegensätze sich als unvereinbar ausschließen.

Jede Denkstruktur, die sich an diesem Schema orientiert, nennt man Dualismus. Der Teufel ist in seiner radikalen Gestalt geradezu der Kern und die letzte theologische Grundvoraussetzung eines dualistischen Denkens. Denn was ist unvereinbarer als Gott und Teufel?

Die Frage danach, wie und wo die mit dem Wort »Teufel« benannte Realität heute wiederzufinden ist, scheint daher unlösbar verknüpft mit dem Stellenwert »dualistischen« Denkens.

Der Bedarf an solchem Denken ist zweifellos nicht groß. Allzu oft hat man Menschen, die angeblich im »Irrtum« lebten, verteufelt. Insbesondere wer sich ganz sicher im Besitz der Wahrheit wähnte, hat dieses oft dazu mißbraucht, alle anderen zu bekämpfen. Die schrecklichen Folgen von Konfessionskriegen haften tief im Bewußtsein der Europäer. – Pfarrer im Kontaktstudium erklärten mir im Sommersemester 1998: »Kein Bedarf an Dualismus!« Das ist die Situation der Kirchen bei uns.

Auch das Christentum selbst hat dazu beigetragen, dualistisches Denken abzuschaffen. Denn wenn der Mensch, wie besonders die Reformatoren erklärten, »zugleich gerechtfertigt und Sünder ist«, dann ist niemand mehr als Sünder auszugrenzen. Insbesondere ist der Begriff »Sünde« ganz unklar geworden, da bei lauter Erklärungsversuchen die Schuldfähigkeit des Menschen überhaupt in den Hintergrund getreten ist. Das Therapiemodell ist an die Stelle des Urteils über Sünde und Sünder getreten. Und wenn man alles auf seine Bedingtheiten zurückführen kann, weiß niemand mehr, was er im Ernst beichten sollte.

Das gilt auch in politischer Hinsicht: Wo der biblische Gegensatz zwischen Römer 13 (Obrigkeit von Gott) und Offenbarung 13 (Obrigkeit vom Teufel) nicht gesehen wird und man allein auf Römer 13 setzt, fehlt in der Welt der Politik und Kirchenpolitik eine Gegenkraft zum Staat, der ja – gleich welcher Qualität – nach Paulus von Gott eingesetzt zu sein schien.

Das Ergebnis ist daher: Alle Katzen sind grau geworden. Wer differenziert mit der Wirklichkeit umzugehen weiß, vermeidet polare Klassifikationen. Im Gegenzug erscheint jegliches dualistische Denken

– als Merkmal eines kleinbürgerlichen Ordnungsdenkens,
– als extrem naiv, schlicht, gewaltsam und oberflächlich bis vereinfachend,
– als tendenziell fundamentalistische Einteilung der Welt in Freund und Feind,
– als wenig hilfreich zum Ansatz von Veränderungen, zum Brückenschlagen und damit überhaupt zum Frieden. Dualistisches Denken erscheint als starr und auf Konfrontation bedacht.

Alle diese Einwände sind sehr ernst zu nehmen. Das Denken am Ende des 20. Jahrhunderts scheint über alles geprägt zu sein von der Auflösung des Ost-West-Gegensatzes in eine weltumfassende Friedensbewegung. Auch die Kirchen können sich dem nicht entziehen (Ökumenismus).

»Toleranz« scheint angemessen, selbst schon der Anspruch auf »Wahrheit« scheint mit Ausgrenzung identisch.
Gerade auch mystische Strömungen haben in Anlehnung an »asiatische« Muster immer wieder versucht, neben schwarz und weiß ein Drittes zu sehen, die Gegensätze darin zu vereinen. Insbesondere im Verhältnis zu anderen Religionen hat sich das Schwarz-weiß-Denken schon lange als unglücklich erwiesen.
Alle heutigen Schwierigkeiten mit den neutestamentlichen Vorstellungen vom Teufel sind aus dieser gewandelten Denkstruktur zu erklären.
Zudem kann man sagen: Dualistisches Denken hat auf der einen Seite stets Hybris, auf der anderen stets Angst hervorgerufen.

Braucht das Böse einen Namen?

Parallel zu diesem eindeutigen Zeitgeist gibt es nun freilich eine sehr andere Tendenz, die sich – sicher nicht zufällig – zuerst in liturgischen Reformen niederschlägt. Im Entwurf für die Agende der Kindertaufe der EKU (Evangelische Kirche der Union, Taufbuch 1998, S. 44; für Erwachsene S. 67) findet sich folgendes Gebet:

»N.N.,
an dir soll *der Dämon der Macht* kein Recht haben,
dich zu *verführen* zur Lieblosigkeit,
dich *wegzulocken* von der Wahrhaftigkeit,
dich *einzuspinnen* für die Propaganda der Lüge.
Über dich *soll der Dämon des Rausches*
keine Macht entwickeln,
dich zu *verstricken* in Abhängigkeit …,
In dir soll *der Dämon des Neides keinen Platz bekommen*, …
dich *unfähig zu machen,*
ihre Not (sc. deiner Schwestern und Brüder) zu erkennen …
Aus dir soll *der Dämon des Hasses nicht mehr sprechen*,
die Luft zu *vergiften*, die wir atmen,
den Frieden zu *verderben*, aus dem wir leben …«

Der Text ist in vielerlei Hinsicht erstaunlich. Denn hier gibt es im neuesten Liturgie-Entwurf nicht nur verschiedene Dämonen mit unterschiedlichen Namen (»der Dämon des ...«, vgl. dazu oben S. 173), sondern das, was diese Dämonen tun könnten und woran sie gehindert werden sollen, sind genau die Funktionen, die Teufel und Dämonen, Zauberer und Hexen nach den klassischen Exorzismen und Incantationen vollzogen haben: verführen, weglocken, einspinnen, verstricken, einen Platz bekommen in jemandem, zu etwas unfähig machen, aus jemandem sprechen, vergiften und verderben. Alle in dem obigen Zitat kursiv gedruckten Passagen sind exakt Sprache der traditionellen Dämonologie, wie sie zuletzt umfassend 1744 in dem Sammelwerk des Augustiners Gelasius de Cilia gesammelt sind (*Locupletissimus Thesaurus ... benedictiones, coniurationes, exorcismos, absolutiones* ..., Stadt am Hof).

Was ist geschehen? Eine so nüchterne und vernünftige Kirche wie die EKU scheut sich nicht, in ihren Gebeten eine längst verschollene Welt im wahren Sinne des Wortes wieder zu beschwören. Offensichtlich – und wie mir scheint, mit Recht – ist man es leid, in den Gebeten nur darum zu bitten, der Täufling möge ein freundlicher, anständiger Mensch werden. Hier hat man wahrgenommen, daß gerade die religiöse, theologisch zu beschreibende Wirklichkeit mehr ist als das freundliche Reich der Tugenden und Pflichten. Vielmehr ist das Böse eine abgründige Wirklichkeit, die den Bereich des Verhaltens weit übersteigt und in der es demnach auch nicht mehr nur um Moral geht, sondern um Macht und Mächte.

Dies ist der Grundansatz der Welt der Exorzismen: Obwohl der Mensch unbegrenzt verantwortlich ist, kann er nur begrenzt (über sich und andere) verfügen. Diese Blockaden und Verstrickungen erweisen sich oft als stärker als jeder gute Wille. Es liegt nahe, dies als eine Macht zu beschreiben, auf die der jeweilige Mensch sich eingelassen hat und auf die er sich nicht hätte einlassen sollen. Damit ist ein wichtiges Stichwort gefallen:

Eine Frage der Macht?

In der Machtfrage ist Gott immer tangiert, denn das Erste Gebot betrifft die Frage, wer über den Menschen herrschen und bestimmen soll. Jede andere Herrschaft über Menschen berührt Gottes Ansprüche. Egal, ob nach Römer 13 Gott der »Obrigkeit« die Macht verleiht oder ob nach Offenbarung 13 Gott der »Obrigkeit« die Macht nimmt, in jedem Fall bricht sich nach biblischer Auffassung alle Macht an ihm. Es ist nur eine Frage der Zeit, wie lange andere Macht, die sich Gott entfremdet hat, außerhalb seiner bestehen kann. Alle andere Macht ist Macht auf Zeit. Der Faktor Zeit ist nun für die Machtfrage so wichtig, daß die »Allmacht« Gottes nicht beschrieben werden kann, ohne die »Zeit« zu beachten.

Wo ein Mensch erkennbar unter der Macht anderer Zwänge und Verstrickungen steht, ist es für biblisches Denken nur eine Frage der Zeit, bis Gott auch diese Herrschaft beseitigt. Denn Gott ist ein anderer Name für die Auflösung jeder anderen Machtkonzentration. Sie wird scheitern, wenn sie sich nicht auf ihn gründet. Damit die Zeit des Leidens nicht so lange dauert, betet die Kirche: »Dein Reich komme.«

Teufel und Psyche

Projiziert die Bibel psychische Probleme nach außen?

Für den Zeitgenossen drängt sich die Frage auf: Ist das, was die Bibel, vorab das Neue Testament, über Teufel und Dämonen sagt, nicht ganz und gar ein Problem der Psyche und gehört damit in den Bereich der Psychologie? Liegt es nicht einfach nahe, die biblischen Aussagen auf die Art zu entmythologisieren, daß man sie als Ausdruck psychischer Phänomene begreift? Warum an Monster glauben, wenn die psychischen Phänomene doch auf der Hand liegen? Dasselbe gilt übrigens – diese Konsequenz wird zunehmend gleichfalls gezogen – auch für Gott selbst. Recht zahlreiche Menschen sind der Meinung, daß sie Gott in sich (in ihrem Bewußtsein) tragen, und daß er nirgends sonst zu finden sei. – Anlaß zur Plazierung des Teufels in der Psyche gibt sicher die Beobachtung, daß alle Assoziationen, die man mit Teufel oder Dämonen verbindet (Angst, Bedrohung, Versuchung) ganz deutlich innerpsychische Faktoren betrifft. In der sogenannten Besessenheit meint man psychische Krankheiten erkennen zu können.

Schon bei dem letztgenannten Punkt besteht freilich mehr als ein hermeneutisches Problem: Es ist ganz und gar unmöglich, antike psychische Krankheiten aufgrund der neutestamentlichen Berichte heute auch nur halbwegs zuverlässig zu diagnostizieren. Und ferner: Auch in der Gegenwart ist eine Übersetzung zwischen klinischem Phänomen und theologischer Wahrnehmung extrem schwierig. Denn bei psychischen Dingen steht und fällt die Sache selbst mit der Art ihrer Erfassung. Es gibt keine Umsetzungstabelle. Und ferner: Die Mehrzahl der psychologischen Diagnosen sind nur Etiketten für sehr stark individuell Unterschiedliches. Wie man etwas nennt, das ist oft ganz zweitrangig, besonders wenn die Entstehung so unklar ist wie bei vielen als »Psychosen« oder als »Schizophrenien« eingestuften Erscheinungen heute. Und am Ende schließen oft psychologisch in etwa deutbare Phänomene eine Tiefenschicht im Sinne religiöser Wirklichkeit gar nicht aus. Das Bild wird dadurch ergänzt. Gerade dieser letzte Gesichtspunkt ist für das interdisziplinäre Gespräch und Vorgehen wichtig.

Der Unterschied zwischen den beiden Betrachtungsweisen (abgekürzt: »Satan« oder »Psyche«) ist recht klar. Wer mit dem Teufel rechnet, denkt an ein selbständiges Gegenüber, an etwas Personhaftes, an eine Gestalt oder Figur zumindest. Nach der biblischen Auffassung tritt der Teufel einem nicht nur gegenüber, er kann auch, ohne seine Identität aufzugeben, in jemanden hineinfahren, aber auch wieder herausfahren. Und so ist es auch mit den Dämonen. Während der Teufel an verschiedenen Orten zugleich sein kann, ist der innewohnende Dämon je »mein eigener«, aber er ist eben gerade nicht »ich«. Der Teufel ist daher fremder und besteht auch unabhängig von dem, in den er hineinfuhr. Soweit der biblische Befund.

Wenn dagegen alle oben genannten Phänomene innerpsychische sind, verschwindet sofort jede Etikettierung im Sinne von schwarz oder weiß mit der Folge, daß gleichmäßiges Grau vorherrscht. Die »Phänomene« werden ferner alle insgesamt mein eigen, denn es geht immer nur um mich selbst. Der Weg der Ergründung ist – mit Abwandlungen – biographisch. Und je mehr man in der Psyche des einzelnen forscht, um so komplexer wird alles. Insofern ist der Grundansatz der Reformation mit dem »zugleich Gerechter und Sünder« bereits neuzeitlich gedacht und ein Schritt auf dem Weg zur Psychologisierung. Daß Martin Luther diese Erfahrung wesentlich der täglichen Beichte verdankt, lenkt generell den Blick auf die große Bedeutung der spätmittelalterlichen und frühneuzeitlichen Buß- und Beichtpraxis für die Psychologie.

Kritische Theologen haben bereits erkannt, wie unangemessen einfache individualpsychologische Vorstellungen dem in der Bibel Beschriebenen sind, und haben sich doch gleichzeitig bemüht, Überschneidungen mit unseren Vorstellungen festzustellen.: E. Käsemann (Die Heilung der Besessenen, in: Ders., Kirchliche Konflikte I, 1982, 189) hat mit Recht gefragt, ob Besessenheit auf psychische Störungen zu reduzieren sei, und hier von einer Bagatellisierung gesprochen. Den neutestamentlichen Erzählungen eigne vielmehr »metaphysische Tiefe und kosmische Weite«. M Welker (Gottes Geist, 1992, 187) faßt viele Ergebnisse der Forschung zusammen mit der Feststellung, bei den Besessenen sei »freie Willensbildung ausgeschlossen ..., daß sie sich selbst schädigen und daß ihre Umgebung dieser Entwicklung ohnmächtig gegenübersteht«. Zerrüttung, Dissoziation und Ausstoßung seien die Folge. Als heutige Analogie sucht Welker Situationen zu identifizieren, in denen individuelles und kollektives Leiden vorliege, das als quälend und zerrüttend wahrgenommen, aber dabei stabilisiert und hartnäckig verteidigt werde (190), und weist schließlich auf die »Panik« als gesellschaftliches Phänomen, auf Sucht und Drogenprobleme und epidemische Gier hin.

Wie naiv waren die Verfasser des Neuen Testaments?

Überraschenderweise ist der dargestellte Unterschied gar nicht pauschal der zwischen biblischem Menschenbild und dem der Neuzeit. Vielmehr kennt schon das Neue Testament beide Sichtweisen.

Denn wie ist es sonst zu verstehen, wenn der Verfasser des Jakobusbriefes sagen kann: *Niemand sage, wenn ihn Versuchungen treffen: Gott ist es, der mich in Versuchung führt. Nein, wie Gott selbst unversuchlich ist vom Bösen, so führt er auch von sich aus niemanden in Versuchung. Wo immer einer in Versuchung gerät, ist es seine eigene Gier, die ihn zerrt und lockt* (Jakobus 1,13–14)? Üblicherweise ist es der Teufel, der versucht, nach einigen älteren Texten auch Gott selbst (s. oben S. 113ff). In der Formulierung des Jakobusbriefes jedoch ist jede transzendente – das heißt hier: dem Menschen gegenüberstehende – Größe ausgeschlossen oder besser gesagt: aus dem Blick geraten. Der Jakobusbrief läßt klar erkennen, daß er insbesondere jede Verantwortung dem Menschen selbst anlastet. Implizit wendet er sich gegen Texte, nach denen Gott versucht. Und man darf auch fragen, was er zu der Vaterunser-Bitte sagen würde, die lautet: »Und führe uns nicht in Versuchung hinein.« Der Jakobusbrief ist als Mahnrede gedacht und daher an dem interessiert, wozu man ermahnen kann. Auf ein Phänomen wie Sucht hätte er kaum zu antworten gewußt.

Wir hatten bereits beobachtet: Während nach Epheser 6,11f der Kampf des Christen gegen Teufel und Geistmächte gerichtet ist, spricht Paulus selbst in 1. Thessalonicher 5,3–8 lediglich vom Kampf gegen die Finsternis oder gegen Schlaf und Rausch, nach Galater 5,17 vom Kampf gegen das Fleisch. Symptomatisch: Epheser 6,17 spricht vom Schwert des Geistes, Galater 5,17 nur vom Geist.

Das bedeutet: Schon innerhalb des Neuen Testaments ist die stärker auf den Menschen gerichtete Blickweise nicht ausgeschlossen. Sie ist im übrigen – jedenfalls bei Paulus – nicht profan oder anthropologisch, denn der Heilige Geist, der nach Paulus kämpft, ist gewiß keine anthropologische Größe, sondern theologisch zu verstehen.

Zumindest *eine* vermittelnde Größe zwischen der stärker mythologischen und der eher anthropologischen Redeweise gibt es gleichfalls bereits in der Bibel, nämlich die personifiziert vorgestellte Sünde. Als Kain seinen Bruder Abel töten will, heißt es: *Die Sünde lauert schon an der Türschwelle* (1. Mose 4,7). Ähnlich ist nach der Auffassung des Paulus die Sünde fast so etwas wie eine selbständige Person, wenn sie wie eine »wildgewordene Untermieterin« im Menschen haust und ihn so versklavt, daß er selbst seine Taten nicht mehr freiwillig ausführen kann (Römer 7,14–20). In Römer 7,8–11 steht die Sünde sogar ziemlich genau an der Stelle, die sonst die Schlange und der aus ihr sprechende Teufel einnehmen. Ganz ähnlich wie im Jakobusbrief spielt auch hier die Begierde eine große Rolle, wenn sie auch differenzierter gesehen wird.

Und auch der erwähnte Heilige Geist, bei Paulus häufig Gegner der Sünde, ist weitgehend personifiziert.

Da Paulus den Satan an anderen Stellen erwähnt, kann kein Zweifel daran bestehen, daß es sich für ihn um eine wirkliche Gestalt handelt. Nur nennt er das, was als aus dieser Richtung kommend erfahren wird, manchmal anders.
Was folgt aus alledem? Christen glauben nicht in dem Sinne an den Teufel, daß ihn für wirklich zu halten heilsnotwendig wäre. In keinem der großen Glaubensbekenntnisse kommt er vor. Mit Hilfe von Glaubensregeln oder -vorschriften ist hier auch nichts zu erzwingen. Das alles muß an dieser Stelle gesagt werden, weil sonst die hier vorgelegte Rehabilitation des Teufels dogmatistisch mißverstanden würde. Nein, es geht um eine im besten und im schlimmsten Sinne fraglose Realität. Im Blick auf das Neue Testament kann man sagen: Manchmal wird das Erzböse so als Gestalt erfaßt und öfter anders, auch als Sünde oder als Begierde. Man sollte darauf verzichten, beides gegeneinander auszuspielen. Aber vergleichen darf man:

Hat es Vorzüge, vom Teufel zu reden?

Es gibt gewisse »Vorzüge« einer Rede vom Teufel oder vom Bösen als Gestalt. Die frühchristlichen Autoren hatten auch ihre nachvollziehbaren Gründe dafür, an der einen Stelle vom Teufel zu reden, an der anderen Stelle lieber von der »Sünde«.
Bevor wir diese Vorzüge nennen, muß freilich das wichtigste und folgenreichste Mißverständnis abgewehrt werden.

Will hier jemand Verantwortung loswerden?

Wer vom Bösen im Sinne einer eigenen Gestalt spricht, meint damit weder im Blick auf das Neue Testament noch im Blick auf heutige Hörer der Botschaft eine Entschuldung oder Entschuldigung des Menschen. Der Mensch bleibt verantwortlich für das Böse und Gemeine, das geschieht, auch wenn man von einem Teufel spricht.

Das wird heute keineswegs immer so verstanden. Oft genug wird Menschen, die etwa vom Satanischen in Hitlers Tun reden, unterstellt, sie wollten Hitler entschuldigen und alle Schuld dem Satan zuschieben. Die Bibel redet dagegen immer nur von einer Kooperation mit dem Satan, von einem Sich-Einlassen mit ihm. Dieses geschieht in Freiheit und Verantwortlichkeit. So kann über Judas das Wehe gesprochen werden, auch wenn gesagt wird, der Satan sei in ihn gefahren. – Auch in diesem Bereich ist die Rede vom Satan die Kehrseite der Rede vom Heil. Denn wer auf der Heilsseite meint, alles Tun sei – ohne Freiheit und Verantwortlichkeit des Menschen – Werk des Heiligen Geistes allein, der muß Entsprechendes dann auch für die Unheilsseite annehmen.

Mein Vorschlag: Aufrechnen vermeiden. Die Rechtfertigungslehre hat nichts mit Aufrechnen zu tun, sondern sollte aus Freude und Dankbarkeit darüber formuliert werden, von der Herrschaft des Schreckens befreit zu sein. Leider ist im gegenwärtigen Gezänk zu diesem Punkt von Freude und Dank nichts zu spüren.

Kann man sich wirklich vom Bösen trennen?

Wenn aber nach dieser Auffassung das Böse durch Anlehnung an den Teufel geschieht und nicht nur alles aus den Tiefen der Seele oder der Biographie kommt, dann müßte diese Anlehnung und Kooperation auch aufkündbar sein. Das war der Sinn der Absage an den Teufel in den älteren Taufritualen. Es geht um Absage und Befreiung

Ähnlich setzt ja auch die Vergebung der Sünden – im Unterschied zur nur biographischen Aufarbeitung in der Psychologie – voraus, daß Sünde und Schuld sich vom Menschen trennen, wegnehmen lassen.

Nun sind Absage an den Teufel und Sündenwegnahme nicht einfach dasselbe, aber doch vergleichbar. Und der Vergleichspunkt ist: Der Mensch kann bei der Begegnung

mit Gottes Gnade von allem Bösen, das ihm begegnet ist und das er getan hat, frei werden. Er sollte es zwar nicht vergessen, denn Erinnerung stiftet Identität. Aber er kann die Last und die Verfilzung los werden.
Was die Absage an den Teufel betrifft (»Widersagst du dem Satan?« – »Ich widersage« usw.), so gibt es im Neuen Testament sicher auch andere Wege, diesen radikalen Einschnitt zur Gewißheit werden zu lassen. Wenn Paulus vom Mitsterben mit Christus spricht (Römer 6,4–6), meint er eine vergleichbare Absage an alle frühere Verflechtung beim Eintritt in das Christentum, bildlich vollzogen in der Taufe, wenn das Wasser über einem zusammenschlägt und man wie begraben (ersäuft und vergessen) ist.
Während es eine Gefahr der psychologischen Betrachtungsweise ist, den Menschen nur mit sich selbst versöhnen zu wollen, wird hier die Versöhnung mit Gott dadurch vollzogen, daß der Mensch sich von etwas trennen kann, das ab da nicht mehr zu ihm gehört. Die psychologisierende Rede legt radikale Absage und wirkliches Neuwerden schon vom Bild her nicht nahe.

Ist das Böse nicht auch Faszination und Beherrschtwerden?

Zentral ist bei der Rede vom Teufel: Der Mensch läßt sich immer wieder auf etwas ein, das *nicht* restlos aus ihm selbst erklärt werden kann. So besteht Sünde weniger im innerpsychischen Ringen um die Dominanz von Trieb oder Charakter, sondern der Mensch wird in seiner Extrovertiertheit zum Thema. Er ist außen-orientiert und wird im Falle der Sünde fasziniert und manipuliert durch das Falsche, denn er hat den Falschen angebetet.
Auf diese Extrovertiertheit weist auch das Wort Faszination. Fasziniert ist man immer von etwas, das man nicht hat und (deshalb) ersehnt. Das Wort *fascinatio* hat übrigens eine Vorgeschichte als Fachausdruck in den Exorzismen. Es

bezeichnet den Orientierungsverlust, die fehlgeleitete Sehnsucht, die blöde Art von Verzückung angesichts des Bösen. Indem das Böse (in mir) durch Sich-Einlassen (auf das Böse außerhalb meiner) gedeutet wird, wird es nicht mehr nur individualistisch gedacht. Und weil es nicht nur das Individuum betrifft, hat es Dimensionen, die den einzelnen weit überragen. Es ist weitaus tiefer, als der einzelne überhaupt je verantworten kann. Weil es nicht nur biographisch gedeutet wird, kann erkennbar werden, inwiefern es auch eine umfassendere Macht ist. Denn warum muß alles Böse nur in der Tiefe meines Ich angesiedelt werden und nicht auch weit darüber hinaus?

Wenn es aber um so etwas wie einen Pakt geht, dann ist er auch unter bestimmten Voraussetzungen zu kappen. Denn was von außen kommt, kann auch von außen her »behoben« werden.

Der Pakt mit dem Teufel ist ein Bild für etwas Ähnliches wie schwere Sucht. Auch bei einer Sucht läßt man sich – zunächst freiwillig – auf etwas ein, und es gilt dann leider das Sprichwort: Wenn man dem Teufel (!) den kleinen Finger reicht, dann ergreift er die ganze Hand. Die Sucht wird übermächtig, und der Süchtige wird ihr Sklave. Sie kennt nur das eine Prinzip: sich auszubreiten und zu behaupten. In der Sucht wird etwas stärker als ich selbst, mit dem ich zu Anfang noch meinte frei umgehen zu können. Genau diese Erfahrung mit dem Teufel schildert bekanntlich auch Goethes »Faust«.

Auch die Rede vom »kollektiven Unbewußten« (C. G. Jung) kennt immerhin noch – fast möchte man sagen: als Erbstück aus dem paulinischen Sündenbegriff – das überindividuelle Verständnis auch der Nachtseiten des Menschen.

Versöhnung nur innerpsychisch?

Wer mit dem Satan kooperiert, sich auf ihn einläßt, ihn in sich hineinläßt, ist nicht mehr richtig er selbst. Weil die

Schwelle zwischen den einzelnen »Seelen« niedriger liegt, kann daher ein böser Ungeist von einem Besitz ergriffen haben – ähnlich wie die Sünde bei Paulus. Diese Übereinstimmung von Sünde und Teufel (oder: teuflischer Inspiration) hat ihre Ursache in einer andersartigen Auffassung vom Menschen im Neuen Testament: Er ist stärker mit Psychischem außerhalb seiner selbst verbunden. In moderner Sicht ist der Mensch dagegen eher ein Turm voller Geheimnisse in ihm selbst.

Das Böse wird daher regelrecht als Fremdpsychisches begriffen. Es ist die Erfahrung, daß etwas mich zerstört, das mir zutiefst fremd ist und das ich auch loswerden kann. Daß das Abweichen von der Norm ein Abweichen von mir selbst ist, kann positiv ausgelegt werden: Indem ich die Kooperation mit dem Erzbösen aufgebe, kehre ich um vom Verrat an mir selbst. Ich werde dann auch mit mir selbst versöhnt, aber nicht »in mir selbst«, sondern im Bilde der Rückkehr auf dem Fluchtweg.

Muß das Böse unbesiegbar bleiben?

Wenn das Böse – wie in neuzeitlicher Sicht – wesentlich im Menschen verbleibt und er nicht wirklich befreit werden kann, bleibt es in ihm selbst unbesiegt. (Nun ist freilich darauf hinzuweisen, daß sich die einzelnen Modelle der Befreiung von Schuld nur graduell unterscheiden, darin, wieweit der Mensch wirklich ganz frei von Sünde wird, wenn ihm die Schuld genommen wird).

In der Gestalt des Teufels wird das Erzböse in eine Art Ordnungsgefüge eingebracht, nach dessen Regeln es in keinem Fall siegen oder das letzte Wort behalten kann. Denn die Ordnung, die jüdischer und christlicher Glaube entwirft, ist gerade in diesem Punkt nicht dualistisch. In diesem Gefüge ist Gott der Herr. Selbst wenn der Satan Weltherrscher ist, so ist ihm doch nur die gegenwärtige, kurzlebige, vergängliche Welt unterworfen, die neue, kommende und ewige Welt aber nicht.

Deswegen verbindet sich mit dem Teufel im christlichen Denken in keinem Fall unüberwindliche Angst, denn in jedem Fall ist der Teufel besiegbar durch einen Stärkeren. *So ist die Annahme eines Teufels im christlichen Sinne ein Zeichen der Hoffnung und des Sieges, nicht der Angst*. Gerade Martin Luthers Umgang mit dem Teufel ist intensiv geprägt durch Hoffnung und Sieg, und man kann Luther in seinen frechen Äußerungen über den Teufel nur aus dieser Siegesgewißheit verstehen. So gilt: Die Angst vor dem Teufel ist im Christentum nie Selbstzweck, sie ist eingebaut in ein größeres »System« der Sorglosigkeit. Daher kann man auch an dieser Stelle auf die Frage, wozu der Teufel da ist, antworten: Er ist dazu da, um besiegt zu werden. Denn die Angst und der Schrecken werden in ihm benannt und artikuliert, doch gewissermaßen verflüssigt, denn Teufels Ende steht bevor. Indem Schuld und Angst, Horror und Teufel nicht starr bleiben, sondern in ein Drama eingebaut werden, verlieren sie ihre »Faszination«, denn sie werden relativiert. Im Schlußakt kommen sie nicht mehr vor.

Bleibe ich im Sumpf des eigenen Ich gefangen?

Die Gefahr der rein psychologischen oder moralischen Bedeutung des Bösen ist die des Münchhausen, dem man zwar gut zureden kann, er solle sich aus dem Sumpf befreien, in den er geraten ist, der es aber nur im Blick auf sich selbst nicht schafft. Und auch der Therapeut oder Morallehrer hat gegenüber dem Bösen mutmaßlich nicht diese Kraft.

Wird aber das Feld »weit« gemacht, wird wahrgenommen, daß der Mensch zwischen Gott und Satan steht, so ist es ein »Spiel zu viert«: Gott und Satan, der Sünder und der »Exorzist«. Die Autorität des »Exorzisten« wird, da sie nur eine schwache, menschliche ist, aufgefangen und getragen von der Autorität Gottes. Und zugleich eröffnet der Blick auf das Erzböse als Gestalt die Möglichkeit, daß nichts verschwiegen und behutsam zugedeckt werden muß, denn im Visier steht die Figur des radikal Bösen. Dank der vier Rollen werden die menschlichen Partner in diesem Drama entlastet: Vergebung und Befreiung muß ein Mensch nicht leisten, und andererseits kann der Sünder jemandem etwas aufkündigen, die Mitgliedskarte an eine Instanz zurückgeben, er muß die Mitgliedskarte im Verein der Sünder nicht selbst auffressen. Insofern ist gegenüber der unendlich harten Prozedur der Moral oder mancher Psychotherapie das Gebet um Befreiung vom Bösen, oft auch die Beichte dort, wo sie hilft, der einfachste Weg. Aber, wie gesagt, im Zweifel ist Interdisziplinarität der beste Weg.

Gibt es psychische Seiten der Abkehr vom Teufel?

Für das frühe Christentum ist das Christwerden, sind Umkehr, Gläubigwerden und entsprechend Befreiung und Absage an das Reich des Teufels die alles entscheidende, weitaus wichtigste Station im Leben eines Christen. Dieser grundlegende Unterschied zu der bei uns vorherrschenden Situation (Kindertaufe ist eben eher nur ein Familienereignis) kann nicht oft genug bedacht werden. Entsprechend wird nun aber auch der Teufel anders wahrgenommen, und zwar im Neuen Testament im Schwarz-weiß-Kontrast der Bekehrung (vgl. besonders Apostelgeschichte 26,18). Trennung und Befreiung von der Finsternis haben eine ganz andere Bedeutung. Der Teufel ist hier naturgemäß der, von dem man sich trennt.
Dieser Aspekt der Trennung und des Nein-Sagens ist freilich auch heute wichtig. Mit anderen Worten: Nur ein einziger Punkt an der Wirklichkeit des Teufels ist interessant und wichtig: die Absage, die Befreiung, die radikale Trennung von dieser Wirklichkeit.
In der synoptischen Überlieferung fällt auf, daß eine enge Beziehung zwischen Dämonismus und zwei psychischen Phänomenen besteht:

– Es gibt eine Ähnlichkeit zwischen der »Besetzung« durch Dämonen und der Besitzgier. Reichtumskritik und Exorzismus sind Geschwisterphänomene. Am deutlichsten wird das in der Sentenz, daß man nicht zwei Herren dienen kann, nicht Gott und dem Mammon (Lukas 16,13). Der Mammon steht hier an der Stelle des Teufels. Und der reiche Jüngling ist von seinem Reichtum wie von einer Sucht abhängig, der er nicht entrinnen kann.
– Zum Dämonismus gehört die Vorstellung, daß viele Dämonen in einem Menschen hausen können (Markus 5,9 *Legion, weil wir viele sind;* Matthäus 12,45 *andere Geister, die noch böser sind;* Markus 16,9 [sieben Dämonen]). Diese Pluralität sagt etwas über Nicht-Identität und Ich-Zerfall. Da die fremden Götter (die von Natur aus viele sind) als Dämonen gelten (1. Korinther 10,20f *Tische der Dämonen*), besteht ein direkter Zusammenhang mit heidnischer Vielgötterei. Das heißt: Aus der Sicht des frühen Christentums geht der Mensch kaputt auf der verzettelnden Suche nach den zahlreichen Götzen. Im religiösen Pluralismus werden die vielen Dämonen sichtbar. In Jesus dagegen begegnet den Gequälten und nicht mit sich Identischen der eine und einzige Gott. – Man beachte: Wo es um psychische Leiden, um das Kaputtgehen geht, ist immer von Dämonen die Rede, nicht vom Teufel.

»Wer hat massenhaft Zweifel, und ich brenne nicht auch?«

Was Paulus in 2. Korinther 11,29 in einer Flucht nach vorn restlos ehrlich von sich selbst bekennt, ist eine Grunderfahrung jedes Menschen, auch dann, wenn er sich so radikal bekehrt hat wie Paulus. Die Erfahrung, die zugrunde liegt: Das Ja des Menschen ist nicht rein, wider den ersten Augenschein war die Wende nur halb. Der Glaube muß sich mühsam als Treue bewähren. Paulus geht an der zitierten Stelle noch darüber hinaus. Er könnte auch sagen: »Ja, ich zweifle, ich brenne. Ich habe zu kämpfen. Ich stehe zwischen Gott und Teufel. Der Teufel hat ansprechende Argumente, für die ich nicht unempfänglich bin.« Der »Teufel« steht hier dafür, daß das Alte und das Andere nicht einfach dumm und indiskutabel ist, sondern eine Möglichkeit bleibt. Daß der Mensch nicht rein und klar ist wie ein Engel oder wie Gott und Teufel je auf ihre Weise, macht seine Geschichte und sein Zerrissensein aus.

Das frühe Christentum kennt zwei Strategien im Kampf gegen den Bösen: die messiaszentrierte und die rüstungszentrierte. Beim messiaszentrierten Kampf treibt der Messias (oder andere Vollmachtsträger) jemandem die Dämonen aus. Alles hängt von der Vollmach des Charismatikers ab. Dieser kämpft um den Kranken, und wenn dieser befreit ist, »gehört« er ihm. Daher folgt Maria Magdalena, von Dämonen befreit, Jesus treu nach, daher will der Befreite nach Markus 5,18 Jesus nachfolgen. Und auch unabhängig (?) von dämonistischen Vorstellungen geht Paulus von einem Besitzerwechsel nach der Befreiung von der Sünde aus (Römer 6). – Anders dagegen der rüstungszentrierte Kampf: Nach Epheser 6,11–17 (vgl. auch 1. Thessalonicher 5,7–9) geht es um den Kampf des einzelnen (ohne Hilfestellung durch einen anderen), und hier ist die rechte spirituelle Rüstung entscheidend.

Das messiaszentrierte Modell ist ganz am Therapeuten orientiert. Es lebt umgangssprachlich fort in Wendungen wie »X hat Y einen Zahn gezogen« oder »ihm etwas ausgetrieben«. Am Einzelkämpfer dagegen ist das Bild orientiert: »Y ha sich etwas aus dem Kopf geschlagen.«

Deutlich ist auch: Beim Bild des Einzelkämpfers überwiegt die Rolle des Heiligen Geistes, beim Therapeuten-Modell die Rolle Jesu.

Soll man das Böse auf sich beruhen lassen?

»Ob der Teufel in ihm oder außer ihm war, ist von sekundärer Bedeutung, entscheidend allein ist, daß er mit ihm auf reale Weise rang. Das Böse ist als Realität und zugleich als Unrealität aufzufassen, das wohl umschrieben, aber nicht erklärt werden kann. Nur diese paradoxe Anschauung kommt dem Geheimnis der überpersönlichen Mächte nahe«, bemerkt Walter Nigg über den Pfarrer von Ars (a. a. O., 386).

Das trifft zu: Entscheidend ist das Ringen. Wer nur »erschlagen« oder »betroffen« ist, hat den Kampf noch nicht begonnen. Anders gesagt: Der Pfarrer von Ars kämpft, weil er Augen für die Realität des Erzbösen hat. Er kann die Augen vor dem Bösen nicht verschließen, schon wegen der Beichten nicht, die er hören muß.

Ich möchte es hier wiederholen: Die Innenseite des Bösen ist uns verschlossen und nicht erfaßbar. Das ist vielleicht anders als bei Gott, von dem legitimiert Propheten sagen können: »Ich denke Gedanken des Friedens ...« – Angesichts dessen ist in der Tat der Kampf selbst das Entscheidende, nicht die Analyse des Bösen. Und entscheidend an diesem Kampf ist, daß er – so die Verheißung der Bibel – immer mit Gottes Hilfe gewonnen werden kann.

Zu den Bemerkungen Walter Niggs über den Realitätscharakter des Bösen: Ähnlich wie bei der Frage nach Gott kann man weder sagen, wo es ist, noch wo es nicht ist. Wichtig ist nur – und darum ging es in diesem Abschnitt –, daß es nach der hier vorgestellten Sichtweise auch ein anderes ist als ich selbst. Dabei ist es nicht einfach ein anderes wie Gegenstände des Sichtbaren, sondern eher ein Nicht-Anderes, das mir im Rücken steht und das ich nicht zum Gegenstand der Analyse machen (das heißt nicht »objektivieren«) kann.

Sind Dämon und Mensch seelisch verwandt?

Aus den Exorzismen und ihrem liturgischen Vollzug läßt sich ein Grundsatz erkennen: Was den Menschen beeindruckt, das beeindruckt auch den Widersacher. Er ist, das wird vorausgesetzt, durch feierliche Worte, rhetorische Häufung im Litaneistil, durch Drohungen und Hinweise auf frühere Niederlagen genauso einzuschüchtern wie Menschen. Wenn Jesus den Dämon in einem Menschen anfährt, zuckt auch der Mensch zusammen. Die erhoffte Wirkung des Anfahrens ist: Der Wunsch, das Sich-Identifizieren mit dem Dämon aufzugeben, wird größer. Der Kranke will mit dem nichts mehr zu tun haben, was der heilige Sohn Gottes so anherrschen muß. – Und auch positiv gilt: Der liturgische Aufwand des Exorzismus »muß sein«, denn es zählt nur, was beeindruckt. Es kommt also darauf an, die Faszination des Bösen durch himmlischen Glanz zu ersetzen. Nichts anderes ist bereits das Kompositionsprinzip der Offenbarung des Johannes: Immer wieder wird die irdische Welt mit ihrer Verführung durch den Kaiserkult überboten durch himmlische Szenen, in denen die Himmelsgemeinde Hymnen singt.

Das heißt: Die Grundvoraussetzung für jeden Befehl an den Teufel oder Dämon, einen Menschen zu verlassen, ist, daß eine seelische Querverbindung von diesem zu dem Menschen besteht. Wie sollte es auch anders sein, da der Dämon in dem betreffenden Menschen wohnt und dessen Sprache spricht. Trotzdem ist er ein anderer. Manchmal scheint es, er sei ein negativer Doppelgänger des Kranken, wie der (Schutz-)Engel ein positiver ist. Für unsere Frage besagt das: Das Verhältnis zwischen der Seele des Kranken und dem Dämon ist weitaus subtiler, als wir es anzunehmen gewöhnt sind. Denn Dämonismus ist nicht »primitiv«.

Man kann die Besessenheit als eine Art »psychischen Krebs« bezeichnen. Viele Symptome, die im körperlichen Bereich – nach heutigem Verständnis – der Krebs zeigt, treffen im psychischen Bereich für die frühchristliche Besessenheit zu. Der Dämon ist etwas Fremdes, das doch ganz aus Eigenem besteht und dieses in Richtung Tod aufzehrt. Der Dämon hört und spricht durch den Besessenen, bedient sich seiner Organe und seiner Vitalität. Er ist »in«

dem Besessenen und doch von ihm trennbar, gewinnt aber Kraft nur in ihm. Er verdrängt durch seine Vitalität die eigenen psychischen Strukturen. Wird er nicht entfernt, so ist das Ende der gemeinsame Tod.

Gibt es Entsprechungen zwischen Psyche und Politik?

Die Besonderheit der biblischen Position besteht darin: Sie führt sowohl »psychische« wie politische Formen von Herrschaft und Beherrschtsein, von Macht und Gebieten über Menschen auf ein und dieselbe Grundkonstellation zurück: unsichtbare Mächte halten gefangen, Gott wird befreien. Den Exorzismen, die Jesus an Besessenen vollzieht, entspricht auf politischer Ebene die Entmachtung des Teufels, der hinter der römischen Herrschaft steht. Denn so wie der Dämon in der Einzelseele seinen Herrn, den Beel Zebul, repräsentiert, so handelt auf der politischen Ebene der römische Kaiser im Auftrag des Drachen, das heißt des Teufels. Es geht jeweils um ein Repräsentationsverhältnis: Teufel/Dämon und Teufel/römischer Kaiser. Jesus oder Gott ist es, der diese Bindung zerstört, und Gottes Herrschaft wird an deren Stelle treten (bei Exorzismen: Lukas 11,20 *Wenn ich mit dem Finger Gottes die Dämonen austreibe, ist Gottes Herrschaft bei euch*).

Diese enge Entsprechung von Politik und Psychologie ist nur unter der Voraussetzung möglich, daß man in beiden Fällen zunächst nicht weiter in das Innenleben eindringt, sondern ein Versklavtsein *von außen* her betrachtet und feststellt. Eine Analyse wird nicht vorgenommen.

Doch ist diese Fragestellung selbst, daß zweierlei unselige Herrschaften bestehen, die »parallel« sind, äußerst anregend und interessant. Exegetisch genau betrachtet sieht das so aus:

Widersacher:	TEUFEL	
Repräsentant:	Dämon	Kaiser
Ort der Repräsentation:	Leib	Staat
Art der Bekämpfung:	Exorzismus	Jesus »Wort Gottes«
Ziel des Kampfes:	GOTTES HERRSCHAFT	

Im Mikrokosmos der Psyche herrscht demnach dieselbe Gesetzmäßigkeit wie im Makrokosmos des die damalige Welt umfassenden römischen Staates. Der »Teufel« ist der letzte Urheber, die letzte Ursache für Besetzung, Unterdrückung, Blockade, für Bewegungslosigkeit und Erstarrung bis zum Tod. Sie wird in der Psyche durch das vollstreckt, was hier »Dämonen« heißt, im Weltreich der damaligen Zeit durch die römischen Kaiser.
Das Wirkungsfeld beider steht auch sonst im Neuen Testament in enger Beziehung zueinander: Der Leib und das Gemeinwesen sind aufeinander hin geöffnet. Denn als Leib existiert der einzelne mit anderen zusammen in einer umfassenden Gemeinschaft. Und »Leib« ist auch ein Bild für die Gemeinschaft, sei es die der Christen wie in 1. Korinther 12 oder eine politische wie in dem Bildwort vom »Volkskörper«. Die Folge der Enteignung ist jeweils Untergang. Warum ist die Enteignung so schlimm? Auch Gott wird ja Herrschaft ausüben. Antwort: Die Besetzung des Leibes einzelner und des Staates aller durch eine fremde Macht ist deshalb so schlimm, weil diese Herrschaft die Realität (Gottes) falsch einschätzt und deshalb der Lüge, der Täuschung und vor allem der Selbsttäuschung dient. Das kommt insbesondere in der Selbstvergottung zum Ausdruck. Das heißt: Die stolzen, überheblichen, gotteslästerlichen Reden des römischen Kaisers und die stolzen Reden des einzelnen sind immer schon ein Hochmut vor dem Fall, da sich die Wirklichkeit auf Dauer nicht nach dieser falschen Einschätzung richten wird. Wie ein Unrechtssystem, das nicht auf Dauer bestehen kann, weil es am Ende auch rein wirtschaftlich gesehen einfach bankrott ist. »Lü-

gen« haben kurze Beine, das ist eine Art Quintessenz dieser Geschichtsphilosophie.

Für die Erstarrung des einzelnen wie des Staates gibt es auch dieselbe Lösung: Der Jesus der Exorzismen hat seine Entsprechung im kriegerischen Messias von Offenbarung 19. Auf eine weitere Analyse wird wiederum verzichtet, weil unsere Texte an der Lösung interessiert sind. Daher erfährt man auch nicht weiter, wer und wie hier der Teufel ist.

Auffällig ist, wie der Kampf in beiden Fällen geführt wird: mit magisch-sakramentalen Mitteln (vgl. dazu unten).

Am Ende unserer Überlegungen zum Thema Teufel und Psyche können wir feststellen: Auch da, wo sie vom Teufel reden, sind die frühchristlichen Autoren nicht psychologisch naiv. Wenn sie vom Teufel statt von Sünde und Begierde (was manchmal direkt parallel zum Teufel steht) sprechen, reden sie in apokalyptischer Verschärfung. Denn zugleich mit der Abgründigkeit des Bösen wird auch die Möglichkeit der Absage betont. Apokalyptische Verschärfung aber ist kein mythischer Wust, sondern schonungsloser Realismus.

Wie harmlos ist der Satanismus?

Teufelsanbetung in der Rocker-Szene?

Offensichtlich erfreut sich die Verehrung des Teufels in manchen gegenwärtigen Szenen der Esoterik und auch der Kunst, insbesondere der Musik, großer Beliebtheit. Nach Auskunft von Experten (W. Willam, Schwetzingen) werden zumindest Teilbereiche der Rockmusik von diesem Thema bestimmt. Der »Dance with mister D(evil)« ist der Tanz mit dem Teufel, die »goat's head soup« (Ziegenkopfsuppe) gebraucht das alte Satansbild Ziegenkopf, Rufe wie »I leave satan on me« (»Ich lasse Satan an mich heran«) und »Help me, help me, devil« (»Hilf mir, hilf mir, Teufel«) bestätigen diesen Eindruck ebenso wie Verfluchungen Jesu als des »dead man« (»toter Mann«, also nicht der auferstandene Sohn Gottes) oder die Bezeichnung Jesu als Abschaum, wie wir sie schon aus dem antiken Satanismus kennen. Auch das »backwards masking«, das Rückwärts-Lesen von Texten, gehört seit alters zum Satanismus (»Der Teufel betet das Vaterunser rückwärts«).

Zur Bewertung dieser offensichtlich verbreiteten Phänomene ist zu sagen:

– Angesichts der überregulierten Alltagswelt voller »correctness« gibt es einen geradezu selbstverständlichen Reiz des absolut Verbotenen, das reines Tabu ist. – Freilich wäre es falsch, hier von Anarchie zu reden. Denn die Hölle ist streng hierarchisch gegliedert. Es gibt Oberteufel, Unterteufel, Satans Engel etc.

– Der angeblichen Langweiligkeit des Guten entspricht die Faszination des Bösen.

Aufgrund dieser beiden ersten Punkte könnte man meinen, es handle sich um eine Spielerei mit der Abgründigkeit. Bedenklicher ist etwas anderes:

– Inhaltlich sind diese Texte deshalb nicht ungefährlich, weil sie zumindest verbal Haß, Blutvergießen und Gewalt verherrlichen. Gerade mit diesen Elementen wird der traditionelle Teufel recht gut erfaßt.

– Auch wenn die Freunde dieser Musik nicht so genau wissen, was sie da (an Texten) hören – muß trotzdem gelten, daß es sich – abgesehen von den eben genannten ethischen Aspekten – um eine religiös riskante Sache handelt? Oder ist es Aberglauben, wenn man dieses annimmt? Viele strenggläubige Christen fürchten in dieser Hinsicht den Teufel, als ginge es um Gott selbst.

Diese Fragestellung öffnet den Blick für einige Beobachtungen:

Im Umgang mit der Größe Satan sind ungebrochen zahlreiche Elemente sehr lebendig, die »eigentlich« in eine praktizierte Religion hineingehören, sich aber auf der »Gegenseite« länger und stabiler erhalten haben. Das bei unserem Thema immer wieder festzustellende Gesetz der Spiegelverkehrtheit gilt hier in besonderem Maße.

Wer den Namen des Teufels nennt, wer seine Zeichen gebraucht, wer insbesondere Jesus oder Gott Vater verflucht, wer magische Praktiken (besonders unter Verwendung von Blut) treibt, läßt sich auf unheilvolle Weise mit dem Satan ein, »ruft« ihn mit allen Konsequenzen herbei – so ein sehr verbreiteter Volksglaube.

Dabei handelt es sich um die Kehrseite (Spiegelung) im Kern religiöser Elemente: Der Name Gottes darf im Frühjudentum (und bei orthodoxen Juden bis heute) nicht ausgesprochen werden. Daß man Gott mit der Nennung seines Namens ruft, ist die Grundlage des christlichen Verständnisses von Sakrament und Gottesdienst (Taufen »auf den Namen«, sich versammeln »im Namen«, so daß der Herr dann mitten unter diesen Menschen ist). In allen Gebeten um das Kommen (»... dein Reich«, »... Heiliger Geist«) ruft man Gott herbei, indem man seinen Namen nennt. Die Warnung, sich überhaupt mit dem Gegenstand Teufel zu beschäftigen, ist nichts weiter als umgekehrt wirksame religiöse Scheu vor einem Tabu.

Besonders wichtig ist die Verbindung von Teufel und Blut (vgl. auch S. 163f; 226f); in der satanistischen Szene äußert sie sich als Verherrlichung von Gewalt. Dem entspricht, wiederum spiegelbildlich: Die Frömmigkeit des ausgehenden Mittelalters und die des Pietismus ist wesentlich geprägt durch eine Blut- und Wundenmystik. Diese kreist um die Passion Jesu, aber auch um das Martyrium bestimmter Heiliger (zum Beispiel Sebastian). In der katholischen Volksfrömmigkeit waren bis vor kurzem Andachten »zu den heiligen fünf Wunden« beliebt, und im Jesuslied des Pietismus werden Jesu Wunden geradezu zur Höhle, in die sich der Fromme verkriecht. Nun sind diese Typen von Frömmigkeit heute denkbar unmodern. Zu ihnen gehörte der heilige Schauder vor Blut, Schmerz und Wunden Jesu. Auch die Herz-Jesu- und die Herz-Mariae-Frömmigkeit gehört im weiteren Sinne hierher. Denn beide Herzen werden durchbohrt (Johannes 19,34 und Lukas 2,35). Der Sinn dieser Blut- und Wunden-Frömmigkeit ist, weil heute unverständlich, wenigstens kurz zu umreißen: Blut und Gewalt werden nicht verdrängt, sondern sind ein Teil, ja Ausdruck der Liebeszuwendung Gottes. Schmerz, Leid und Gewalt auf seiten der Menschen werden besiegt, indem der Gottmensch sie mit den Menschen teilt und verwandelt. So bleiben Leiden und Schmerzen nicht sinnlos, sondern werden Mitleiden mit Christus.

Der Satanismus unserer Tage belehrt uns, daß in dieser Thematisierung von Schmerz, Blut und Wunden offenbar Unersetzliches geleistet wurde. Man kann sagen: *Wo das Thema des Blut-Horrors aus dem Christentum verschwindet, nimmt sich der Satanismus dessen an.*

Man kann daher wohl im ganzen den Satanismus als Nachlaßverwalter großer und wichtiger Themen des Christentums ansehen: Verschweigen des Namens, Geheimnis, Umgang mit Zeichen und Formeln, Inspiration und Blut/Gewalt. Da zu diesen Themen die kirchliche Botschaft lange recht dünn war und die Volksfrömmigkeit abgestorben ist (weil Theologen sie nicht mehr vertreten konnten oder mochten), schaffen sie sich im Satanismus eine neue Herberge. Darin liegt die wahre Gefahr.

Und was die Popularität des Satanismus in der zeitgenössischen Musik betrifft: »Man kann nicht verhindern, daß Vögel über die Köpfe fliegen, aber man kann verhindern, daß sie sich in den Köpfen einnisten« (W. Willam), und zwar durch Aufklärung.

Im übrigen ist das Umkippen religiöser Formen in die neuheidnische Szene selbst ein religiöser Vorgang, und zwar der der Inversion. Für christliche Vorstellungen vom Teufel ist diese Kategorie bleibend wichtig.

Macht »Inversion« den Reiz des Satanismus aus?

Unter Inversion versteht man in diesem Zusammenhang die Umwertung alltäglicher, normaler Wert- und Verhaltensmuster aus religiösen Gründen. Bekannt ist das Phänomen zunächst aus der Magie des Altertums: So werden magische Texte entgegen dem üblichen Schreibduktus von rechts nach links geschrieben, statt der normalen Opfertiere (Rind, Schaf, Schwein) opfern Magier Vögel (besonders: Hähne) oder Esel. Statt an die himmlischen Götter richtet man sich in der klassischen antiken Zeit zu magischen Zwecken an die unterirdischen Götter (in christlicher Magie: an Satan und böse Engel). – Inversion als liturgisches Verhalten kennt die Kirche besonders an den wichtigsten Festen. In der Karwoche wurden früher die Altäre regelrecht demoliert, in der Passionszeit die Kreuze, die man eigentlich anschauen sollte oder wollte, verhüllt, die Glocken wurden gerade nicht geläutet. An diesen jahrhundertelang praktizierten Riten wird erkennbar: Inversion ist nicht der Magie vorbehalten, sondern ein generelles religiöses Phänomen.

Die Fasten- und Bußzeiten haben generell inversiven Charakter, und auf andere Weise gilt das für die Zeit zwischen dem 5. Dezember und dem 5. Januar (»Saturnalien«, »verkehrte Welt«). Jedenfalls früher diente das Kirchenjahr erkennbar dazu, notwendige Phasen religiöser Inversion, in denen »alles anders« sein durfte, zu pflegen, auch um den geistlichen Überdruß *(acedia)* zu verhindern.

Inversion ist aber offenbar auch ein wichtiges Phänomen religiöser Aufbrüche in der Kirchengeschichte. Es stellt sich immer dann ein, wenn eine zu Ende gehende Epoche buchstäblich »keine Luft mehr zum Atmen« ließ. So kann man die Reformation des 16. Jahrhunderts als Inversion sehen gegenüber einem umfassenden Klerikalismus (auch finanziell) und gegenüber der neuen Strömung der Renaissance. Allen Ordensgemeinschaften schwebt die radikale Absage an die Werte christlicher Bürgerlichkeit vor (Besitz, Familienclan usw.). Die »conversio«, die »Bekehrung« ist Inversion aus religiösen Gründen. Besonders gut greifbar ist die Inversion am Anfang der »dialektischen Theologie«, speziell in den beiden ersten Auflagen des Römerbriefes von Karl Barth. Gegenüber dem flächendeckenden Zugriff liberaler Theologie und ihrer politischen Verflechtungen und gegenüber den spätbürgerlichen Restgemeinden wird hier mit großer Wucht die Souveränität Gottes und sein Recht betont.

Aus alledem geht hervor: Inversion gehört – nicht nur im Christentum – zu den elementaren Lebensäußerungen von Religion. Im Alten und Neuen Testament ist dieses in der beide Testamente durchziehenden Forderung nach Umkehr und Umdenken wie ein roter Faden geworden, der alles zusammenhält. Wo diese Religion zu einer wirklich glaubhaften Inversion nicht mehr fähig ist, kann sie offenbar nicht leben. Es geht dabei weniger um »Reformation« als wirklich um die in sich selbst zutiefst religiöse Umkehrung und Umwertung bestehender Wertesysteme, die jeweils den Menschen die Luft zum Atmen nahmen. Man könnte es auch nennen: Versuche zur Wiederherstellung der Herrschaft Gottes.

Die magischen Traktate auch der nicht-christlichen Antike weisen mit ihrer Zuwendung zu den Unterweltsgöttern und der entsprechenden Verkehrung der religiösen Praktiken bereits grundsätzlich in denselben Bereich, der im Christentum dann Satanismus heißt. Denn der Satan trat – und das zeigt ja auch seine Verbindung mit der Hölle und die Übernahme von Attributen chthonischer Gottheiten – an die Stelle von Unterweltgöttern. Insofern ist die satanistische Inversion gar nichts spezifisch Christliches, sondern setzt nur die generelle Tradition der Magie fort, eben mit dem typisch religiösen Mittel der Inversion. Nur bleibt – im Unterschied zu den oben geschilderten innerchristlichen Inversionen – die satanistische eben nicht innerhalb des Christentums.

Als Inversion ist der Satanismus von gewisser Folgerichtigkeit gerade heute: Wo die Botschaft der Bibel verkürzt wird zu einem platten Verständnis des Satzes »Gott ist die Liebe« und wo oftmals Kirche als die Summe aller Forderungen nach *correctness* auftritt, wo Christentum mehr als einmal eine rein therapeutisch-diakonische Anstalt wird, muß es geradezu reizen, angesichts von soviel – vermeintlicher oder echter – Betulichkeit den Haß zu kultivieren und die Gewalt zu verherrlichen. Denn es gibt eben auch eine »Liebe«, die förmlich erdrückt und kaum verhüllter Machtanspruch ist.

Der Satanismus kippt nun freilich mit seiner Art der Inversion deshalb aus der Religion heraus, weil er am Gottesbild ansetzt. Alle anderen Inversionen waren unterhalb des Gottesbildes angesetzt. Im Satanismus wird das Gottesbild selbst zum Thema. Das kann nur die Folge davon sein, daß die kirchliche Verkündigung für das Geheimnis im Gottesbild keinen Raum läßt.

Allerdings gehört es zu allen Inversionen dazu, daß sie nicht gerade schmerzlos verlaufen. Die satanistische Inversion entzieht sich dem Schmerz und ist stummer Auszug nach draußen, ohne Auseinandersetzung, ohne Streit und schmerzhaften Abschied vom Gewohnten. Der stumme Auszug ist ohnehin die gegenwärtig übliche Form, sich vom »langweiligen« Christentum zu verabschieden. Im Satanismus geschieht das in der Weise pervertierter Religiosität.

Wenn die kirchliche Verkündigung tatsächlich zu sanft und vornehmlich therapeutisch-diakonisch ist, wenn das Gottesbild ohne Geheimnis ist und rationalisiert erscheint, dann wäre der richtige Ausweg nicht Satanismus und der Lobpreis des Hasses, sondern die Wiedergewinnung eines etwas dramatischeren Gottesbildes. So haben zum Beispiel Jesu

Gleichnisse keineswegs nur den gleichförmigen Inhalt »Gott ist die Liebe« (nicht einmal das Gleichnis vom verlorenen Sohn in Lukas 15,12–32 läßt sich auf diese Formel bringen), sondern bewahren sehr wohl die unterschiedlichsten und keineswegs generell ungefährlichen Züge Gottes – vom Gleichnis von den »anvertrauten Pfunden« (Lukas 19,12–27) bis zum Gleichnis vom »törichten Reichen« (Lukas 12,16–21).

Die satanistische Inversion ist – wie alle anderen – mit einer bestimmten »Kultur« verbunden. Daß diese Kultur sich so weit verbreiten konnte, ist ein bedenkliches Zeichen für den Zustand des Christentums. Oder anders gesagt: Wo jede andere Inversion fehlt, greifen dann die Menschen, um sich den Kitzel zu bewahren, aus lauter Langeweile und Überdruß zur satanistischen.

V
Was kann man mit Sicherheit sagen?

Kann man das Evangelium von der Kehrseite her lesen?

Gibt die Kehrseite etwas her?

Wenn das Böse dazu da ist, überwunden zu werden, der Teufel dazu da ist, besiegt zu werden, und die Dämonen immer schon auf den Stärkeren warten, der sie hinauswirft, dann darf man erwarten, daß die Beschäftigung mit diesem Thema neues Licht auf das Evangelium selbst wirft.

Denn wie auch immer christliche Anschauungen über die Kehrseite ausgeprägt waren – gemeinsam ist ihnen doch, daß das Erzböse immer nur höchstens die zweite, nie die erste Geige spielen darf. Denn Gott ist immer je und je der Größere. Der Kampf (was auch immer man darunter versteht) ist daher nie unentschieden.

In vielen Fällen sind Erfahrungen mit der Kehrseite ein Spiegel, der auf altertümliche, manchmal vergessene Aussagen im eigenen Bereich aufmerksam macht. Wir stellen hier unsere Einsichten noch einmal zusammen.

Wenn die Bosheit pur, das »Erzböse«, reiner Haß ist, immer wieder Mord an unschuldigen Menschen, wirft das Licht auf die Botschaft des Evangeliums, das sich dem Leben und der Liebe verschworen hat. Besonders kraß ist diese Auffassung erkennbar, wenn die oder der »Herrscher« oder »Herrscher dieser Welt« fast immer mit dem Martyrium unschuldiger Gerechter zu tun haben.

Aussagen über Inkarnation (Jesus als »Gott«) werden verständlicher, wenn man sie mit Aussagen über Petrus als »Teufel« vergleicht. In beiden Fällen geht es um die Übereinstimmung in den Taten. Der »Sohn des Teufels« (Apostelgeschichte 13,10 und Johannes 8,44) wirft Licht auf den »Sohn Gottes«, denn es geht strukturell um Ähnliches: Repräsentation, Wirkung zu Heil oder Unheil, entsprechende Qualität der Taten, Wunder oder Magie, Propaganda oder Mission.

Auch was Inspiration ist, wird klarer verständlich: Sie wird indirekt im nachhinein erschlossen, wenn man (Teufels oder) Gottes typisches Handeln in dem eines Menschen wiedererkennt.

Die verbreitete Rede davon, daß der Teufel verscheucht wird (am besten an seinen Ort in der Wüste oder in der Schlange), ist Ausdruck einer »lokal« orientierten Theologie, nach welcher es umkämpfte Territorien Gottes gibt. So wird erkennbar, daß es auch für Gott heilige Orte geben muß (zum Beispiel ein rein bewahrtes Herz; eine Kirche als Gotteshaus).

Die Gestalt des Teufels ist eine Einsicht des biblischen Monotheismus: Die vielen anderen Götter und die vielen schillernden religiösen Erfahrungen außerhalb der biblischen Religion haben sich im Teufel zu einer Gestalt verdichtet. Auch positiv ist Israel auf dem langen Weg zum Glauben an YHWH einen ähnlichen, wenn auch deutlich vorausliegenden Weg gegangen. Daß der Schöpfer und der Hirte, der Kriegsherr und der Anwalt der Witwen *einer* sind, war nicht immer klar und wurde erst langsam eingesehen.

Und je komplexer die Einheit des transzendenten Wesens wird, um so wichtiger wird, daß es innerhalb der Welt durch je einen einzigen Mittler repräsentiert wird. Im Neuen Testament wird das besonders gut erkennbar durch die Gegenüberstellung Jesus – Judas, Petrus – Simon Magus (in den apokryphen Apostelakten heißt er »Kraft Satans«), Paulus – Elymas. Einzelne Exorzismen nehmen Themen daraus auf. Die Gegenüberstellung Jesus – Judas ergibt sich im Kontrast »Sohn Gottes« und »Sohn des Verderbens«

und in der Spannung zwischen Lebenshingabe Jesu und Übergabe des Unschuldigen durch Judas.
Die Klärung durch Hinführung auf eine einheitliche Grundgestalt ist auch in einem ganz anderen Feld hilfreich: Im Evangelium nach Johannes gibt es fast durchgehend Sünde nur in der Einzahl. Es gibt nur eine Sünde, die Verweigerung des Glaubens an Jesus.
Exorzismus als schon von Jesus geübte Form wirft Licht auf die Sakramente. Exorzismus ist vollmächtig geübte Rede gegen unreine Geister. Sakramente sind vollmächtig geübte Rede (mit Zeichen), die oft Anrufungen des Heiligen Geistes (Epiklesen) einschließen oder sogar den Heiligen Geist vermitteln (Taufe, Firmung). – Exorzismen sind den Sakramenten vielfältig verwandt, als von Jesus geübte Formen der Befreiung könnte man sie auch Proto-Sakramente nennen. Daß ihnen das äußere Zeichen fehlt, liegt daran, daß in ihnen kein Gut vermittelt wird, das durch Wasser, Brot oder Wein abgebildet würde. Andererseits könnte man die (kriegerische) Konfrontation zwischen Exorzist und Besessenem als das äußere Zeichen werten (ähnlich wie bei der Beichte das »Forum« das äußere Zeichen ist). Der Exorzismus ist, so könnte man sagen, ein spezifisch messianisches »Sakrament«, denn die Aufgabe des Messias war es immer, die Feinde (jetzt: Dämonen) zu besiegen und Reinheit herzustellen (er vertreibt die unreinen Geister; zum Thema Reinheit vgl. Psalmen Salomos 17 und Jesu »Tempelreinigung«).
Die autoritäre Aufforderung bei den Exorzismen (»Raus da!« oder »Weiche vor Gott!« lat. *cede deo*) entspricht dem nicht minder autoritären Ruf in die Nachfolge bei Jesus. Der Umgang mit Satan ist ähnlich wie der mit Jüngern, beides kommt zusammen in Markus 8,33 *(Hinter mich, Satan!)*.
Christsein umfaßt nicht nur Vergebung und Gnade, sondern auch Kampf, Verlust und Sieg. Diese wenig populären Elemente des christlichen Glaubens sind um der notwendi-

gen Ehrlichkeit willen neu zu entdecken. Vielleicht bedeutet dies auch eine Art Schleichwerbung. Und wenn man sich die Botschaft einer zisterziensischen Kathedrale im Anschauen und Betrachten zu Herzen nimmt, könnte es sein, daß man etwas begreift vom Kampf zwischen Dunkel und Licht. Aber dieser Kampf ist nicht im Sinne spätbürgerlicher moralischer Anständigkeit zu verflachen – nur dann wird Christentum langweilig.

Wer zum Reich Gottes berufen wird, erlangt Freiheit und Befreiung von der Herrschaft Satans. Gerade weil es Gott so schwer hat mit seiner Herrschaft, gilt, daß der »Teufel« nicht leicht zu nehmen ist.

Soll man das Negative lieber gar nicht beachten?

Man kann fragen, ob es denn notwendig sei, die Kehrseite des Evangeliums mitzubedenken. Denn weder Sünde, Tod und Teufel noch Hölle, Fluch und Verdammnis, weder Dämon, Schuld und Buße noch Besessenheit, Sühneblut und Erfragen von Dämonennamen scheinen den meisten etwas in Richtung Evangelium zu bedeuten, bestenfalls verbindet man damit den Schauder vor religiöser Exzessivität, fanatischer Gewaltanwendung und Selbst-Geißelungen nach Art des Mittelalters. Man interessiert sich dafür im Sinne des Exotischen und füllt alles dies gewissermaßen in einen durchsichtigen Plastikbeutel, wo es fern ist und im Alltag nichts bewirkt. Das Positive läßt man sich gerne sagen. Aber besonders wahrhaftig ist das alles nicht. Und die verschwiegenen Schwierigkeiten werden dann dadurch überspielt, daß man sich in Gestalt von Süchten erst recht dem Erzbösen verschreibt.

Diese Überlegungen sollen dazu anleiten, den Blick auf den Horror im eigenen »System« zuzulassen. Ich gehe davon aus, daß dieser Blick nur heilsam sein kann. Denn mit dem Horror wurde seit eh und je auch überliefert, er könne, müsse und werde ganz sicher überwunden werden.

Wer nur noch vom Licht redet und behauptet, nicht mehr zu wissen, was Finsternis ist, muß eben über die Finsternis aufgeklärt werden. Daß das nicht in abstrakten Begriffen, sondern in Bildern geschieht, macht die Lebendigkeit und auch die »Wiederverwendbarkeit« der biblischen Sprache aus.

Wie wird Finsternis durch das Licht überwunden?

Wir fassen hier noch einmal zusammen, auf welche Weise das Christentum den Kampf gegen das Erzböse auffaßt und vollzieht. Zu einzelnen Punkten geben wir theologische oder historische Verständnishilfen

Helfen vollmächtige Worte?

Die Exorzismen Jesu kann man, wie bereits gesagt, in mancher Hinsicht als Vorformen der Sakramente betrachten (Proto-Sakramente). Jesus erweist seine Rede als vollmächtig, indem seine Worte bewirken, was sie bezeichnen (wie bei den Sakramenten). Die Sprache des Charismatikers hat damit noch paradiesische Züge.
Wenn der Dämon direkt angeredet wird, so nennt man das auch »Schelten«. Viele Texte aus Qumran belegen dieses bereits, so zum Beispiel 4 Q 463 Fragment 2,3 »schelten Belial«.
Unter den Texten aus Qumran gibt es auch solche, die den Teufel (Beliar) verfluchen.

Vgl. 4 Q 286 Fragment 7 II6 »Verflucht ist Belial im Denken … verflucht sind alle Geister seines Loses«; 4 Q 379 Fragment 22 II 9: »Da ist ein Verfluchter, ein Mann Belials«. – 1 QM 13,2.4.11: »… verfluchen Belial und alle Geister seines Loses …«; 1 QS 2,5.19 (Leviten verfluchen alle Männer des Loses Belials).

Eigenartigerweise wird davor im Christentum gewarnt (Judas 9: *selbst Michael wagte nicht, ein Urteil der Lästerung vorzubringen, sondern er sprach: es strafe dich der Herr*), und unter den anerkannten Exorzismen der griechischen und römischen Kirche fand ich auch keine Verfluchung. Der Grund dafür ist eindeutig: Sollte der Exorzist selbst nicht ganz rein und sündlos sein, so kehrte der Fluch nach dem Bumerang-Prinzip auf ihn zurück (das ist so bei Fluch und Segen, vgl. zum Beispiel Lukas 10,6b ... *wird er zu euch zurückkehren*). Die Warnung des Judasbriefes ist daher bereits aus der Einsicht geboren, daß Christen weiterhin sündigen.

Christen als Einzelkämpfer?

An mindestens vier Stellen in den neutestamentlichen Briefen wird der einzelne Christ als Träger des Krieges oder auch einer Waffenrüstung gegen den Teufel bezeichnet. Diese Stellen sind nochmals kurz zu nennen:

Epheser 6,11–20: *Legt an die Waffenrüstung Gottes ... damit ihr Widerstand leisten könnt gegen die Schliche des Teufels ... Schild des Glaubens ... Schwert des Geistes ... beten ... wachen.*

1. Thessalonicher 5,2–11: *Kinder des Lichts ... Wir gehören nicht zu Nacht und Finsternis ... Wachsam sein ... Panzer des Glaubens* (Teufel: 3,5).

Römer 13,12: *ablegen die Werke der Finsternis, anlegen die Waffen des Lichts.*

1. Petrus 5,8f: *Seid wachsam ..., euer Widersacher, der Teufel, geht umher ... leistet ihm Widerstand im Glauben.*

Auffallend ist: Immer finden sich solche Mahnreden (!) im drastischen Schlußteil der Briefe.

Wichtig ist ferner: In allen Texten ist von der Wachsamkeit die Rede (Römer 13,12 indirekt: Nacht/Tag). Eine Verbindung mit dem Thema Finsternis/Licht (Überwindung des finsteren Teufels) ist dadurch gegeben, daß Wachsamkeit als Element der Mahnrede auf die Forderung zurückgeht, am frühen Morgen nicht zu schlafen, (sondern zu wachen

und) in den Tempel zu kommen und zu beten (vgl. die Heidelberger Dissertation von A. Metz: Wachsamkeit in der Verkündigung Jesu, 1995).
Jeder einzelne Krieger ist ein potentieller Märtyrer. Offenbarung 12,12 läßt dies deutlich werden (der Teufel wird besiegt durch das Zeugnis derer, die ihr Leben nicht bis zum Ende liebten).

Wie soll Jesu Blut den Teufel überwinden?

Es fällt auf, daß in diesen Texten statt »Blut« auch »Tod« stehen kann. Wenn von Blut gesprochen wird, dann mag an das Blut an den Türpfosten nach 2. Mose 12,13 gedacht sein, das den Würgengel fern hielt. Oder es steht für das Leben des ganz und gar Gerechten, das stellvertretend für die Sünder vergossen wurde, so daß der Teufel keinen Anspruch mehr erheben konnte. In jedem Fall geht es um den glückseligen Tausch des Lebens des Gerechten und Befreiung von Schuld.
Wir fragen: Geht es wirklich nur um einen (handelsrechtlich zu begreifenden) Tausch – oder spielt die magische Kraft vergossenen Blutes hier nicht doch die wichtigere und ursprünglichere Rolle?
Vom Tausch haben stets sehr gebildete Theologen gesprochen, während für die übrigen Christen die »Erlösung durch Jesu Blut«, die eben auch die Erlösung vom Teufel ist, die eingängigere Version ist. Nun geht es freilich nicht um irgendein Blut, sondern um das unschuldig vergossene Blut des einzigen Gerechten.
Die Frage nach dem »Blut Christi« ist – das eben genannte Verständnis vorausgesetzt – auch ein Beitrag zum Thema »Teufel und Psyche«. Denn vergossenes (! nur dieses) Blut hat eine uneinholbare und unersetzliche Bedeutung für die menschliche Psyche.
Indem das Neue Testament bei der Deutung des Todes Jesu sich an diese Zeichenkraft des Blutes »anhängt« und sie

durch Gottes Handeln in Jesus Christus wirksam (!) erneuert sieht, wird für den Tod Jesu Anteil an der enormen psychologischen Durchschlagskraft dieses Zeichens reklamiert und erreicht. Er wird als Krönung gewissermaßen einbezogen in die Geschichte allen vergossenen Blutes seit Anfang der Welt (so ausdrücklich in Matthäus 23,35f; vgl. auch Offenbarung 18,24).

Und hier wie auch sonst gilt: *Das, was für die »Seele« des Menschen durchschlagend ist, hat diese Kraft auch gegenüber der Macht des Erzbösen.* Daher hatten wir auch den liturgischen und verbalen Aufwand beim Exorzismus gedeutet.

Blut und Teufel gehören zusammen

– als Realsymbole (was etwas anderes ist als »nur« symbolisch!) von Gewalt, gebraucht, um Schmerz und Schwäche (also Verwandtes), Angreifbarkeit und Verlorenheit des Menschen anzuzeigen;

– als zumindest tabu-behaftet, denn Blut ist als Lebenssaft »tabu«, den Teufel begleiten auch bei Nicht-Glaubenden intensive Tabu-Vorstellungen;

– als exzentrisch, das heißt alltäglich-unalltäglich.

Wenn das Neue Testament sagt, daß durch das Blut der Teufel besiegt werde, so bringt es zwei Dinge aus dem gleichen Bereich zusammen. Nämlich:

– Gewalt wird durch Schmerz besiegt (ähnlich denkt es wohl auch Jesus in der Bergpredigt, und zwar in den beiden letzten sogenannten Antithesen, die zum Martyrium auffordern).

– Das Blut ist Träger der Seele (es hat eine Stimme und wirkt fast personhaft: Hebräer 12,24; 11,4), und ebenso wird der Teufel als Geistwesen angesehen. Als Träger der Seele ist das Blut worthaft, daher schreit das Märtyrerblut!

Von daher kommt das Kreuz-Zeichen zu seiner Funktion, dem Bösen das Ende seiner Herrschaft anzukündigen und es oder ihn zu verscheuchen.

Wie kann das Zeugnis vor Gericht den Bösen besiegen?

Die Konfrontation ist in jedem spirituellen Kampf die Stunde der Wahrheit. Die Situation des Exorzismus wiederholt sich daher auf verschiedenen analogen Ebenen. So entsprechen einander:
Exorzist – Dämon in dem Besessenen
Märtyrer – Tyrann als Agent der Herrscher der Welt
Zeuge – Tribunal als Repräsentation des Herrschers der Welt
Wiederkehrender Christus – Schwert seines Mundes besiegt den Widersacher
Der Sieg wird errungen durch das vollmächtige und wirksame Wort oder durch das gleichfalls worthafte Blut.
Von daher läßt sich der Teufel geradezu funktional bestimmen als Zielscheibe allen Widerstandes der Gerechten, der durch Wort oder Blut erfolgt.

Sollte man das Besiegen der Teufel den Engeln überlassen?

Daß die guten Engelmächte gegen die bösen siegen werden, ist bereits die Botschaft einiger Texte aus Qumran, die über den künftigen Krieg zwischen Licht und Finsternis sprechen. Nach Offenbarung 12 hat der Satan in Michael seinen Gegner gefunden. Soweit, so gut.
Doch es geht der biblischen Botschaft um die Befreiung des Menschen. Oft fragen Skeptiker heute: Wovon soll der Mensch denn eigentlich erlöst werden? Zumeist antwortet man: Von Sünde und Schuld. Dann folgt die Gegenfrage: Aber wenn er sich gar nicht schuldig fühlt? – In den Überlegungen dieses Buches haben wir eine andere, fast durchweg vergessene Seite betont: Der Mensch bedarf der Erlösung von der Faszination durch den abgründigen Haß. Er muß befreit werden von der Versklavung durch Sucht, die zum Tode führt. Von Mächten also, die ihn einfach überwältigen.

Was helfen Askese und Bewahren der Worte Gottes?

Die Aussprüche der Wüstenväter zeigen, daß der Kampf gegen den Teufel später, das heißt nach der Zeit der Verfolgung, nicht mehr mit dem Blut der Märtyrer geführt wird, sondern im Kampf gegen die Maßlosigkeit im Bereich der Vitalinstinkte (gewöhnlich: Begierden). Daß sie diesen Kampf in der Wüste führen, am traditionell eigensten Wohnsitz des Teufels, zeigt, was sie suchen. Sie wollen einen Teil des Kampfes des Lichts gegen die Finsternis führen. Hier gilt der Grundsatz: Nur wer asketisch auf sich selbst verzichtet, hat Vollmacht, die Dämonen aus der Welt zu treiben (vgl. K. Thraede, Art. Exorzismus, RAC VII, 108).

Enthält der Kampf gegen den Teufel nicht eindeutig zu viel Magie?

Der Kampf gegen den Satan hat zum Teil sakramentale Züge. Das wurde oben öfter betont. Offenbar verwandt sind Elemente, die wohlbekannt sind und die gewöhnlich von Außenstehenden als magisch eingestuft werden, so etwa das Verhältnis von Teufel und Kreuz-Zeichen, von Teufel und Weihwasser, und eben auch die Bedeutung des Blutes (Jesu, der Märtyrer) im Kampf gegen den Teufel.
Lassen wir einmal den negativen Beigeschmack beiseite, den das Wort Magie hat. Dann wird erkennbar, daß Worte (oft: Scheltworte oder Befehle) gegen böse Geister eine annähernd ähnliche Funktion haben wie bekannte Zeichen. Dieser Tatbestand ist bemerkenswert, wird doch darin die Ahnung der modernen Semiotik bestätigt, nach der Worte und sprechende Symbole unter derselben Kategorie der »Zeichen« zu fassen sind.
»Magisch« ist jeweils die Qualifikation von Formen der Religion oder Frömmigkeit, die man für sich selbst ablehnt. Insofern wirkt, was bei den einen sakramentale Sprache oder Zeichen sind, auf die Außenstehenden als Magie.

Zu klären wäre also allenfalls, was »sakramentale Sprache oder Zeichen« sind. Es sind Instrumente, mit denen der Mensch im Bereich der spirituellen Wirklichkeit handelt, wenn und weil Gott diesen Handlungen eine Verheißung gegeben hat (zum Beispiel Taufe: Wer mit Wasser »auf den Namen des Vaters ...« getauft wird, dem gilt die Verheißung, daß er dann zu Gott gehört). Nicht beliebige Zeichen wirken, sondern nur die legitimen. Die illegitimen nennt man magisch.
So möchte ich auf die als Überschrift dieses Abschnittes formulierte Frage antworten: Geist wird mit Geist bekämpft, nicht mit Gewalt. Und Geist ist in Zeichen zugänglich, auf keine Weise sonst. Zu den Zeichen gehören Sprache und Symbole. Das sind insgesamt zweifellos moderne und gut eingängige Einsichten.

Sollte man die öffentliche Absage an den Teufel bei der Taufe wieder einführen?

Verschiedene Taufliturgien kennen die öffentliche Absage: »Widersagst du dem Satan? Und all seinen Werken? Und all seinem Gepränge (seiner Pracht)?«, welche Fragen der Täufling oder die Paten jeweils mit »Ich widersage« beantworteten. Inzwischen ist diese, wie man meinte, düstere Zeremonie weitgehend aus den Taufagenden verschwunden.
Diese öffentliche Absage an den Satan hat freilich eine lange jüdisch-christliche Tradition. Schon in Texten von Qumran ist berichtet, daß diejenigen, die sich zu einer kleineren Gruppe hin bekehrten, eine ähnliche öffentliche Absage praktizierten. Es handelt sich daher um ein Element, das aus Vorstufen in der jüdischen Liturgie ins Christentum gelangt ist. Nach den Qumran-Texten waren es freilich Erwachsene, die ihre Bekehrung oder Umkehr so hörbar zum Ausdruck brachten.

So lesen wir in der sogenannten Sektenregel aus den Höhlen von Qumran: »Jeder, der in den Bund Gottes eintreten will in Gegenwart aller … soll sich binden, sich abzusondern von allen Männern des Frevels, die auf gottlosem Wege wandeln« (5,7–11). In der Damaskusschrift 16,4 heißt es: »Und an dem Tage, an dem sich der Mann verpflichtet umzukehren zum Gesetz des Mose, wird der Engel der Feindschaft von ihm weichen …«

Ich möchte am Schluß dieses Buches dafür plädieren, diese Absage an den Satan beizubehalten oder wieder einzuführen (gleichgültig, ob die Täuflinge Kinder oder Erwachsene sind), und zwar aus folgenden Gründen:

– Christwerden ist ein Herrschaftswechsel. Dieser zentrale Punkt kommt sonst kaum zum Ausdruck.

– Im eigentlichen Taufritus bleibt der Täufling sonst zumeist stumm und kommt nur als Objekt vor. Die Absage an den Satan wäre etwas, das wirklich er selbst zu vollziehen hätte.

– Gegenüber der Funktion der Taufe als Familienfeier harmlosester Art käme dann wenigstens an einer Stelle zum Ausdruck, daß Taufe eine Zäsur zwischen Dunkel und Licht ist. Paulus nennt dieses Abschiednehmen »Mitsterben mit Christus«. Absage und Abschied sind schmerzlich und bedeuten Aufbruch zu etwas Neuem. Der Filz der Verwandtschaft, in den der Täufling durch die Taufe normalerweise aufgenommen wird, hat teilweise diabolische Züge. An dieser Stelle wird ein Zeichen gesetzt: Der Täufling gehört nicht euch. Er ist ein Befreiter.

– Die Harmlosigkeit der Tauffeier wird an einer Stelle durchbrochen, es wird deutlich, daß es um Gott und Teufel geht. Die klare Form der Absage führt an dieser Stelle aus dem Alltagsgrau in das letzte Gegenüber von Gott und Satan.

– Die Absage macht unüberholbar deutlich, daß es nicht um Einführung in die Angst vor dem Teufel geht, sondern um einen Befreiungsschlag. Wer so »selbstbewußt« gegenüber dem Teufel auftreten kann, muß ihn auch später nicht fürchten und muß überhaupt nichts fürchten außer Gott.

Hat die Versuchung Jesu durch den Teufel exemplarischen Rang?

Sind die vierzig Tage wörtlich zu nehmen?

Am Ende kommen wir auf die Anfangsfrage zurück: Was bedeutet es für das Bild von Jesus, daß er vierzig Tage lang vom Teufel versucht wurde? Es heißt doch: Der Sohn Gottes wurde nicht ausgenommen von den tiefsten und äußersten Versuchungen, die an einen Menschen kommen können, sich mit dem Bösen einzulassen.
Die Zahl der vierzig Tage oder auch Jahre gehört zu den ältesten Requisiten unserer Religion. Eine heilige Zeit – so etwas kennen wir gar nicht mehr, die wir für nichts Zeit haben. Vierzig Tage sind immer wieder die Zeit der gründlichen Begegnung zwischen Gott und Mensch.
Vierzig Tage, das ist nicht der flüchtige Augenblick unseres Tischgebets oder die Stunde Kirchbesuch oder die Festfeier jeweils nur an einem Tag. Wie konnten Menschen sich überhaupt vorstellen, daß man vierzigmal schläft und vierzigmal aufwacht und die ganze Zeit über mit Gott zu tun hat? Bei der Sintflut regnet es vierzig Tage und vierzig Nächte, und auch an vielen anderen Stellen sind vierzig Tage oder vierzig Jahre die Zeit, Schuld zu tragen, die Zeit, bis Schuld abgebüßt ist, nicht automatisch, sondern weil der Mensch diese Zeit braucht vor Gott. Daher kommt die vierzigtägige Fastenzeit vor Ostern. Doch andererseits: Mose ist vierzig Tage und Nächte bei Gott auf dem Sinai, um das Gesetz zu empfangen. Das ist wohl eher das Vorbild für die Zeit zwischen Ostern und Himmelfahrt. Denn auch Jesus trägt hier den Jüngern auf, was sie tun sollen. So haben wir bei Ostern beides: vierzig Tage Bußzeit vorher und vierzig Tage Zeit der Herrlichkeit nachher.
Vierzig Tage lang ist eine Frau für das Alte Testament auf jeden Fall tabu nach der Geburt eines Kindes. Und wir haben diese Zahl der vierzig Tage daher noch einmal im Kir-

chenjahr, zwischen Weihnachten und Mariä Lichtmeß am 2. Februar. »Tabu« heißt übrigens nicht »unrein« im Sinne von schmutzig, sondern: unter Gottes besonderem Schutz und dem Zugriff des Mannes entzogen. Nicht schon wieder erneut schwanger, sondern vierzig Tage Ruhe. Und dauert nicht auch die Schwangerschaft an die vierzig Wochen?
So wie die Frau, die entbunden hat, mindestens vierzig Tage unberührbar ist, so sagt auch Jesus zu Maria nach Johannes in der Zeit zwischen Ostern und Himmelfahrt »Rühr mich nicht an«. Es ist eine heilige Zeit. Ein Tabu bedeutet, daß wir nicht eingreifen, sondern schweigen, hören, schauen.
Vierzig Tage, das heißt also: entweder Zeit, in der der Mensch seiner Situation vor Gott inne wird, in der er um Vergebung ringen kann, oder Zeit der Begegnung mit dem Heiligen, Flitterwochen des Glaubens. Epiphaniezeit, und zum Zeichen brennt die Osterkerze bis Himmelfahrt zusätzlich neben den Altarkerzen. Heilige Zeit, weil nicht alle Tage gleich grau sind. Daß diese Zeit begrenzt ist, weist auf unser begrenztes Fassungsvermögen. Dennoch: Vierzig Tage sind eine lange Zeit. In Wahrheit geht nichts in einer Sekunde, denn wir sind keine Engel. Vierzig Tage sind Menschenmaß. Viel älter als das Siebenerschema, uralte Tabuvorstellungen. Vierzig Tage nach dem Tod eines Menschen hielt oder hält man ein »Sechs-Wochen-Amt«.
Es ist an der Zeit, sich dieser Tabus zu erinnern. Sie sind über Jahrtausende erprobtes Menschenmaß, Intervall des Atmens von Seele und Leib, humaner als unsere gesammelten Formen von Schnell-Service. Diese Rhythmen der Zeit sind nicht gottlos und heidnisch, wie es von Verächtern des Kirchenjahres zu hören ist, sondern human und ein Zeichen von Liebe. Nicht das Ja oder Nein an einem Punkt, sondern: Laß mir vierzig Tage Zeit im Schlafen und Wachen, um mich zu finden, um mich vor dir zu sammeln, Herr. Jesus hat vierzig Tage in der Wüste mit dem Teufel gekämpft.
Und wir sollten nicht mehr fragen: Waren das nun wirklich

vierzig Tage oder nicht? Das ist so bei den Vorstellungen und Denkmustern der Bibel, bei den immer wiederkehrenden Merkmalen von Gottes Handschrift. Wir können die Vorstellungen und das, was wirklich war, nicht von einander subtrahieren. Es geht nicht um Rechenunterricht, wo dann etwas übrig bleibt oder auch nichts. Sondern Erfahrung vor Gott gibt es vierzig Tage lang, oder sie besteht gar nicht. Bibelkritik ist, so verstanden, keine Rechenaufgabe, sondern mystagogische Katechese, Einführung in die Geheimnisse.

Vierzig Tage Zeit, Schuld zu erkennen und zu büßen, rein zu werden, sich zu finden vor Gott, nicht eingespannt zu werden, Gott reden und wirken zu lassen, den Teufel zu widerlegen. Vierzig Tage Krise und Konfrontation. – Nicht wir nehmen uns vierzig Tage Zeit, sondern wir setzen uns der Wirklichkeit Gottes oder des Teufels aus, schonungslos, nackt, ganz und gar. Die Jünger haben Jesu Gegenwart ausgehalten, sind nicht weggelaufen, haben die Zeit nicht weggeschoben. Man sollte auch die Texte nicht psychologisch mißverstehen – als ob wir uns mit unseren Krisen mehr Zeit nehmen sollten. Auch moralisch ist das nicht zu verstehen, als müßten wir uns mehr Zeit nehmen für uns selbst. Heilige Räume kennen wir noch. Heilige Zeiten dagegen nicht mehr, in denen wir uns einleben in die Gegenwart Gottes oder des Teufels, aus denen wir verwandelt hervorgehen.

Zu was wollte der Teufel Jesus verführen?

Der Teufel will, wie wir gesehen haben, Jesus dazu überreden, normal zu sein. Denn daß Vitalinstinkte im Christentum beschnitten werden, kann der Teufel, wie er sagt, nicht einsehen. Warum also sorgt Jesus nicht für sich, wo er es doch kann? Dieselbe Wenn-dann-Aufforderung, die der Teufel an Jesus richtet, wird sich in der Kreuzigungsszene wiederholen. Denn der Teufel sagt: *Wenn du der Sohn Gottes bist, dann mach diese Steine zu Brot* … (Matthäus

4,3), und die Umstehenden bei der Kreuzigung sagen: *Wenn du der Sohn Gottes bist, dann steig herab vom Kreuz* (Matthäus 27,40). Der Vollmachtsträger soll, so meint der Teufel, seine Vollmacht für sich, zu eigenen Gunsten, gebrauchen. Er soll nicht fasten, nicht am Kreuz sterben, er soll auch nicht leiden. Das meint auch Petrus, der sich dafür die Schelte als »Satan« holt.

In Lukas 22,28 wird Jesus den Jüngern sagen: Ihr habt mit mir ausgehalten in meinen Versuchungen. Der Zusammenhang macht deutlich, worin diese Versuchungen bestanden: in der Erwartung, daß der Erwählte, der Sohn Gottes, auf Erden doch eigentlich angenehm leben sollte. Denn wenn das Offenbarwerden des Reiches so nahe ist – kann es nicht schon ein wenig überstrahlen auf den Wohlstand und die Ehrungen, die Gottes Diener in der Welt empfangen sollten? Die Versuchungen zielen daher immer auf den einen Punkt: Warum muß der Erwählte, und zwar gerade er, so viel leiden? Der Teufel, so wird gesagt, tritt mit dieser ungeduldigen Frage an ihn heran. Daß Erwähltsein und Leiden zusammengehören, ist die bittere, aber doch auch verheißungsvolle Antwort auf das Drängen des Teufels.

Die vierzig Tage zeigen an: Mit dieser Frage geht es bereits von allem Anfang an um das *Grundgeheimnis des Christentums*. Jesus teilt es mit denen, die ihm wirklich nachgefolgt sind. Es ist eine neue Variante der Theodizee-Frage: Wozu muß der Erwählte leiden? Warum gerade die Minderheit der Berufenen? Wozu kommt das beides gerade zusammen: mehr oder weniger Verzicht auf normales Leben – und Gottes Kind sein?

Was bedeutet das heute? Leiden und Verzicht sind nicht das Letzte, aber das Vorletzte. Sie stehen unter der Verheißung des Weges, den Jesus vorangegangen ist.

Was besagt das für die Frage nach dem Teufel? Wer behauptet, Christentum sei der schnelle Weg zu Erfolg und Leidentrücktheit auf Erden, hat es mißverstanden. Er steht in Gefahr, daß hinter ihm die Gestalt des Teufels sichtbar wird.

Als diese Seiten geschrieben wurden, im Juni 1998, verstarb in Rom Agostino Cardinal Casaroli, jener Botschafter der Kirche, der über Jahrzehnte mit fast allen Regierungen des damaligen Ostblocks Gespräche führte. Anläßlich seines Todes las ich ein wenig über den Weg dieses Mannes. Hier hat jemand mit unendlicher Geduld und großer Liebenswürdigkeit für die Rechte (der Kirche und) der Menschen in den kommunistischen Ländern gefochten. Die teuflische Versuchung waren gewiß nicht die Gestalten ihm gegenüber, sondern nur eines: die entsagungsvolle Geduld aufzugeben. Denn der sanfte, strapaziöse, nervenaufreibende Weg im Kampf gegen Unrecht erfordert viel mehr Heldentum als eine einfache »lehramtliche Verurteilung«.

Geht es bei der Versuchung Jesu nicht auch um die Angst? Welche Bedeutung haben die Überwindung der teuflischen Versuchung und die Exorzismen für das Phänomen der Angst? Es könnte ja sein, daß Jesus nach dem Geistempfang bei der Taufe »versucht« wird durch die Angst vor der Isoliertheit des Sohnes Gottes. Und wenn Petrus als »Satan« zurückgewiesen wird, geht es ganz eindeutig um die Angst vor dem grausamen Sterben (Markus 8,33). Kann Jesus nicht auch deshalb mit den wilden Tieren sorglos umgehen (Markus 1,13), weil er in der Versuchung jegliche Angst überwunden hat? Mir will scheinen, daß Jesu ganz zentrale Predigt über die Freiheit von der Sorge etwas mit deren Gegenteil, eben der Angst und ihrer Überwindung zu tun hat. Der Teufel ist also dazu da, in der Versuchung überwunden zu werden, damit der Überwinder in der Freiheit von der Sorge gelassen er selbst wird. – Um den Teufel ging es dabei insofern, als die Angst so massiv war und so intensiv zu verhindern suchte, daß der Sohn Gottes ganz er selbst wurde.

»Teufel« – das ist jene erfahrbare Macht, in der sich die Intelligenz des Hasses konzentriert. Das ist die Inspiration zum Mord.

Warum der Teufel da ist, bleibt Geheimnis wie sein Woher. Deutlich ist nur, daß es immer und auf allen Ebenen um Kampf und Sieg geht. Ein Kampf besonderer Art, der nur einen leisen Triumph gestattet.

Man erlebt es als Christ immer wieder, daß andere einen um den Glauben beneiden. Daß sie einem das Herz aus dem Leib reißen möchten wegen des Vertrauens, das man selbst hat. Teuflisch ist der Neid, daß Glaube nichts Trostloses sein muß, sondern Anlaß und Grund zu tiefer Freude sein kann, auch zu unernster Leichtigkeit, die immer alle die nicht verstehen, die todernst nichts glauben. Das Zentrum meines Glaubens ist die Ahnung und Überzeugung, daß Gott in dieser Welt schon gegenwärtig geworden ist, der rettende Gott.

Um über den Teufel nachzudenken, müssen wir nicht unsere Phantasie anstrengen. Das wäre und war immer der falsche Weg. Das wäre auch schon wieder Versuchung, die übersähe: Der Teufel ist das Zentrum von Haß und Neid. Da müssen wir uns nichts vorstellen. Denn den reinen Haß und den reinen Neid in der Welt können wir regelmäßig hinter allen, die Macht haben und Machtspiele spielen, mit Händen greifen.

Und noch etwas: Der gesamte Bereich des negativ Religiösen ist uns nahezu abhanden gekommen. Teufel und Dämonen, aber auch Gericht und Hölle meinen eben diesen Bereich. Daß wir hier auf dem einen Auge fast blind geworden sind, kann nicht ohne fragwürdige Folgen bleiben.

Die Grundvoraussetzung unserer Diskussion war: Ganz anders als nach unserer geläufigen alltäglichen Einschätzung ist Geist das absolut Mächtigste, sind immer unsichtbare Mächte die wirklichen. Geist und eben auch Ungeist sind nicht ohnmächtig, sondern wahrhaft mächtig. Das vor allem ist die Botschaft der biblischen Rede vom Kampf gegen die unsichtbaren Mächte.

Der Teufel ist dazu da, daß über allen Haß und Neid in der Welt, deren Zentrum er ist, die Herrlichkeit Gottes triumphiert. Sie tut es aber nur um einen hohen Preis: nicht ohne unsere Geduld, nicht ohne unsere Askese, nicht ohne endloses Ausharren in Versuchungen. Man kann das nur ertragen, wenn der Glaube selbst schon Freude ist.

Verzeichnis der Bibelstellen